clv

Arthur T. Pierson

Georg Müller

Der Waisenvater von Bristol

dlv
Christliche
Literatur-Verbreitung e.V.
Postfach 1803 · 4800 Bielefeld 1

© 1906 by Verlag der St.-Johannis-Druckerei, Lahr- Dinglingen
Lizenzausgabe 1990 CLV · Christliche Literatur-Verbreitung
Postfach 1803 · 4800 Bielefeld 1
Umschlag: Dieter Otten, Bergneustadt
Gesamtherstellung: St.-Johannis-Druckerei

ISBN: 3-89397-316-8

Inhaltsverzeichnis

Aus der Finsternis zum Licht 9
Das erwählte Gefäß wird zubereitet 29
Neue Schritte und Stufen der Vorbereitung . . . 37
Die Predigt und das Amt 45
Die „Erzählung der Taten Gottes" 52
In neue Lebensverhältnisse geführt 61
Ein Baum aus Gottes Garten 70
Wie das wuchs, was Gott gepflanzt hatte 78
Wort Gottes und Gebet 90
Glaubensprüfungen und Glaubensstärkungen . . 100
Neue Erfahrungen im Gebetsleben 111
Die Wolken- und Feuersäule 120
Gottes Bau: Die neuen Waisenhäuser 126
Die mannigfaltige Gnade Gottes 141
Der Schatten eines großen Leids 153
Die Zeit der Missionsreisen 161
Glaube und Geduld im Dienst 175
Um den Abend wird es licht 184
Übersicht über das Lebenswerk 193
Das kirchliche Leben und sein Wachstum 202
Ein Blick auf die Gaben und die Geber 213
Gottes Zeugnis für das Werk 225
Letzte Ausblicke vorwärts und rückwärts 238
60 Jahre danach 251

Vorwort zur 7. Auflage

Wie steht es heute mit dem Glaubenswerk von Georg Müller? So hat mancher Leser dieses Buches vielleicht schon gefragt. Als Antwort auf diese Frage entnehmen wir im folgenden einiges der Jubiläumsschrift, die zum 100jährigen Bestehen der Waisenhäuser in Bristol herausgegeben wurde.

„In den 38 Jahren seit dem Tod Georg Müllers ist das Werk im Sinn und Geist des Gründers fortgesetzt worden. Wohl brachten neue Verhältnisse neue Aufgaben. Der Weltkrieg mit all seinen schrecklichen Ereignissen nahm die Gedanken vieler völlig in Anspruch; schlechter Geschäftsgang und zunehmender Unglaube wirkten mit, daß manches Bächlein versiegte. Oft wurde die Frage laut: Können die Waisenhäuser von Georg Müller auf der bisherigen Grundlage ‚allein durch Gebet und Glauben' weitergeführt werden? Der lebendige Gott hat geantwortet, Er hat alle Bedürfnisse gestillt. Und heute, nach 100 Jahren, können wir mit Freuden bezeugen: Er bleibt treu!

Durch langanhaltende schwere Proben ist es gegangen; aber die Hilfe ist immer gekommen. Gottes Fürsorge in geldlichen Angelegenheiten war einfach wunderbar; ist doch Sein Name ‚Wunderbar'. Bald war es das Scherflein einer Witwe, das uns beschämte, der erste Wochenlohn eines Knaben oder eines Mädchens, die kleine Gabe eines Handwerksburschen, der an unseren Häusern vorbeiging, oder es waren die wenigen Pfennige eines blinden Hausierers, der einen Pfarrer bat, sie uns zu übermitteln. Dann trafen auch wieder größere Gaben ein, gerade in Zeiten besonderer Not. Wieviel Liebe und Opfersinn leuchtet aus all diesen kleinen und großen Gaben! Wir nehmen sie tiefbewegt in Empfang und bitten Gott, daß

Er die Geber segne und auch alle i h r e Bedürfnisse stille."

Jeder Jahresbericht bringt ähnliche Einzelheiten über solche Gaben und Durchhilfen. Und diese Aufzeichnungen sind ein Beweis, daß Gott der l e b e n d i g e Gott ist und d a ß E r i m m e r n o c h G e b e t e e r h ö r t.

Was Gott getan hat, läßt sich freilich nicht in Zahlen ausdrücken. Unzählige Menschen sind durch das Zeugnis von Georg Müller bekehrt worden. Ungläubige und Zweifler mußten zugeben, daß dieses Zeugnis von der Macht Gottes nicht zu widerlegen sei. Tausende Waisenkinder fanden in der Anstalt ein Heim und wurden zu brauchbaren Menschen erzogen. Gott hat die Unterweisung in der Heiligen Schrift sichtbar gesegnet, und die meisten Kinder haben ihren Glauben an den Heiland vor Verlassen der Anstalt bezeugt. Viele dienen als Missionare und Prediger in allen Teilen der Welt. Viele führen ein göttliches Leben an dem Platz, wohin sie von Gott gestellt wurden.

Georg Müller hat der Welt bezeugen wollen, daß Gott sei und denen, die Ihn suchen, ein Vergelter sein werde. Wer kann sich angesichts der nun 100jährigen Anstaltsgeschichte der Macht dieses Zeugnisses erwehren?

Lahr-Dinglingen, im Juli 1937

DER VERLEGER

Vorwort zur 11. Auflage

Wie bereits im Vorwort zur 7. Auflage, die im Jahr 1937 erschien, drängt sich auch heute wieder die Frage auf: „Wie steht es im Jahr 1960 mit dem Glaubenswerk von Georg Müller?" Da kann auf das letzte Kapitel dieser Neuauflage „60 Jahre danach" verwiesen werden. Dort erfahren wir, daß dieses Glaubenswerk, wenn auch unter veränderten Verhältnissen und Umständen, seinen segensreichen Dienst noch tun darf zum Wohl vieler eltern- und heimatloser Kinder.

Lahr-Dinglingen, in der Passionszeit 1960

DER VERLEGER

Aus der Finsternis zum Licht

Ein Menschenleben, erfüllt mit der Gegenwart und Kraft Gottes, ist eine der kostbarsten Gaben Gottes an Seine Gemeinde und an die Welt.

Dem natürlichen Auge erscheint das Unsichtbare und Ewige fern und unbestimmt, das Zeitliche und Sichtbare dagegen lebendig und wesenhaft. Tatsächlich kommt das Geschaffene den meisten Menschen viel realer und wirklicher vor als der lebendige Gott. Darum liefert jeder Gläubige, der mit Gott wandelt und Ihn als seinen Helfer in jeder Not erfährt, der Gottes Verheißungen im täglichen Leben erprobt und in wirkliche Erfahrung umsetzt, ja der mit dem Schlüssel des Glaubens Gottes Geheimnisse aufschließt, dem menschlichen Geschlecht den Beweis, „daß Er sei und denen, die Ihn suchen, ein Vergelter sein werde".

In Georg Müller war dieser Beweis deutlich geworden. Er war ein Mensch gleichwie wir und versucht in allen Stücken gleichwie wir, aber er glaubte Gott und lebte durch den Glauben. Er war ein Mann, der ernstlich darum betete, daß er durch sein Leben und sein Werk ein unwiderlegliches Zeugnis werden möge für die Tatsache, daß Gott Gebete erhört und daß es selig ist, Ihm zu allen Zeiten unbedingt zu vertrauen. Wie Henoch wandelte er mit Gott und hatte das Zeugnis, daß er Gott gefalle. Und als wir am 10. März 1898 vernahmen, daß er „nicht mehr sei", da wußten wir, daß „Gott ihn hinweggenommen hatte". Sein Tod glich mehr einer Hinwegnahme als einem Sterben.

Man betrachtet wohl das Leben dieses Mannes am besten in einzelnen für sich abgegrenzten Teilen, in die es von selbst zerfällt, wenn wir die wichtigsten Ereignisse und Erfahrungen, die wie Meilensteine daraus emporragen, ins Auge fassen.

1. Von seiner Geburt bis zu seiner Bekehrung und Wiedergeburt: 1805—1825.
2. Von seiner Bekehrung bis zum Eintritt in sein Lebenswerk: 1825—1835.
3. Von da an bis zu seinen Missionsreisen: 1835—1875.
4. Vom Anfang bis zum Ende dieser Reisen: 1875—1892.
5. Vom Ende der Missionsreisen bis zu seinem Tod: 1892—1898.

Allerdings sind diese Zeitabschnitte von sehr ungleicher Länge, aber doch bietet jeder gewisse Züge, die ihn von den anderen unterscheiden und die ebenso lehrreich als wichtig sind.

Über den ersten Zeitabschnitt dürfen wir schnell hinweggehen, handelt er doch nur von den Jahren einer Jugend ohne Gott. Immerhin ist er wichtig als ein Beispiel der Macht der Gnade auch gegenüber dem vornehmsten Sünder. Seine Bekehrung war nicht das Ergebnis einer Entwicklung, sondern vielmehr eine Umkehrung des ganzen früheren Lebens, und zwar eine so gewaltige und vollständige, wie sie in der Geschichte der Bekehrungen nur selten vorgekommen ist. Bei Saulus war wenigstens noch ein Gewissen vorhanden, wenn auch ein irregeleitetes, und eine äußere Rechtschaffenheit, wenn auch eine pharisäische. Georg Müllers ganzes Jugendleben aber war eine Empörung nicht nur gegen Gott, sondern auch gegen sein eigenes sittliches Bewußtsein.

Er wurde am 27. September 1805 in Kroppenstedt bei Halberstadt geboren. Etwa fünf Jahre später siedelten die Eltern in das benachbarte H a d m e r s l e b e n über, wo sein Vater Steuereinnehmer wurde. Wieder elf Jahre später zog der Vater nach Schönebeck bei Magdeburg, wo er ein anderes Amt bekleidete.

Dem Sohn fehlte es an der rechten elterlichen Zucht. Die Art, wie sein Vater ihn vorzog, war für ihn wie für seinen Bruder ein Unglück, denn sie brachte, wie ehemals in die Familie des Erzvaters Jakob, Eifersucht und Entfremdung unter die Brüder. Beide Söhne bekamen zu viel Geld in die Hände, da der Vater meinte, sie würden dadurch lernen, es richtig anzuwenden und zu sparen; aber sie kamen so im Gegenteil zu sinnloser Verschwendung. Wenn die Söhne dann von ihren Ausgaben zuweilen Rechenschaft ablegen sollten, nahmen sie ihre Zuflucht zu Betrug und Lüge, um ihre Verschwendung zuzudecken. Der junge Georg betrog seinen Vater ganz regelrecht, indem er die Zahlen der Ausgaben und Einnahmen nach Willkür fälschte. Kam sein Betrug einmal an den Tag, so besserte ihn die darauf folgende Strafe keineswegs, sie machte ihn nur schlauer und vorsichtiger in der Ausübung seiner Schlechtigkeiten. Georg hielt nicht das Stehlen, sondern nur das Ertapptwerden dabei für etwas Schlimmes.

Georg Müller hat selber Erinnerungen über seine Jugendzeit aufgezeichnet, und er schildert sich selbst als einen durch und durch schlechten Jungen. Bevor er nur das zehnte Jahr erreicht hatte, war er ein Gewohnheitsdieb und ein ganz erfahrener Betrüger; sogar Staatsgelder, die seinem Vater anvertraut wurden, waren vor ihm nicht sicher. Allerdings wurde Verdacht geschöpft, und man stellte ihm eine Falle, indem ihm eine sorgfältig gezählte Summe so zurechtgelegt wurde, daß er sie sich leicht aneignen konnte. Er nahm das Geld auch wirklich und verbarg es in den Schuhen, die er an den Füßen trug. Allein er wurde durchsucht, das Geld wurde gefunden, und nun war es freilich am Tag, wer auch die früheren Diebstähle verübt hatte.

Trotz alledem, so unglaublich es klingt, hatte der Vater diesen Sohn, dessen Lebenswandel er doch kannte, zum Geistlichen bestimmt, und in seinem elften Jahr wurde er aufs Gymnasium nach Halberstadt geschickt, um sich auf die Universität vorzubereiten.

Von dieser Zeit an ging das Studium des Jungen Hand in Hand mit Romanlesen und allerlei sündlichen Liebhabereien. Kartenspiel und Trunk wurden ihm bereits zur Leidenschaft. Mit vierzehn Jahren verlor er seine Mutter. In der Nacht, in der sie ihre Augen schloß, trieb sich ihr Sohn betrunken in den Straßen von Halberstadt umher, und auch ihr Tod konnte ihn in seinem Sündenlauf nicht aufhalten noch sein schlafendes Gewissen aufwecken. Ja, es wurde sogar — wie es immer der Fall ist, wenn solche Warnungszeichen am Lebensweg unbeachtet gelassen werden — noch schlimmer mit ihm.

Als er in das Alter kam, wo er konfirmiert werden sollte, besuchte er den Konfirmandenunterricht; da dieser aber für ihn eine bloße Formsache war, brachte er keine Spur von Ernst dazu mit, und so kam er auf einen neuen Irrweg, indem er sich daran gewöhnte, heilige Dinge unheilig zu behandeln. Dadurch wurde sein Gewissen nur noch mehr verhärtet. Sogar unmittelbar vor der Einsegnung und seiner ersten Teilnahme am Tisch des Herrn beging er grobe Sünden; tags zuvor, als er zum Geistlichen gehen mußte, um nach lutherischer Sitte die Beichte abzulegen, plante und verübte er noch einen schamlosen Betrug, indem er von dem Geldgeschenk, das sein Vater ihm für den Geistlichen gegeben hatte, den weitaus größten Teil, elf Zwölftel, unterschlug und für sich behielt.

In solchem Seelenzustand und mit solchen Lebensgewohnheiten wurde Georg Müller zu Ostern 1820 konfirmiert und nahm am heiligen Abendmahl teil. Eingesegnet und dabei in die gröbsten Sünden versunken und überdies so gänzlich unwissend in bezug auf die einfachsten Wahrheiten des Evangeliums, daß er keinem, der ihn über den Plan der Erlösung gefragt hätte, Antwort hätte geben können! Wohl machte die äußere Feierlichkeit der Handlung auf seine Sinne einigen Eindruck, und er faßte halbe Vorsätze für eine Änderung seines Lebens. Aber es war keine Rede von wirklicher Sündenerkenntnis oder Reue oder von einem Gefühl der Abhängigkeit von einer höheren Macht, und so waren sie von kurzer Dauer und wertlos wie alle dergleichen Anstrengungen.

Einmal, als er wieder seine ganze Barschaft leichtsinnig verschwendet hatte, trieb ihn der Hunger, einem Soldaten, der sein Stubengenosse war, ein Stück groben Brotes zu stehlen. Als er lange Jahre nachher an diese Stunde äußerster Not zurückdachte, rief er aus: „O wie bitter ist der Dienst Satans sogar in dieser Welt!"

Als sein Vater im Jahr 1821 nach Schönebeck zog, bat er, das Gymnasium in Magdeburg besuchen zu dürfen, weil er hoffte, dadurch aus seinem Sündenleben und von seiner schlechten Kameradschaft wegzukommen und in anderer Umgebung aus eigener Kraft ein neues Leben beginnen zu können. Er machte also wohl gelegentliche Besserungsversuche, aber dabei fiel er in den gewöhnlichen verhängnisvollen Fehler, daß er nicht zu Jesus, der Quelle aller wahren Besserung, ging. Der Gedanke an Gott hatte noch keinen Raum in seinem Herzen, und so mußte er denn bald merken, daß er mit dem Ortswechsel nicht auch die Sünde dahintenließ, sondern daß er sich selbst mitnahm.

Vorher beging sein Vater die Torheit, ihn einige Zeit allein in Hadmersleben zurückzulassen, wo er die Ausführung baulicher Veränderungen am Haus überwachen sollte. Daneben sollte er seine klassischen Studien weitertreiben unter der Leitung des Ortsgeistlichen Dr. Nagel. Aber als er nun so ganz sein eigener Herr und Meister war, erlag er wieder der Versuchung. Er hatte die Erlaubnis, Schulden für seinen Vater einzukassieren, und damit reichliche Gelegenheit zu Betrügereien; er zog denn auch große Summen ein, deren Eingang er vor seinem Vater verheimlichte.

Im November 1821 ging er nach Magdeburg, wo er eine sündenvolle Woche verbrachte, und dann nach Braunschweig, wohin ihn eine Leidenschaft führte, die ihn zu einem jungen katholischen Mädchen zog, dem er kurz nach seiner Konfirmation begegnet war.

In dieser Zeit ging es Schritt für Schritt tiefer hinein in den Schmutz der Sünde. Schon die Erlaubnis seines

Vaters zu der Reise hatte er sich durch eine Lüge verschafft. In Braunschweig spielte er mit seines Vaters Geld den großen Herrn und wohnte in einem teuren Hotel. Nachdem sein Geld verpraßt war, suchte er seinen Onkel auf und blieb in dessen Haus, bis man ihn fortschickte; hierauf ging er wieder in ein kostspieliges Hotel und ließ seine Rechnung aufschreiben, bis der Besitzer auf Zahlung bestand. Da er kein Geld hatte, mußte er seine besten Kleider als Pfand zurücklassen und konnte nur mit knapper Not dem Gefängnis entgehen. In Wolfenbüttel versuchte er darauf das gleiche verwegene Spiel, bis er, da er nichts mehr zu versetzen hatte, fliehen mußte. Allein diesmal wurde er abgefaßt und ins Gefängnis gebracht. So war der erst Sechzehnjährige bereits ein Lügner und Dieb, Schwindler und Trunkenbold, in nichts so entwickelt wie im Schlechten, ein Gefährte erklärter Verbrecher. Einige Tage später kam noch ein Dieb in die gleiche Zelle, und bald unterhielten sich die beiden wie alte Bekannte und gaben einander ihre Abenteuer zum besten. Der junge Müller, der nicht hinter dem anderen zurückstehen wollte, ersann Lügengeschichten und erzählte Schlechtigkeiten, die er nicht einmal begangen hatte, um jenen womöglich noch zu übertrumpfen. Etwa zwei Wochen währte diese gottlose Freundschaft, dann entstand Streit zwischen ihnen, und die übrigen 24 Tage Gefängnishaft herrschte dumpfes Stillschweigen in der gemeinsamen Zelle.

Endlich erfuhr Müllers Vater, was geschehen war, und sandte Geld, nicht nur zur Deckung der Hotelrechnungen, sondern auch der anderen „Auslagen" und zur Heimreise. Aber so groß war nachgerade des Sohnes Verstockung und Verworfenheit geworden, daß er bei der Rückkehr zu seinem gröblich beleidigten und nur zu nachsichtigen Vater wiederum einen schlechten Burschen zu seinem Reisegefährten wählte.

Diesmal allerdings strafte der Vater streng, und der Sohn fühlte, daß er einige Anstrengungen machen müsse, um dessen Gunst wieder zu erwerben. Er warf sich daher mit eisernem Fleiß aufs Studium und erteilte sogar in einigen Fächern wie Rechnen, Deutsch, Französisch und Latein Privatunterricht. Diese äußere Lebensbesserung gefiel denn auch seinem Vater so sehr, daß er das vorherige Treiben ebenso schnell vergaß wie vergab. Aber auch jetzt war es nur die Außenseite des Bechers und der Schüssel, die gereinigt wurde; das Verborgene des Herzens blieb verzweifelt böse und das ganze Leben vor Gottes Augen ein Greuel.

Georg Müller begann nun, wie er selber es nachher nennt, „eine ganze Lügenkette zu schmieden". Als sein Vater ihn nicht länger zu Hause haben wollte, verreiste er scheinbar nach Halle, der Universitätsstadt, um (in dem Gymnasium des Waisenhauses) das Aufnahmeexamen zu machen, in Wirklichkeit aber nach Nordhausen, wo auch ein Gymnasium war. Er vermied Halle, weil er die dortige strenge Aufsicht fürchtete. Nach Hause gekommen, suchte er vor seinem Vater den Betrug zu verbergen; aber eben als er wieder nach Nordhausen zurückkehren wollte, kam die Sache doch an den Tag. Dies machte nun allerdings wieder neue Lügen nötig, damit die Kette nicht zerreißen und der Vater erfahren würde, daß er ihn in allen anderen Stücken ebenso getäuscht hatte. Der Vater war zwar zornig, erlaubte ihm aber doch, nach Nordhausen zurückzukehren, wo er vom Oktober 1822 bis Ostern 1825 blieb.

Während dieser zweieinhalb Jahre lag er klassischen Studien ob nebst Französisch, Geschichte usw. und lebte in der Familie des Gymnasialdirektors. Sein Betragen wurde so musterhaft, daß er in der Gunst seiner Vorgesetzten stieg und den übrigen Schülern oft als Vorbild hingestellt wurde. Der Direktor nahm ihn mit sich auf seinen Spaziergängen und unterhielt sich lateinisch mit ihm. Sein Fleiß war in dieser Zeit groß; regelmäßig stand er um 4 Uhr morgens auf und studierte bis abends 10 Uhr.

Aber hinter dieser tugendhaften Außenseite lag, wie er

selbst bekennt, völlige Gottentfremdung und geheime Sünde verborgen. Seine Laster verursachten endlich eine schwere Krankneit, die ihn 13 Wochen lang an sein Zimmer fesselte. Er war zwar nicht ohne alles religiöse Gefühl, darum las er bisweilen Werke wie Klopstocks Messiade, aber am Wort Gottes hatte er nicht das mindeste Interesse, und das Bewußtsein, Gottes Gebote mit Füßen zu treten, verursachte ihm nicht den geringsten Schmerz. In seiner Bibliothek, die jetzt etwa dreihundert Bände zählte, war keine Bibel zu finden. Zweimal im Jahr ging er der Sitte gemäß zum Tisch des Herrn; bei solchen Gelegenheiten erwachten unwillkürlich tiefere Empfindungen in ihm, und er gelobte sich manchmal, besser zu werden, und ein paar Tage enthielt er sich darauf solcher Sünden, die in die Augen fielen; allein es war kein geistliches Leben in ihm, das als Kraft hätte wirken können, und er vergaß seine Gelübde ebenso schnell, wie er sie getan hatte. Wenn seine Verschwendung ihn in Schulden gestürzt hatte und sein Taschengeld nicht reichte, sie zu decken, nahm er wieder seine Zuflucht zu den gewagtesten Betrügereien. Einmal gab er vor, das Geld, das er verschwendet hatte, sei ihm geraubt worden, und um die Sache glaubhaft zu machen, studierte er eine förmliche Schauspielerrolle. Nachdem er die Schlösser an seinem Koffer und Gitarrenkasten aufgesprengt hatte, rannte er halb angekleidet in das Zimmer des Direktors, scheinbar in großer Aufregung, da er beraubt worden sei. Man glaubte ihm und hatte solches Mitleid, daß man für ihn sammelte, um seinen Verlust zu decken. Gleichwohl erwachte nachher Mißtrauen gegen ihn; man argwöhnte, daß er geheuchelt habe, und er gewann das Vertrauen seines Lehrers nie wieder ganz. Müller erkannte zwar auch jetzt seine Sünde nicht eigentlich, aber er schämte sich doch sehr über die Entdeckung seiner Gemeinheit und Heuchelei, daß er von da an vermied, der Frau Direktor wieder zu begegnen, hatte sie ihn doch in seiner langen Krankheit wie eine Mutter gepflegt.

In solchem Zustand war der Mann, der nicht allein seine akademische Laufbahn an der Universität Halle in allen Ehren antreten durfte, sondern auch zum theologischen Studium zugelassen wurde mit dem Ziel der Erlaubnis, in der lutherischen Kirche zu predigen. Dieser Student der Gottesgelehrtheit wußte nichts von Gott oder Seinem Heil und kannte nicht einmal den Ratschluß der rettenden Gnade nach dem Evangelium. Er fühlte zwar das Bedürfnis, ein besseres Leben zu führen, aber keine göttlichen Triebkräfte kamen ihm dabei zu Hilfe. Wenn er sich ändern wollte, so geschah das nur aus eigennützigen Gründen; er wußte wohl, daß er sein altes Leben nicht fortführen könne, ohne daß schließlich seine Schande offenbar würde und er dann keine Pfarrstelle bekäme. Um schließlich eine gute „Pfründe" und ein gutes „Einkommen" sicher zu haben, mußte er nicht nur einen gewissen Grad theologischer Gelehrsamkeit besitzen und ein gutes Examen machen, sondern auch einen wenigstens einigermaßen ordentlichen Ruf haben. So gebot ihm die einfache Klugheit, nicht nur fleißig zu studieren, sondern auch seine Lebensführung zu bessern.

Wieder wurde er zuschanden, denn er hatte ja die alleinige Quelle und das Geheimnis aller Kraft noch nicht gefunden. Kaum hatte er Halle betreten, als seine guten Vorsätze wie schwache Spinnenfäden zerrissen, außerstande, ihn von seinen lasterhaften Gewohnheiten zurückzuhalten. Wohl nahm er an Zweikämpfen und öffentlichen Schlägereien nicht teil, weil er wußte, daß er sonst in seiner Freiheit beschränkt würde; aber in moralischer Hinsicht konnte er sich so wenig wie früher Zügel anlegen. Sein Geld war bald wieder aufgebraucht, und als er sich entblößt sah, borgte er, solange er jemand fand, der borgen wollte, und nachher versetzte er seine Uhr und seine Kleider.

Natürlich war er tief unglücklich. Die weltliche Klugheit erhob laut ihre Stimme, um ihn zurückzurufen, aber die Weisheit aus Gott wollte er noch nicht hören. Er gewann es indessen doch über sich, sich an einen jungen Mann und früheren Schulgenossen namens Beta anzuschließen, dessen ruhiger Ernst, wie er hoffte, ihm selber helfen sollte, ein tugendhafteres Leben zu führen. Aber er lehnte sich auf einen zerbrochenen Rohrstab, denn Beta war selber ein zurückgegangener Christ. Wieder wurde Müller krank; Gott ließ ihn „leiden den Hohn seiner Jugend". Als er nach einigen Wochen genas, nahm sein Leben abermals den Schein einer Besserung an.

Aber den rechten Leitstern hatte er bis jetzt nicht gefunden. Ja, er hatte nachgerade eine wahre Meisterschaft in allerlei unlauteren Unternehmungen erlangt. Was er noch hatte, verpfändete er nun, um Geld zu bekommen, denn er wollte mit Beta und zwei anderen eine Vergnügungsreise durch Süddeutschland und die Schweiz unternehmen. Hindernisse waren genug im Weg, denn die jungen Leute hatten weder Geld noch Papiere; aber sie machten sich nichts daraus und hofften, sich schon Mittel verschaffen zu können. In der Tat brachten sie es auch zustande. Durch gefälschte Briefe, die sie als von ihren Eltern stammend vorgaben, verschafften sie sich Pässe; dann versetzten sie ihre Bücher und kamen so zu Geld.

Dreiundvierzig Tage verbrachten sie auf der Reise, größtenteils zu Fuß, und Georg Müller, der wie Judas den Beutel führte, handelte auch wie dieser, nämlich als ein Dieb, an seinen Reisegefährten. Er verstand es, ein Drittel seiner eigenen Reisekosten aus ihrer Kasse zu bestreiten.

Die Gesellschaft war vor Ende September wieder in Halle, und Georg Müller verbrachte den Rest seiner Ferien zu Hause. Um seinen Vater über seine Ausgaben zu täuschen, hatte er schnell wieder ein Lügengewebe beisammen; das war das Ende seiner guten Vorsätze.

Wie wenig ahnte Georg Müller bei seiner Rückkehr, daß die Zeit für ihn nahe sei, eine neue Kreatur in Christus zu werden! Ja, er sollte Gott finden, und damit sollte sein ganzes Leben in vollständig andere Bahnen einlenken. Wenn wir die Geschichte der Sünde und des Elends dieser zwanzig Jahre erzählt haben, so geschah es, damit um so klarer das göttliche Werk in seiner Bekehrung zutage trete.

In ihm selbst war sicherlich nichts, das ein solches Erlebnis hätte „entwickeln" können, noch war etwas derart in seiner „Umgebung". In der Universitätsstadt Halle gab es sicherlich keinerlei natürliche Kräfte, die eine solche Umwandlung des ganzen Charakters, wie sie bei ihm eintrat, hätten bewirken können. Von den 1260 Studenten der Universität waren zwar 900 Theologen, aber wie Georg Müller selber sagt, waren unter diesen vielleicht nicht neun, von denen man hätte behaupten können, daß sie gottesfürchtig seien. Die Religion war den meisten eine bloße Formsache, und bei vielen verbarg sich Unsittlichkeit und Unglaube hinter einem Bekenntnis der Frömmigkeit. Gewiß hätte ein solcher Mann in solcher Umgebung auf natürliche Weise nicht zu einem neuen Leben kommen können. Dazu brauchte es Kraft von oben.

Eines Samstagnachmittags gegen Mitte November 1825 sagte Beta zu Müller, als sie von einem Spaziergang nach Hause gingen, daß er diesen Abend noch in eine Versammlung gehen werde, in das Haus eines gläubigen Mannes, wo er gewöhnlich samstags hingehe und mit einigen Freunden zusammenkomme; man singe, bete und lese das Wort Gottes und eine gedruckte Predigt. Ein solches Programm hatte gewiß wenig Anziehungskraft für einen jungen Weltmenschen, der gewohnt war, täglich sein Vergnügen beim Kartenspiel und Weinglas, beim Tanz und im Theater zu suchen, und dessen Gesellschaft aus jungen Menschen bestand, die geradeso ausschweifend waren wie er selbst. Und doch fühlte Georg Müller auf einmal den Wunsch, in diese Versammlung zu gehen, obschon er nicht hätte sagen können warum. Es war ohne Zweifel eine bewußte innere Leere, die ihn dazu trieb, und eine geheime innere Stimme, die ihm zuflüsterte, daß er da Nahrung für den Hunger seiner Seele finden könnte, ein befriedigendes Etwas, nach dem er sein Leben lang unsicher und blind getastet hatte. Er drückte also den Wunsch aus, auch hinzugehen; doch ermutigte ihn sein Freund wenig dazu, weil er fürchtete, es werde einem, der sonst nur in lärmenden und sinnlichen Vergnügungen seinen Zeitvertreib suchte, übel zumute werden bei solcher Zusammenkunft. Gleichwohl holte er den jungen Müller ab und nahm ihn mit zu der Versammlung.

Beta hatte während seiner Rückfallperiode lange Zeit Georg Müller auf seinen Sündenwegen begleitet; allein seit ihrer Schweizerreise war in ihm das Schuldbewußtsein und die Sündenerkenntnis doch so sehr erwacht, daß er sich gedrungen fühlte, seinem Vater ein volles Bekenntnis abzulegen. Durch einen christlichen Freund, Dr. Richter, der auch früher in Halle studiert hatte, war er dann mit Herrn Wagner bekannt geworden, in dessen Wohnung die Erbauungsstunden stattfanden. So gingen also die beiden jungen Männer miteinander dorthin, und der frühere Rückfällige wurde von Gott benutzt, „einen Sünder von dem Irrtum seines Weges zu bekehren und dessen Seele vom Tode zu erretten und eine Menge von Sünden zu bedecken".

Dieser Samstagabend war der große Wendepunkt in Georg Müllers Geschichte und Geschick. Er fand sich in seltsamer Gesellschaft, in neuer Umgebung und atmete eine neue Luft ein. Er fühlte sich geradezu als einen Eindringling, so daß er sich veranlaßt sah, seine Gegenwart zu entschuldigen. Nie vergaß er aber Bruder Wagners liebevolles: „Kommen Sie, sooft Sie wollen; Haus und Herz stehen Ihnen offen!" Er wußte damals ja noch nicht, welche Freude die Herzen fürbittender Kinder Gottes erfüllt, wenn ein Sünder seine Schritte nach einem Gebetsort hinlenkt, mag es auch noch so zögernd und zaghaft geschehen.

Alle Anwesenden setzten sich und sangen ein Lied. Dann fiel ein Bruder, der nachher für die Londoner Missionsgesellschaft nach Afrika ging, auf seine Knie und erflehte Gottes Segen für die Versammlung. Dieses Knien vor Gott im Gebet machte auf Müller einen unvergeßlichen Eindruck. Er stand in seinem 21. Lebensjahr, und doch hatte er nie zuvor jemand kniend beten gesehen; selbstverständlich hatte er selber nie vor Gott gekniet.

Ein Kapitel aus Gottes Wort wurde nun gelesen und — weil alle Schriftauslegung durch jemand anders als einen ordinierten Geistlichen damals noch für unstatthaft galt — eine gedruckte Predigt gelesen. Als jetzt nach abermaligem Singen der Hausherr betete, mußte sich Georg Müller sagen: „Ich bin viel gebildeter als dieser ungelehrte Mann, aber ich könnte nicht beten wie er." So merkwürdig es ist, er fühlte bereits eine zuvor nie gekannte Freude in seinem Herzen aufquellen, für die er sowenig eine Erklärung gehabt hätte wie für seinen Wunsch, in die Versammlung zu gehen. Aber es w a r so, und auf dem Heimweg konnte er sich nicht enthalten, zu Beta zu sagen: „Alles, was wir auf unserer Schweizerreise sahen, und alle unsere früheren Vergnügungen sind nichts im Vergleich mit diesem Abend."

Ob er, als er in sein Zimmer kam, selbst zum Gebet niederkniete, erinnerte er sich später nicht; aber es blieb ihm eindrücklich, wie ein neues und ihm bis jetzt unbekanntes Gefühl von Friede und Ruhe ihn erfüllte, als er an jenem Abend zu Bett lag.

Wie unumschränkt und wunderbar ist Gott in Seinen Wegen! Bei einem solchen Sünder wie Georg Müller hätte die Theologie als Vorstufe zu einem neuen Leben eine Zeit ernster „Gesetzesarbeit" verlangt. Indessen war bei ihm zu dieser Zeit noch ebensowenig tiefere Sündenerkenntnis als Gottes- und Heilserkenntnis vorhanden, und vielleicht war der Mangel an letzterem die Ursache des Mangels an ersterem.

Unsere Theorien über die Bekehrung erweisen sich angesichts solcher Tatsachen als unhaltbar.

Georg Müllers Augen waren erst halb offen; er sah „Menschen umhergehen, als sähe er Bäume"; aber Jesus hatte diese Augen berührt. Er wußte wenig von dem großen Heiland; irgendwie aber hatte er doch den Saum Seines Gnadenkleides berührt, und Kraft ging aus von Ihm, der diesen ungenähten Rock trug und der auf die schwächste Berührung der erlösungsbedürftigen Seele antwortet. Und so begegnen wir hier einem neuen Beweis der unendlichen Verschiedenartigkeit des göttlichen Wirkens, der Gnade, die so wunderbar ist wie die Tatsache des Wirkens selbst. Dieser Samstagabend im November 1825 war der Scheideweg für den jungen Haller Studenten. Er hatte geschmeckt, daß der Herr freundlich ist, obschon er selbst keine Rechenschaft hätte geben können über die Freude, die ihm jetzt die göttlichen Dinge einflößten. Gewiß ist aber, daß ihm eine Woche zu lang vorkam, bis er wieder geistliche Speise genießen konnte, und dreimal, ehe der Samstag wiederkam, suchte er Bruder Wagners Haus auf, um da mit der Hilfe anderer Brüder in der Schrift zu forschen.

Wir würden eine der Hauptlektionen dieses Lebensbildes verlieren, gingen wir zu schnell über ein Ereignis wie diese Bekehrung und die genauen Einzelheiten hinweg, denn hier findet sich der erste große Schritt in der göttlichen Vorbereitung des Arbeiters für seine Arbeit.

Die Ereignisse unseres Lebens sind nicht zerstreute Gliedmaßen, zufällige Bruchstücke. In Gottes Buch waren sie alle verzeichnet, als noch nichts davon ins Dasein getreten war, außer dem Plan in Gottes Herzen, wie es wohl in Psalm 139, 16 ausgedrückt ist.

Wir sehen Steine und Balken, die auf einen Bauplatz gebracht werden, — die Steine aus verschiedenen Steinbrüchen und die Balken aus verschiedenen Werkstätten, und verschiedene Handwerker haben daran gearbeitet zu Zeiten und an Orten, die alles bewußte Zusammenwirken ausschlossen.

Und doch passen die Balken zusammen, und die Steine fügen sich ineinander, und wenn das Gebäude fertig ist, stellt es ein harmonisches, einheitliches Ganzes dar, wie wenn alles in derselben Werkstätte hergerichtet worden wäre. Unter solchen Umständen wird kein vernünftiger Mensch daran zweifeln, daß e i n denkender Geist, e i n Baumeister den Plan gemacht, obschon der Steinbrüche und der Werkstätten und der Arbeiter so viele waren.

Welches war nun der Ausgangspunkt des geistlichen Lebens bei Georg Müller? In einer kleinen Versammlung von Gläubigen, wo er zum erstenmal ein Kind Gottes auf seinen Knien beten sah, fand er seine erste Begegnung mit einem sündenvergebenden Gott. Und dieser Mann sollte künftig ganz besonders einfache, schriftgemäße Zusammenkünfte von Gläubigen leiten nach dem Muster der ursprünglichen apostolischen Gemeinden, die dem Gebet, dem Lobpreis, dem Lesen und Erklären der Schrift gewidmet waren, wie sie ohne Zweifel im Haus der Maria, der Mutter des Markus, gehalten wurden, — Versammlungen hauptsächlich und vorwiegend für Bekehrte, die gehalten wurden, wo sich gerade ein Ort dazu fand, und war es auch kein geweihtes Gotteshaus.

Derartige Zusammenkünfte sind unzertrennlich von dem Namen Georg Müller, und in einer solchen sang und betete er auch noch mit in der letzten Nacht, ehe er heimging.

Aber nicht allein das, sondern das Gebet auf den Knien, sowohl im stillen Kämmerlein als in Gemeinschaft von Gläubigen, sollte hinfort d a s e i n e g r o ß e G e h e i m n i s seines geheiligten Lebens und Dienstes sein. Auf diesen Eckstein des Gebets sollte sein Lebenswerk aufgebaut werden. Das Gebet um direkte göttliche Leitung bei jeder Entscheidung, klein oder groß, war seine Kraft und Stärke.

Es waren allerdings nicht alle alten Sünden auf einmal ausgelöscht, denn eine solche gänzliche Umwandlung setzt eine tiefere Erkenntnis des Wortes und Willens Gottes voraus, als Georg Müller sie besaß. Aber doch war wirklich bei ihm eine neue, ausscheidende und heiligende Macht an der Arbeit. An den sündlichen Freuden und früheren Genossen hatte er nun einen Ekel; der Besuch des Wirtshauses hörte gänzlich auf, und wenn die Zunge noch lügen wollte, wie sie es gewohnt war, fühlte sie sich wie gebunden. Eine Wache wurde vor das Tor der Lippen gestellt, und jedes Wort, das herauskam, wurde untersucht, so daß keine zuchtlose Rede mehr Durchlaß fand.

Er hatte zu jener Zeit eine französische Novelle angefangen ins Deutsche zu übersetzen in der Hoffnung, die dafür zu erwartende Vergütung werde ihm eine Reise nach Paris ermöglichen. Zuerst gab er den Gedanken an die Vergnügungsreise auf, dann kam die Frage, ob er die Arbeit selber fortführen dürfe. Sie wurde zwar beendet, aber nie veröffentlicht. Der Herr fügte es, daß der Verkauf und die Herausgabe des Manuskripts verzögert wurden, bis klarere geistliche Erkenntnis ihm zeigte, daß die ganze Sache nicht aus dem Glauben kam und daher Sünde war, so daß er schließlich seine Arbeit verbrannte, — wieder ein wichtiger Schritt von seiner Seite, denn es war der erste mutige Akt von Selbstverleugnung im Gehorsam gegen die Stimme des Geistes; damit war ein neuer Stein oder Balken für das neue Gebäude fertig geworden.

Er begann nun nach verschiedenen Richtungen einen guten Kampf gegen die Sünde, und obschon er noch schwach war und oft in der Versuchung fiel, war er doch nicht mehr gefangen unter dem Gesetz der Sünde und betrübte den Herrn nicht, ohne göttliche Traurigkeit darüber zu empfinden. Offene Sünden wurden seltener, und die geheimen verloren ihre Macht. Er las das Wort Gottes, betete oft und liebte die Jünger Jesu, besuchte die kirchlichen Gottesdienste aus lauteren Absichten und stand tapfer auf der Seite seines neuen Meisters, ohne sich an die Vorwürfe und den Spott seiner Mitstudenten zu kehren.

Georg Müllers nächster Schritt auf dem neuen Weg war die Entdeckung, wie kostbar das Wort Gottes sei. Seine ganze Lebensgeschichte hängt auch so sehr an einigen wichtigen Stellen, daß man sie eigentlich jedesmal groß drucken sollte, wenn sie vorkommen. Und unter diesen ist vor allen das „kleine Evangelium" in Johannes 3, 16: „Also hat Gott die Welt geliebt, daß Er Seinen eingeborenen Sohn gab, auf daß alle, die an Ihn glauben, nicht verloren werden, sondern das ewige Leben haben", die hauptsächlichste geworden, denn durch sie fand er ein volles Heil.

Diese Worte erschlossen ihm die Einsicht in den Plan der Erlösung, warum und wie der Herr Jesus Christus unsere Sünden an Seinem Leib auf das Fluchholz getragen als unser stellvertretender Mittler und wie Seine Leiden in Gethsemane und auf Golgatha es für immer unnötig machen, daß der reuige, gläubige Sünder seine eigene Schuld tragen und dafür sterben sollte.

Gewiß ist, daß das Ergreifen dieser Tatsache der Beginn des wahren und rettenden Glaubens ist. Wer glaubt und weiß, daß Gott ihn a l s o zuerst geliebt hat, kann nicht anders, als Gott wieder lieben, und der Glaube wirkt durch die Liebe, das Herz zu reinigen, das Leben umzugestalten und die Welt zu überwinden.

So war es mit Georg Müller. Er fand im Wort Gottes d i e e i n e g r o ß e T a t s a c h e : die Liebe Gottes in Christus. Von dieser Tatsache ergriff der Glaube, n i c h t das Gefühl, Besitz, und dann kam das Gefühl selbstverständlich nach, ohne daß man darauf wartete oder danach suchte. Was alle Befehle, Züchtigungen und Ermahnungen seines Vaters, sowie die dringenden Einsprachen seines Gewissens und die wiederholten Selbstverbesserungsversuche nicht fertiggebracht hatten, dazu trieb ihn und verhalf ihm die Liebe Gottes; sie gab ihm Kraft zu einem völligen Verzicht auf die sündliche Weltliebe und ihre Genüsse. So lernte er früh die zwiefache Wahrheit, die er hernach mit so großer Freude und solchem Ernst den anderen nahebrachte, daß in dem Blut des Opferlammes der Born ist der Vergebung und Reinigung. Ob wir Vergebung der Sünde suchen oder Macht über die Sünde:

die einzige Quelle, wo sie zu finden ist, ist in dem Erlösungswerk Christi.

Das neue Jahr 1826 war in der Tat ein n e u e s J a h r für seine wiedergeborene Seele. Er fing nun an, Missionszeitschriften zu lesen, die eine Flamme in seinem Herzen anzündeten. Er fühlte ein — wenn auch noch unbestimmtes — Sehnen danach, selber ein Bote des Heils für die Völker zu werden, und häufiges Gebet vertiefte und verstärkte diese Eindrücke. Während seine Kenntnis von dem Missionsgebiet sich ausdehnte und er tiefere Blicke tun konnte in das Elend und den Jammer der Heidenwelt, nährte sein Missionstrieb sich davon immer mehr.

Indessen hätte eine sündliche Neigung beinahe das göttliche Feuer in ihm wieder erstickt. Er fühlte sich zu einem entschieden gläubigen Mädchen seines Alters hingezogen, dem er in den Samstagabendversammlungen begegnet war; er mußte aber ziemlich sicher annehmen, daß ihre Eltern sie nicht für den Missionsdienst hergeben würden, und so begann er, halb unbewußt, sein Verlangen nach dem Dienst des Herrn auf die Waagschale zu legen gegen seine Leidenschaft für eine Kreatur. Und die Neigung siegte leider über die Pflicht. Das Gebetsleben verlor seine Kraft und hörte eine Zeitlang fast auf; natürlich versiegte damit auch seine Freudigkeit. Sein Herz wandte sich ab von dem fernen Arbeitsfeld und von allem Dienst der Selbstverleugnung. Sechs Wochen gingen so hin in einem Zustand geistlichen Rückgangs, als Gott einen eigentümlichen Weg einschlug, um den in seinem Wachstum Stillgestandenen wieder zu wecken.

Ein junger Bruder, Hermann Ball, reich und gebildet, der eine glänzende Laufbahn vor sich gehabt hätte, entschloß sich, alle seine Gaben und Aussichten Gott auf den Altar zu legen und, während er daheim in Überfluß hätte leben können, nach Polen zu gehen, um unter den dortigen Juden zu arbeiten.

Diese Wahl machte auf den jungen Müller einen tiefen Eindruck. Unwillkürlich mußte er s e i n e n Weg mit dem seines Freundes vergleichen. Um einer Leidenschaft willen für ein junges Mädchen hatte er das Werk aufgegeben, zu dem er sich von Gott berufen fühlte, und war infolge davon in seinem Gebetsleben arm und freudlos geworden, während der reiche, gebildete Hermann Ball wie Mose die Schätze Ägyptens um Jesu willen verachtete.

Das Ergebnis dieser Prüfung war ein neuer Verzicht — er löste die Verbindung, die ohne Glauben und ohne Gebet eingegangen war und sich als eine Ursache der Gottentfremdung für ihn erwiesen hatte.

Nach Maßgabe des Lichts, das er damals besaß, hatte sich Georg Müller nun bedingungslos und ohne Einschränkung Gott hingegeben und wandelte darum im Licht. Er mußte auch nicht lange auf die Belohnung warten, denn das Leuchten der Liebe Gottes entschädigte ihn reichlich für den Verlust irdischer Liebe, und der Friede Gottes wurde ihm zu eigen, weil der Gott des Friedens mit ihm war.

Jede neue Quelle innerer Freude verlangt einen Ausfluß, und so fühlte auch er sich gedrungen, ein Zeugnis abzulegen. Er schrieb an seinen Vater und den Bruder von seiner glücklichen Erfahrung und bat sie, auch in Gott dieselbe Ruhe zu suchen und zu finden, da er meinte, wenn sie nur den Weg wüßten, der zu solcher Freude führt, dann würden sie ebenso begierig sein, ihn zu betreten, wie er selber. Aber eine zornige Antwort war alles, was er bekam.

Um diese Zeit kam der berühmte D. Tholuck als Professor nach Halle und zog viele Studenten auch von anderen Universitäten dorthin, so daß sich der Kreis gläubiger Freunde um Georg Müller vergrößerte, was ihm sehr zum Segen wurde. Natürlich erwachte nun auch der Missionstrieb wieder, und zwar mit solcher Stärke, daß er seines Vaters Erlaubnis erbat, mit einer deutschen Missionsanstalt Fühlung zu suchen. Sein Vater aber war darüber sehr unzufrieden, ja unglücklich und machte ihm harte Vorwürfe. Er erinnerte Georg an das viele Geld, das er für seine Studien schon ausgegeben in der Erwartung, er werde es ihm dadurch vergelten, daß er eine Lebensstellung bekomme, die auch dem Vater ein sorgenloses Heim für seine alten Tage sichere; ja, er wurde sogar zornig und erklärte, er wolle ihn nicht länger als seinen Sohn betrachten.

Als er dann sah, daß der Sohn in seinem Entschluß fest und unbeweglich blieb, änderte er die Tonart und ging von Drohungen zu Tränen und Bitten über, denen zu widerstehen noch viel schwerer war. Das Ergebnis davon war ein d r i t t e r wichtiger Schritt in der Vorbereitung zu der Lebensaufgabe des Sohnes. Sein Entschluß, dem Herrn um jeden Preis zu folgen, war unerschüttert; aber er sah jetzt klar, daß, um von M e n s c h e n u n a b h ä n g i g s e i n zu können, er noch v ö l l i g e r v o n G o t t a b h ä n g i g s e i n müsse, und daß er hinfort von s e i n e m V a t e r k e i n G e l d m e h r a n n e h m e n dürfe. Wenn er dessen Unterstützung annahm, so legte ihm dies auch die Verpflichtung auf, sich nach des Vaters Wünschen zu richten.

Gott leitete Seinen Diener in seiner Jugend dazu an, s i c h a u f I h n f ü r d a s i r d i s c h e F o r t k o m m e n z u v e r l a s s e n. Es war kein leichter Schritt, denn die zwei Jahre, die er noch auf der Universität zubringen sollte, brachten mehr Kosten mit sich als die vorhergehenden. Aber er fand auf solche Weise früh in Gott einen treuen Versorger und Freund in der Not. Kurz nachher öffnete sich ihm durch die Empfehlung von Professor Tholuck eine Tür. Er konnte einigen amerikanischen Herren, wovon drei Professoren waren und in Halle noch studierten, deutschen Unterricht geben. Sie vergüteten die Stunden und seine für sie verfertigten schriftlichen Arbeiten so gut, daß alle seine Bedürfnisse mehr als gedeckt waren. So wurde frühzeitig ein anderes Wort in goldenen Buchstaben in sein Gedächtnis eingeschrieben: „Fürchtet den Herrn, ihr Seine Heiligen! denn die Ihn fürchten, haben keinen Mangel" (Ps. 34, 10).

Das erwählte Gefäß wird zubereitet

Wer für Gott arbeiten will, muß auf Ihn warten, bis Er ihm das Werk zeigt, das Er getan haben will, und die Bedingungen, unter denen es geschehen soll.

Erfahrene Brüder in Halle rieten Georg Müller, vorderhand mit seinen Missionsgedanken ruhig auf die göttliche Weisung zu warten; allein er fühlte sich dazu außerstande. Vielmehr verfiel er in den leider so häufigen Fehler, auf fleischliche Weise die Entscheidung herbeiführen zu wollen. Und zwar nahm er seine Zuflucht zum Lotterielos und erwartete nun in einer so heiligen Sache, wie die Wahl eines Arbeitsfeldes für Gott, durch das „Glücksrad" geleitet zu werden. Wenn sein Los ein Treffer sein würde, wollte er dies als Zeichen annehmen zu gehen. Er gewann in der Tat ein weniges und wandte sich nun sofort an die Berliner Missionsgesellschaft. Allein er wurde nicht angenommen, weil sein Aufnahmegesuch nicht von der väterlichen Einwilligung begleitet war.

Gott hielt ihn vom Missionsfeld fern, ihn, der noch nicht einmal die Anfangslektion gelernt hatte, daß nämlich natürliche Hast in solch einer Angelegenheit schlimmer ist als Zeitverlust. In der Tat hatte Georg Müller damit bewiesen, daß er zum Missionswerk noch ganz und gar untüchtig sei.

Der Gott, der einen Mose vierzig Jahre warten ließ, bevor Er ihm befahl, Israel aus seiner ägyptischen Gefangenschaft auszuführen, der einen Saul von Tarsus drei Jahre in Arabien zurückhielt, ehe Er ihn als Apostel in alle Welt sandte, und der sogar Seinen Sohn dreißig Jahre in der Verborgenheit ließ, ehe Er sich als Messias offenbaren sollte, dieser Gott ist nicht eilig, wenn es gilt, andere Arbeiter ans Werk zu stellen. Er sagt zu den ungeduldigen Seelen: „Meine Zeit ist noch nicht da; eure Zeit aber ist allewege."

Georg Müller lernte dabei zweierlei:

1. daß der sichere Führer bei jeder Entscheidung d a s g l ä u b i g e G e b e t in Verbindung mit dem W o r t G o t t e s ist und nichts anderes;

2. daß anhaltende Ungewißheit über den einzuschlagenden Weg eine Anweisung zu w e i t e r e m W a r t e n ist.

Über diese Wahrheiten darf man nicht so leicht hinweggehen, denn sie sind von großer Tragweite.

Das n a t ü r l i c h e H e r z ist ungeduldig bei allem Verzug, sowohl bei der Entscheidung als in der Ausführung. Daher sind alle seine Entschlüsse unreif, und alle seine eigenen Wege sind Irrwege. Gott läßt uns oft warten, damit wir ins Gebet getrieben werden, und hält die Erhörung zurück, damit der Eigenwille vor dem Willen Gottes sich beugen lerne.

Bei einem Rückblick auf seinen Lebensgang viele Jahre später sah Georg Müller klar ein, daß er damals „eilig zum Los gelaufen" sei, und wie dies gerade in der Frage der göttlichen Berufung für den Missionsdienst ganz und gar unstatthaft war. Er erkannte auch, wie untüchtig er zu jener Zeit noch gewesen sei für das Werk, das er begehrte. Ja er fragte sich, wie es nur möglich gewesen sei, daß jemand, der noch so unwissend war wie er, auch nur habe daran denken können, andere lehren zu wollen. Das erste, was er zu tun gehabt, wäre gewesen, durch viel Gebet und Forschen im Wort Gottes sich eine tiefere Erkenntnis und tiefere Erfahrung der göttlichen Dinge anzueignen. Seine Ungeduld in einer so wichtigen Sache war, wie er nun einsah, ein Zeichen völliger Unfähigkeit zu rechtem Dienst, insbesondere „zu leiden als ein guter Streiter Jesu Christi". Wer beim Beginn des Werkes nicht warten kann, bis er des Willens Gottes gewiß ist, der kann später auch auf dem Arbeitsfeld nicht warten wie „ein Ackermann auf die köstliche Frucht der Erde" und ist außerstande, mit Ruhe und Gelassenheit den tausend Hindernissen und Widerständen in der Arbeit unter den Heiden entgegenzutreten.

Außerdem mußte Georg Müller sich überzeugen, daß, wenn er seinen Willen hätte ausführen können, dies ein Fehlgriff gewesen wäre für sein ganzes Leben. Er hatte damals seinen Blick nach Ostindien gerichtet; allein die nachfolgenden Ereignisse bewiesen klar, daß Gott eine völlig andere Wahl für ihn getroffen hatte. Er bot sich noch verschiedenemal an; aber obschon er nun mit Besonnenheit und großem Ernst vorging, öffnete sich dennoch keine Tür für ihn. Gott hatte für ihn ein größeres Feld bereit, als Indien es gewesen wäre. Es wurde ihm nicht zugelassen, nach „Bythinien" zu gehen, weil „Mazedonien" auf seinen Dienst wartete.

Inzwischen wurde er immer mehr in das ernste, anhaltende Gebet vor Gott hineingeführt, auch für die kleinsten Angelegenheiten, die ihm auf dem Herzen lagen. Dieser Mann sollte ja besonders in der F ü r b i t t e den Gläubigen ein Vorbild werden, und darum schenkte es ihm Gott von Anfang an, eine sehr e i n f ä l t i g e , k i n d l i c h e S t e l l u n g g e g e n I h n einzunehmen.

Da er nun durch den göttlichen Ratschluß von Indien ferngehalten war, begann er endgültig in der Heimat zu arbeiten, obschon er noch wenig verstand, es allein mit dem Herrn zu tun. Er sprach mit anderen von ihrem Seelenheil und schrieb an frühere Sündengefährten, verteilte auch Traktate und Missionszeitschriften. Seine Arbeit war nicht ohne ermutigenden Erfolg, wenngleich er es oft ungeschickt angriff.

Seinen ersten P r e d i g t v e r s u c h machte er im Jahr 1826. Ein Schullehrer in der Umgebung von Halle war durch ihn zur Bekehrung und zum Frieden gekommen, und dieser bat ihn, in seinem Dorf dem dortigen alten, kranken Pfarrer auszuhelfen. Da er ja Theologe war, hatte er das Recht zu predigen; aber seine Unwissenheit, deren er sich wohl bewußt war, hatte ihn bis jetzt daran gehindert.

Er meinte nun, wenn er eine gute Predigt auswendig lerne, biete er seinen Zuhörern mehr, als wenn er eigenes bringe. Die Vorbereitung war ein wahres Sklavenwerk für ihn, und das Auswendiglernen der Predigt nahm ihn mehr als eine Woche in Anspruch. Sie wiederzugeben wurde ihm ebenso sauer, denn die lebendige, von Gott gegebene Kraft fehlte. Er hatte auch noch nicht das Licht, einzusehen, daß die Verkündigung der Wahrheit mit dem Zeugnis der Erfahrung verbunden sein muß und daß eines anderen Predigt vorzutragen bestenfalls ein unnatürliches G e h e n a u f K r ü c k e n ist.

Georg Müller hielt also seine gut auswendig gelernte Predigt um 8 Uhr morgens in der Filialkirche und drei Stunden später in der Pfarrkirche. Da er gebeten wurde, auch am Nachmittag zu predigen, aber keine zweite Predigt vorbereitet hatte, mußte er entweder schweigen oder sich auf des Herrn Hilfe verlassen. Er dachte, er könne wenigstens Matthäus 5 lesen und es einfach auslegen. Kaum hatte er aber angefangen, über die erste Seligpreisung zu reden, als er sich mächtig getragen fühlte. Es wurden ihm nicht nur seine Lippen aufgetan, sondern auch die Schrift wurde ihm aufgeschlossen, seine Seele floß über, und ein Friede und eine Kraft, die er bei seinem matten, mechanischen Hersagen am Morgen durchaus nicht verspürt hatte, begleitete nun seine einfache Auslegung. Diese hatte zudem den Vorzug, daß sie ganz dem Verständnis der Hörer angepaßt war und nicht über ihre Köpfe hinwegging. Seine vertrauliche und zugleich ernste Art fesselte ihre Aufmerksamkeit.

Auf seinem Rückweg nach Halle sagte er sich: „Dies ist die richtige Art des Predigens." Indessen war er im Zweifel, ob wohl eine so einfache Schrifterklärung auch für die Stadt, in eine Versammlung von gebildeten Leuten passen würde. Er mußte noch lernen, daß die „vernünftigen Reden menschlicher Weisheit das Kreuz Christi zunichte machen" und daß gerade die rechte Einfachheit die Gewähr bietet, von allen verstanden zu werden.

Das war ein neuer, wichtiger Schritt in seiner Vorbereitung für den kommenden Dienst. Er blieb sein Leben lang einer der einfachsten und schriftgemäßesten Redner. Dieser erste Versuch führte dazu, daß er sehr oft predigen mußte, und je einfacher und einfältiger in Christus er dabei war, um so mehr fand er Freude an der Verkündigung des Wortes Gottes und hatte Segen davon. Sichtbare Frucht unter seinen Zuhörern gab ihm Gott damals weniger. Georg Müller war noch nicht reif zum Ernten, kaum zum Säen. Seine Vorbereitung geschah zu wenig mit Gebet, und es fehlte noch die Salbung mit dem Heiligen Geist.

Um diese Zeit tat er einen Schritt, der besonders wichtig war, weil er dadurch später auf das Werk geführt worden ist, das mit seinem Namen so eng verknüpft sein sollte. Er machte nämlich Gebrauch von den Freiquartieren für arme Studenten in dem berühmten Waisenhaus von August Hermann Francke. Dieser Gottesmann, Professor der Theologie zu Halle, hatte 1698 ein Waisenhaus gegründet in völliger Abhängigkeit von Gott. Halb unbewußt hat Georg Müller für sein Lebenswerk in Bristol sowohl die Anregung wie das Vorbild durch Franckes Waisenhäuser in Halle bekommen. Das Gebäude, in dem der junge Müller wohnte, war ihm wie eine Predigt, — ein sichtbarer, greifbarer Beweis dafür, daß der lebendige Gott Gebete erhört. Hier hat Georg Müller diese Lektion bekommen. Ein Beispiel von apostolischer Amtsübertragung!

Er erinnerte sich später oft, wieviel er in seinem eigenen Glaubenswerk dem Beispiel Franckes verdankte. Sieben Jahre nachher las er sein Lebensbild und wurde dadurch noch mehr gestärkt in der Nachfolge dieses Nachfolgers Christi.

Georg Müllers geistliches Leben stellte in dieser ersten Zeit noch ein seltsames Gemisch dar.

Er arbeitete und schrieb damals oft bis zu 14 Stunden des Tages und war manchmal so überarbeitet, daß nervöse Verstimmungen und allerlei Versuchungen die Folge waren. Er ließ sich dann wohl gehen und besuchte Wirtshäuser, hatte aber nachher heftige Gewissensbisse darüber. Zuweilen hegte er bei seinem Grübeln böse und undankbare Gedanken über Gott. Aber der Herr suchte ihn nicht mit Strafen heim, sondern überschüttete ihn mit neuer Gnade.

In einer Geldverlegenheit schrieb er an eine reiche, vornehme und wohltätige Dame und bat sie um ein Darlehen. Er erhielt genau die Summe, um die er gebeten hatte, mit einem Brief, dessen Unterschrift lautete: „Jemand, der den Herrn Jesus innig liebt." Es war nicht die Dame, an die er geschrieben hatte, sondern eine andere, in deren Hände sein Schreiben durch besondere Fügung gefallen war. Der Brief enthielt Worte der Warnung und treuen Rates, wie Georg Müller sie gerade nötig hatte. Er erkannte darin ganz deutlich des Herrn Hand.

Diese „Botschaft von Gott" bewegte ihn tief, um so mehr, weil sie zu einer Zeit kam, in der er nicht nur eines Jüngers Jesu unwürdig wandelte, sondern auch Gedanken genährt hatte, als sei sein himmlischer Vater ein harter Mann.

Er ging aus, um einen einsamen Spaziergang zu machen, und dabei überwältigte ihn der Gedanke an die Güte seines himmlischen Herrn und seine eigene Undankbarkeit dermaßen, daß er hinter einer Hecke niederkniete, obschon der Schnee fußhoch lag, und eine halbe Stunde in Anbetung und neuer Selbstübergabe verbrachte, während er alles um sich her vergaß.

Aber welch ein Abgrund ist das Menschenherz! Wenige Wochen später war er abermals innerlich so zurückgegangen, daß er allen Gebetsgeist verloren hatte und in stumpfer Gleichgültigkeit dahinlebte, ja eines Tages die Stimme des Gewissens im Weinglas ersticken wollte.

Aber der barmherzige Vater gab Sein Kind nicht auf. Georg Müller fand keinen Geschmack mehr an solchen Vergnügungen, sie erregten ihm Ekel, und die Stimme des Heiligen Geistes ließ sich nicht mehr unterdrücken.

Die Versammlungen in Herrn Wagners Haus dauerten fort; auch am Sonntagabend kamen gewöhnlich sechs oder mehr gläubige Studenten zusammen, und diese beiden Gelegenheiten waren für den jungen Müller kostbare Gnadenmittel. Von Ostern 1827 an bis zu Ende seines Aufenthalts in Halle wurde diese Zusammenkunft in seinem eigenen Zimmer gehalten. Ehe er Halle verließ, war die Zahl der Teilnehmer an dieser wöchentlichen Versammlung auf 20 angewachsen.

Eine wichtige Sache mußte er noch lernen, nämlich die, daß die alleinige Quelle aller Weisheit und Kraft die Heilige Schrift ist. Wie viele Kinder Gottes ziehen religiöse Bücher dem Buch Gottes vor! Georg Müller hatte zwar bereits erkannt, welch wertloser Ballast z. B. Romane seien, mit denen selbst Gläubige noch oft ihren Geist beschäftigen. Aber er hatte sich noch nicht daran gewöhnt, das Wort Gottes täglich und fortlaufend zu lesen, wie er es in späteren Jahren mit fast völliger Hintansetzung anderen Lesestoffs tat. In seinem 92. Jahr äußerte er sich gegen den Verfasser dieses Buches, daß er wohl für jede Seite gewöhnlichen Lesestoffs zehn Seiten aus der Bibel gelesen habe.

Aber bis zu jenem Novembertag 1825, da er zum erstenmal einer betenden Jüngerschar begegnete, erinnerte er sich nicht, je ein Kapitel in dem Buch der Bücher gelesen zu haben, und noch in den ersten vier Jahren seines neuen Lebens zog er mehr andere Bücher der Bibel vor.

Nachdem er dann einmal Geschmack gefunden hatte am Wort Gottes, begriff er selbst nicht mehr, wie er es je hatte so vernachlässigen können. Es wurde ihm klar, daß, wenn Gott sich herabgelassen habe, selber der Verfasser eines Buches zu werden, indem Er heiligen Männern eingab, was sie schreiben sollten, dieses gewiß die größten Lebenswahrheiten enthalten müsse. Seine Botschaft an die Menschheit mußte alles in sich fassen, was nur irgend ihr Wohl betraf.

Während der letzten 20 Jahre seines Lebens las Georg Müller die Bibel jedes Jahr vier- bis fünfmal sorgfältig durch und spürte dabei, wie er immer näher mit dem Verfasser, dem Heiligen Geist, bekannt wurde. Es ist merkwürdig, daß auch treue Kinder Gottes so wichtige Gründe für das Bibellesen übersehen können.

Sobald Georg Müller von diesem lebendigen Quell des Segens und Sieges gekostet hatte, trank er regelmäßig davon. Im späteren Leben beklagte er es, daß er durch die Vernachlässigung dieser Lebensquelle in jungen Jahren so lang in geistlicher Kindheit, in Unwissenheit und Ohnmacht geblieben war. Seine enge Gemeinschaft mit Gott begann, als er lernte, daß sie nur möglich ist in dem Licht des göttlichen Wortes, das für die gehorsame Seele „des Fußes Leuchte und ein Licht auf dem Weg ist".

Glücklich sind die, die gelernt haben, den Schlüssel zu gebrauchen, der nicht nur zu des Königs Schätzen die Tür öffnet, sondern zu dem König selber.

Neue Schritte und Stufen der Vorbereitung

Der Hunger nach Rettung von Seelen ist ein göttliches Feuer. Im Herzen von Georg Müller begann diese Glut nun heller zu brennen und suchte einen Weg nach außen. Im August 1827 war sein Sinn bestimmter als zuvor auf das Missionswerk gerichtet. Da er hörte, daß die Britische Kontinentgesellschaft einen Arbeiter nach Bukarest suchte, bot er sich durch die Vermittlung D. Tholucks, der sich für die Gesellschaft nach einem passenden Bewerber umsah, für diese Arbeit an. Zu seiner großen Überraschung gab sein Vater die Einwilligung.

Nach einem kurzen Besuch zu Hause kam er nach Halle zurück mit der bestimmten Absicht, bald nach seinem fernen Arbeitsfeld abzureisen. Im Gebet bereitete er sich auf die Opfer und Entsagungen vor, die er dort zu finden erwartete. Aber Gott hatte andere Pläne für Seinen Knecht.

Im Oktober kam Hermann Ball auf der Durchreise nach Halle. Er nahm teil an den in Georg Müllers Zimmer stattfindenden kleinen Versammlungen und erzählte ihm, daß seine leibliche Gesundheit es ihm verbiete, ferner unter den polnischen Juden zu arbeiten. Sogleich entstand in Georg Müller der Wunsch, an seine Stelle zu treten.

Bei einem Besuch, den er um diese Zeit bei D. Tholuck machte, fragte ihn dieser auch zu seiner Überraschung, ob er wohl unter den Juden arbeiten möchte. D. Tholuck war nämlich auch für die Londoner Judenmissionsgesellschaft tätig. Diese Frage entfachte natürlich die Flamme der Sehnsucht bei Georg Müller noch mehr. Allein auch dieser Plan wurde zu Wasser.

Während indessen die eine Tür sich vor ihm zuschloß, schien sich eine andere für ihn aufzutun. Als nämlich der Vorstand in London erfuhr, daß er willig sei für die Arbeit unter den Juden, machte er ihm den Vorschlag, ein halbes Jahr nach London zu kommen, um sich als Missionszögling auf das Werk vorzubereiten.

Nochmals eine Probezeit durchmachen zu sollen, war etwas hart für seine Natur; aber da es doch wünschenswert schien, daß der Vorstand und der Bewerber sich gegenseitig kennenlernten, beschloß er, auf den Vorschlag einzugehen.

Es stand aber ein gewaltiges Hindernis im Weg. Preußische Untertanen mußten damals drei Jahre Militärdienst tun und Studenten, die die Hochschulprüfung bestanden hatten, wenigstens ein Jahr. Georg Müller, der noch nicht gedient hatte, konnte nun ohne königliche Freisprechung noch nicht einmal einen Paß bekommen, um das Land zu verlassen. Alle seine Anstrengungen, einen solchen zu erlangen, waren ohne Erfolg. So stellte er sich denn zur ärztlichen Untersuchung. Aber siehe da, er wurde als körperlich untauglich erklärt. Der Herr hatte es so geleitet. Nachdem er zum zweitenmal untersucht und als untauglich erfunden worden war, wurde er ganz frei vom Militärdienst.

Die Linien der göttlichen Absichten vereinigten sich geheimnisvoll zu ihrem Zielpunkt. Die Zeit war gekommen: der Meister sprach, und es geschah. Alles mußte jetzt in der einen Richtung zusammenwirken, daß Sein Diener vom Dienst seines irdischen Vaterlandes frei wurde, damit er unter der Fahne des Herzogs der Seligkeit sich als ein guter Streiter Jesu Christi leiden und Ihm dienen könne.

Im Februar 1829 reiste er nach London ab; unterwegs besuchte er noch seinen Vater in Hadmersleben, wohin dieser sich von den Geschäften zurückgezogen hatte. Er erreichte die englische Hauptstadt am 19. März.

In seiner Freiheit war er als Zögling des Missionsseminars sehr eingeschränkt; aber da keine der bestehenden Regeln gegen sein Gewissen ging, unterzog er sich ihnen willig. Er studierte etwa zwölf Stunden täglich, indem er das Hauptgewicht auf das Hebräische und verwandte Fächer legte, die ihm für sein zu erwartendes Arbeitsfeld die wichtigsten schienen. Da er aber wohl wußte, welche Gefahr für das innere Leben die bloße Beschäftigung mit toter Wissenschaft in sich birgt, lernte er viele Stellen aus dem hebräischen Alten Testament auswendig und tat dies im Geist des Gebets, indem er Gottes Hilfe auch für die kleinen Pflichten des Tages suchte.

Bei seiner Übersiedlung nach England machte eine scheinbar geringfügige Begebenheit einen ungemein tiefen Eindruck auf ihn; ein neuer Beweis, daß im Leben nichts klein und unbedeutend ist. In einer kleinen Angel hängt und bewegt sich eine große Tür. Oft sind es in der Tat die scheinbar kleinsten Ereignisse, die unsere Geschichte, unser Werk, unseren Gang bestimmen.

Ein Student erzählte ihm nämlich von einem Zahnarzt in Exeter, einem gewissen Herrn Groves, der um des Herrn willen seinen Beruf, der ihm 30 000 Mark im Jahr eintrug, aufgegeben und mit Frau und Kind als Missionar nach Persien gegangen sei, ohne ein Einkommen in Aussicht zu haben, einfach im Vertrauen auf Gott.

Der Bericht von diesem verleugnungsvollen Schritt übte eine eigentümliche Anziehungskraft auf Georg Müller aus; was er gehört, kam ihm nicht mehr aus dem Sinn; er schrieb darüber in sein Tagebuch und auch an Freunde zu Hause. In der Tat war es eine neue Glaubenslektion in den Linien, in denen er später selber mehr als 60 Jahre wandeln sollte.

Mitte Mai 1829 erkrankte Georg Müller wieder, und zwar so ernstlich, daß er nicht mehr an ein Aufkommen glaubte. Krankheit ist recht geeignet, in die Tiefen der Selbsterkenntnis zu führen. Seine Sündenerkenntnis war ja auch bei seiner Bekehrung eine zu oberflächliche gewesen, um sich seinem Gedächtnis einzuprägen.

Es ist oft bei Gotteskindern der Fall, daß das Schuldbewußtsein, das zuerst kaum vorhanden schien, immer tiefer und stärker wird, je mehr man in der Erkenntnis wächst und Gott ähnlicher wird. Diese gemeinsame Erfahrung vieler geretteter Seelen läßt sich leicht erklären. Unsere Auffassung der Dinge hängt davon ab, welchen Maßstab wir an sie anlegen; unser Maßstab aber ist das Bewußtsein von Wahrheit und Pflicht, wie es in uns zur Ausgestaltung gekommen ist. Je mehr wir in Gott und für Gott leben, um so mehr werden unsere Augen erleuchtet, so daß wir die ungetüme Mißgestalt der Sünde deutlicher erkennen; und um so klarer erkennen wir auch die Vollkommenheit der Heiligkeit Gottes und nehmen sie zum Muster und Vorbild für unseren eigenen Wandel in der Heiligkeit.

Bei Georg Müller blieb das Schuldgefühl nicht nur während seiner Krankheit, sondern bis zu seinem Lebensende und wäre manchmal überwältigend geworden, wenn er nicht das Wort gehabt hätte: „Wenn wir sagen, wir haben keine Sünde, so verführen wir uns selbst, und die Wahrheit ist nicht in uns. Wenn wir aber unsere Sünden bekennen, so ist Er treu und gerecht, daß Er uns die Sünden vergibt und reinigt uns von aller Untugend." Von seiner eigenen Sünde richtete er den Blick auf das Kreuz, wo sie gesühnt ist, und zu dem Gnadenthron, wo der reuige Sünder Vergebung findet: und so wurde die Traurigkeit um die Sünde in die Freude des Gerechten verkehrt.

Die Gewißheit, angenehm gemacht zu sein in dem Geliebten, entkleidete für ihn den Tod so ganz seiner Schrecken, daß er während seiner Krankheit sich sehr sehnte, „abzuscheiden und bei Christus zu sein". Aber nach 14 Tagen war er auf dem Weg der Genesung, und obschon es ihn immer noch nach der himmlischen Ruhe verlangte, unterwarf er sich dem Willen Gottes auch zu einem längeren Verweilen im Land der Pilgrimschaft. Er ahnte nicht, wie glücklich er im Dienst Gottes noch sein, wie sehr er noch himmlische Freude auf Erden finden werde.

Während dieser Krankheit gewöhnte er sich immer mehr daran, auch die kleinsten Angelegenheiten seinem

Gott zu bringen, was ja sein späteres Leben so besonders kennzeichnete. Fortwährend flehte er Gott an, den Arzt zu leiten, und für jede Arznei erbat er den Segen von oben. Als er dann der Genesung entgegenging, suchte er Erholung in Teignmouth, wo kurz nach seiner Ankunft die Ebenezerkapelle wieder eröffnet wurde. Hier war es auch, wo Georg Müller mit Henry Craik bekannt wurde, der so viele Jahre hindurch nicht nur sein Freund, sondern auch sein Mitarbeiter wurde.

Bei seiner Rückkehr nach London war sowohl sein inneres Leben vertieft und gestärkt wie auch seine körperliche Gesundheit gekräftigt. Er machte nun einigen Studiengenossen den Vorschlag, sie wollten jeden Morgen von 6 bis 8 Uhr eine Andachtsstunde halten zu gemeinsamem Gebet und Bibelbetrachtung, in der jeder den anderen mitteilen sollte, was ihm der Herr im Anschluß an den verlesenen Schriftabschnitt geben würde. Diese geistliche Übung erwies sich als so nützlich und regte den Hunger nach göttlichen Dingen bei Georg Müller so an, daß er oft die Abendstunden bis spät in die Nacht hinein im Gebet verbrachte und manchmal noch um Mitternacht die Gemeinschaft irgendeines gleichgesinnten Bruders aufsuchte. Dann dehnte er oft das Gebet bis um 1 oder 2 Uhr aus, und auch dann wurde der Schlaf noch oft zurückgehalten durch seine alles überflutende Freude in Gott.

Wenige Tage nach seiner Rückkehr nach London fühlte er sich schon wieder in seiner Gesundheit angegriffen, und dadurch kam er zu der Überzeugung, daß er nicht länger in Vorbereitungen seine geringe Kraft verzehren, sondern sich sogleich an die Arbeit machen solle. Unter dem Eindruck, daß es sowohl für sein leibliches wie geistliches Leben ein Vorteil sein werde, wenn er in die tätige Arbeit an Seelen treten könne, kam er bei der Gesellschaft um sofortige Bestimmung für ein Arbeitsfeld ein. Er bat, man möchte ihm einen erfahrenen Mann zur

Seite stellen, der gleichzeitig sein Ratgeber und sein Mitarbeiter sein könnte.

Nachdem er sechs Wochen lang vergeblich auf eine Antwort gewartet hatte, drängte sich ihm die Überzeugung auf, daß es nicht schriftgemäß und daher unrichtig sei, den Auftrag zur Arbeit von Mitmenschen zu erwarten. Barnabas und Saulus wurden durch den Heiligen Geist bei Namen gerufen und ausgesandt, ehe die Gemeinde zu Antiochien irgendeinen Schritt hierzu getan hatte. Er aber fühlte sich ebenso durch den Geist berufen, sein Werk zu beginnen, ohne auf menschliche Aussendung zu warten, — und warum nicht gerade unter den Juden in London? Gewöhnt, sogleich nach seiner Überzeugung zu handeln, fing er an, Traktate unter sie zu verteilen, die seinen Namen und seine Anschrift trugen, so daß jeder, der persönliche Fühlung und Führung wünschte, ihn finden konnte.

Er suchte die Juden an ihren Sammelplätzen auf, las zu festgesetzten Stunden mit etwa 50 jungen Leuten die Heilige Schrift und richtete eine Sonntagsschule ein.

Ehe der Herbst 1829 zu Ende war, sah er sich vor die Frage gestellt, ob er mit gutem Gewissen länger in der gewöhnlichen Weise mit der Londoner Missionsgesellschaft verbunden bleiben könne. Im Dezember beschloß er, alle Verbindung mit ihr zu lösen, es wäre denn, daß sie gewisse Bedingungen eingehe.

Die Hauptbedingung, die er stellte, war, daß er ohne Gehalt arbeiten wolle, und zwar wann und wo der Herr es ihm zeige. Er schrieb in dem Sinn an die Gesellschaft und bekam eine freundliche, aber ablehnende Antwort, da sie es für unangängig hielte, jemand, der sich in seiner Tätigkeit ihrer Führung nicht willig unterziehe, anzustellen.

So war das Band also gelöst. Georg Müller fühlte, daß er nach dem Licht handle, das Gott ihm gab, und obschon er nicht im geringsten die Gesellschaft tadelte, bereute er doch später seinen Schritt nicht und änderte seine

Ansicht nie. Alle, die dieses lange Leben betrachten, das so voller Früchte eines ungewöhnlichen Dienstes für Gott und Menschen war, werden es gewiß erkennen, daß der Herr schonend, aber beharrlich daran arbeitete, Georg Müller aus dem gewöhnlichen Geleise auf einen Pfad zu bringen, auf dem er nur an Ihn gebunden war. Die Entscheidung, die er auch in minder wichtigen Fragen traf, förderten Gottes Vorhaben mit ihm mehr, als er selber zur Zeit es wußte und ahnte.

Wenn man Georg Müllers Tagebuch liest, wird man immer wieder daran erinnert, daß er ein Mensch war mit den gleichen Schwachheiten wie andere. So erwachte er am Weihnachtsmorgen dieses Jahres nach einer Zeit besonderer Freude im Herrn ganz verzweifelt, ohne die geringste Empfindung von Trost. Das Gebet schien ihm so fruchtlos und nutzlos wie die Anstrengungen eines Mannes, der in den Sumpf gefallen ist. Bei der gewöhnlichen Morgenversammlung ermahnte ihn ein Bruder, trotzdem im Gebet zu verharren, bis sein Herz wieder vor dem Herrn zerschmelze, — ein weiser Rat für alle Kinder Gottes, denen der Herr für eine Zeitlang verborgen ist. Nie sollte man sich durch den Mangel fühlbarer Freude vom ausharrenden Gebet abbringen lassen; im Gegenteil, die sicherste Regel ist die: je weniger Freudigkeit, um so nötiger das Gebet. Das Ablassen von der Gemeinschaft mit Gott im Gebet, welche Ursache es auch habe, macht die Wiederverbindung und das Wiedererlangen des Gebetsgeistes nur um so schwieriger, während das Anhalten im Gebet und Flehen in der Verbindung mit fortgesetzter Tätigkeit im Dienst Gottes bald die verlorene Freudigkeit zurückbringt. Sobald wir uns der geistlichen Niedergeschlagenheit überlassen oder die genaue Verbindung mit dem Herrn und die Arbeit für Ihn unterbrechen, triumphiert der Teufel.

So schnell erholte sich Georg Müller von dieser Anfechtung Satans, daß er am Abend des gleichen Weihnachtstages, dessen Anfang so trüb gewesen war, eine liebliche Erfahrung machen konnte. Er war in einem befreundeten Haus eingeladen, mußte da die Abendandacht halten, und der Herr bekannte sich so zu ihm, daß zwei dienende Personen tief ergriffen wurden und nachher noch mit ihm zu sprechen wünschten. —

Wir sind hier an einem neuen Meilenstein auf Georg Müllers Lebensweg angekommen. Es waren nun erst etwa vier Jahre, seit er den schmalen Weg betreten; er war noch ein junger Mann und stand erst in seinem 25. Jahr. Dennoch hatte er schon einige der großen göttlichen Geheimnisse eines heiligen, glücklichen und gesegneten Lebens gelernt, die für seinen ganzen nachherigen Dienst grundlegend wurden.

Die Predigt und das Amt

Kein Werk im Weinberg des Herrn ist so wichtig und verantwortungsvoll wie das Amt des Dieners am Wort. Georg Müller predigte nun von Zeit zu Zeit das Evangelium, aber nicht auf einem bestimmten Arbeitsfeld.

Während er in Teignmouth war, im Anfang des Jahres 1830, wurde er wiederholt zum Predigen aufgefordert. Da der bisherige Geistliche zurückzutreten im Begriff stand, bat man ihn, an dessen Stelle zu treten. Er antwortete aber, daß er sich von Gott nicht berufen fühle zu einem festen Posten, sondern eher zum Amt eines Reisepredigers.

Gewisse Leute in Teignmouth, darunter auch einige Geistliche, fanden an seinen Predigten keinen Geschmack, obschon Gott sichtbar Sein Siegel daraufdrückte. Dies veranlaßte ihn zu ernster Prüfung, was wohl die Gründe für diesen Widerstand sein und was er wohl daraus für sich lernen könne. Ohne Zweifel suchten sie äußere Schönheit und Anmut des Vortrags und kamen selbstverständlich hierin bei einem Ausländer, dessen Sprache keine redekünstlerische Form aufwies, ja der nicht einmal geläufig Englisch sprach, nicht auf ihre Rechnung.

Indessen fühlte er deutlich, daß noch tiefere Ursachen für ihre Abneigung vorlagen, mußte er sich doch sagen, daß die gleichen Leute vor Jahresfrist, als er selber noch weniger geistlich gesinnt war, ganz zufrieden mit ihm gewesen waren. Er kam zuletzt zu dem Schluß, daß der Herr durch ihn hier in Teignmouth wirken wolle, aber daß der Satan wie gewöhnlich das Werk zu hindern suche und zu diesem Zweck sogar Brüder aufreize, der Wahrheit zu widerstehen. Da nun trotz des Widerspruchs viele andere wiederholt den Wunsch ausdrückten, daß er in ihrer Kapelle predigen möchte, beschloß er, eine Zeitlang zu bleiben, bis er in seiner Eigenschaft als Zeuge Gottes geradezu verworfen oder bis er durch eine klare göttliche Führung auf ein anderes Arbeitsfeld gestellt würde.

Er teilte seinen Zuhörern sein Vorhaben mit und gab ihnen zugleich die Erklärung ab, daß, falls sie die Besoldung zurückhalten sollten, dies seine Entscheidung nicht beeinflussen würde. Er stehe nicht da als von Menschen angestellt, sondern als Knecht Gottes und überlasse Ihm willig die Sorge für seine zeitlichen Bedürfnisse. Gleichzeitig erinnerte er sie aber, daß es ihre Pflicht sowohl als ihr Vorrecht sei, mit leiblichen Dingen denen zu dienen, die ihnen mit geistlichen dienten. Wenn er auch nicht die Gabe suche, so suche er doch „die Frucht, daß sie reichlich in ihrer Rechnung sein möge".

Diese Erfahrungen in Teignmouth waren vorbildlich: „Etliche glaubten dem, was gesagt wurde, und etliche glaubten nicht." Einige verließen die Kapelle, während andere blieben. Einige wurden geführt und gespeist, während andere in kalter Gleichgültigkeit verharrten, wenn sie nicht sogar zu offener Feindseligkeit übergingen. Aber der Herr stand zu Georg Müller und stärkte ihn. Gott, der die Seinen versorgt, lenkte auch die Herzen von zwei Brüdern, daß sie unaufgefordert für alle Bedürfnisse Seines Dieners aufkamen. Einige Zeit nachher berief die kleine Gemeinde von 18 Gliedern einmütig den jungen Prediger zu ihrem Seelsorger. Er willigte ein, vorläufig bei ihnen zu bleiben, ohne indessen seinen Vorsatz aufzugeben, von Ort zu Ort zu gehen, wie ihn der Herr führen würde. Man bot ihm ein Jahresgehalt von 1100 Mark an, das, als die Mitgliederzahl wuchs, noch etwas größer wurde. So war jetzt der ehemalige Student von Halle zu seinem ersten Predigt- und Hirtenamt gekommen.

Im April des Jahres 1830 glaubte Georg Müller dem Wort Gottes Genüge zu tun durch eine zweite Taufe, hauptsächlich gestützt auf Apostelgeschichte 8, 36—38 und Römer 6, 3—5.

Er hatte die Freude, daß von seinen wahren Freunden

im Herrn keiner ihm deswegen den Rücken wandte, wie er es halb und halb erwartet hatte. In bezug auf die äußere Lage erlitt er einige Nachteile durch diesen Schritt; aber der Herr ließ ihm nichts mangeln.

Während des Sommers 1830 kam er durch das Forschen im Wort Gottes zu der Überzeugung, daß es schriftgemäß und apostolisch sei, das Brot jeden Sonntag zu brechen (Apg. 20, 7 ff.). Ebenso wurde es ihm nach Römer 12, 1; 1. Korinther 12; Epheser 4 usw. unzweifelhaft, daß der Geist Gottes in ungehinderter Freiheit durch jeden Gläubigen wirken könne nach Maßgabe des verliehenen Pfundes. Diese Schlüsse suchte der Knecht Gottes sogleich ins praktische Leben umzusetzen, und die Folge war eine Zunahme des geistlichen Wachstums.

Um diese Zeit entschloß er sich auch, im Gehorsam gegen Gottes Wort, künftig als Diener Christi kein festes Gehalt mehr anzunehmen. Es wirkten dazu verschiedene Umstände mit, die in der englischen freikirchlichen Organisation begründet sind. So fand er das Vermieten der Kirchenstühle verwerflich. Er wollte ferner, daß alle Glieder der Gemeinde in ihren Beiträgen völlig frei seien.

Überhaupt war er der Ansicht, das ganze System lege dem Knecht Gottes Fesseln an, müsse ein solcher doch schon ungewöhnlich treu und unerschrocken sein, wenn er nicht in die Versuchung kommen solle, aus Menschengefälligkeit mit der Wahrheit zuweilen zurückzuhalten oder seine Botschaft abzuschwächen.

So geschah es, daß er im Spätsommer 1830, als er gerade sein 25. Jahr vollendete, den Entschluß zur Ausführung brachte, nie wieder ein festes Gehalt für seinen Dienst anzunehmen, und davon ist er nicht mehr abgegangen. Er tat daher den zweiten Schritt: eine Büchse wurde in der Kapelle aufgestellt, über der die Aufschrift angebracht war, daß jeder, der zu seinem Unterhalt beitragen wolle, in diese seinen Beitrag legen möge, je nachdem Vermögen und Umstände es ihm erlaubten. Seine Absicht war, auf diese Weise den ganzen Hergang allein vor das Angesicht Gottes zu bringen und den Anlaß zu sündlichem Hochmut sowohl als falscher Scham zu beseitigen.

Er erkannte ferner, daß, um durchaus biblisch vorzugehen, er keinen Menschen um Hilfe bitten dürfe, selbst dann nicht, wenn er Auslagen hatte für seinen Dienst, wie z. B. auf Reisen. Ebenso wollte er nicht zum voraus von seinen Bedürfnissen reden, was gewissermaßen ein indirektes Ansprechen menschlichen Beistandes gewesen wäre. Mit all diesem hätte er nach seiner Überzeugung Fleisch für seinen Arm gehalten. Und er fügte bei: „Es erforderte mehr Gnade vor Gott, zu diesem Entschluß zu kommen, als nötig war, um mein festes Gehalt aufzugeben."

Diese aufeinanderfolgenden Schritte werden hier weitläufig erzählt, weil sie Georg Müller direkt zu dem Hauptziel seines Lebenswerkes führten. Solche Entscheidungen verbanden ihn immer fester mit dem Werk, das ihm sein Vater bestimmt hatte; sie waren alle nötig zur Vollendung des welterfüllenden Zeugnisses von dem Gott, der Gebet erhört.

Am 7. Oktober 1830 erlebte Georg Müller, was Sprüche 18, 22 steht: „Wer eine Ehefrau findet, der findet etwas Gutes." Es war dies für ihn ein neuer Gnadenbeweis seines Herrn. Marie Groves, die Schwester jenes Zahnarztes, dessen selbstverleugnender Dienst Georg Müller im Jahr vorher einen so tiefen Eindruck gemacht hatte, wurde die Gattin unseres Gottesmannes und sollte 40 Jahre lang eine ebenbürtige Gehilfin für ihn sein, für die er fortwährend Gott dankte. Sie beherrschte ihr Reich nicht, daß man's beobachten konnte; und doch war ihr Einfluß ein weit größerer, als der ahnte, der ihrem persönlichen häuslichen Leben fernstand. Sie war eine seltene Frau, „viel edler denn die köstlichsten Perlen". „Ihres Mannes Herz durfte sich auf sie verlassen", und die zahlreichen Waisen, die ihre Kinder wurden, „standen auf und priesen sie selig".

Eines der stärksten Bande, das diese beiden Menschen vereinte, war das der gemeinsamen Selbstverleugnung. In buchstäblichem Gehorsam gegen das Wort verkauften sie das wenige, was sie hatten, um Almosen zu geben (Luk. 12, 33), und sammelten hinfort keine Schätze auf Erden (Matth. 6, 19—34; 19, 2).

Diesen Schritt zur freiwilligen Armut bereuten sie nie, sondern freuten sich seiner je länger, je mehr. Wie treu sie auf diesem Weg wandelten, trat auch in der Folge klar zutage, denn als Georg Müller beinahe 68 Jahre später plötzlich heimgerufen wurde, war er ein armer Mann. Nichts, auch seine Kleider nicht, die er trug, betrachtete er als sein Eigentum.

Er durfte aber auch von Stunde zu Stunde erfahren, daß Gott treu ist. Wenn wenig andere Kinder Gottes die Fürsorge ihres Herrn bis in die kleinsten Dinge hinein erleben, so liegt das zum Teil daran, daß sich wenige so vollständig dieser Fürsorge überlassen. Er wagte es, dem zu vertrauen, der die Haare unseres Hauptes gezählt hat und der uns zärtlich daran erinnert, daß Er auch für den „ungeraden Sperling" — wie man es ausgedrückt hat — sorgt. Matthäus erinnert uns daran (10, 19), daß man zwei Sperlinge für einen Pfennig kauft, und Lukas (12, 6), daß man fünf für zwei Pfennige verkauft; es war also wahrscheinlich Gebrauch, daß man für zwei Pfennige einen Sperling drauf bekam, weil er so wenig wert war. Und doch sorgt Gott für diesen Sperling, der beim Handel gar nicht mitgezählt wurde. Keiner von ihnen ist von Gott vergessen oder fällt auf die Erde ohne Seinen Willen. Und mit welcher Eindringlichkeit folgt darauf die Versicherung: „Darum fürchtet euch nicht; ihr seid mehr denn viele Sperlinge."

Georg Müller durfte wie nie zuvor und wie wenige andere die Wahrheit des Wortes erfahren: „Du bist ein Gott, der Gebet erhört." Gott kann Seine Kinder, die Ihm vertrauen, nicht nur vor dem Fallen bewahren, sondern auch vor dem Straucheln; denn während all der

Jahre, die da kommen sollten, der Lebensdauer zweier Generationen, gab's kein Zurückschreiten bei Georg Müller. Er hielt an der Hoffnung fest und wankte nicht (Hebr. 6, 18; 10, 23) bis ans Ende. Und die göttliche Treue erwies sich als der sichere Ankergrund auch in den längsten und schlimmsten Stürmen. In wohl 50 000 Fällen bekam Georg Müller auf eine bestimmte Bitte eine deutliche, klare göttliche Antwort, und in zahlreichen anderen, wo die Erfahrung nicht so sichtbar und in die Augen springend war, wurde ihm doch eine Durchhilfe zuteil.

Am 9. August 1831 gebar seine Frau ein totes Kindlein und war während sechs Wochen ernstlich krank. Er schuldigt sich in seinem Tagebuch an, daß er nicht ernstlicher an die Möglichkeit eines solchen Falles gedacht und nicht treuer für seine Frau gebetet habe.

Gott ließ aus dieser schweren Erfahrung einen bleibenden Segen für Georg Müller entsprießen. Er zeigte ihm, wie offen sein Herz für die Selbstsucht sei und wie nötig diese Züchtigung für ihn war, um ihn die Heiligkeit des ehelichen Lebens und väterlicher Verantwortlichkeit zu lehren. Hinfort „richtet er sich selbst, damit er nicht gerichtet werden müsse" (1. Kor. 11, 31).

Die Krankheitszeit seiner Frau brachte nun viel außergewöhnliche Ausgaben mit sich, für die nichts zurückgelegt war, nicht aus Leichtsinn und Sorglosigkeit, sondern aus Grundsatz. Georg Müller hielt ja dafür, daß es sich mit dem vollen Vertrauen zu Gott nicht vertrage, Ersparnisse anzulegen, sonst müsse Gott uns in Notfällen zuerst auf unsere Spargelder verweisen, ehe Er unser Gebet erhöre. Und die Erfahrung in dieser kritischen Lage rechtfertigte seinen Glauben. Es wurde für alle unvorhergesehenen Bedürfnisse gesorgt. Und so bekamen sie aus der Hand des Herrn mehr, als sie als Notgroschen hätten auf die Seite legen können, wenn sie überhaupt den Versuch gemacht hätten.

Dem Herrn auch für die zukünftigen Bedürfnisse zu

vertrauen, blieb ihr Grundsatz, solange sie zusammen lebten und arbeiteten. Die Erfahrung bestätigte ihnen, daß man Ihm für die außerordentlichen Lagen geradeso einfältig vertrauen kann wie für das tägliche Brot.

Ferner machte es sich Georg Müller zum Gesetz, nie Schulden zu machen, weder für seine Person noch für des Herrn Werk. Er hielt sich an Römer 13, 8, und er und seine Frau gaben sich das Wort, lieber zu verhungern, als etwas zu kaufen, das sie nicht bar bezahlen könnten. So wußten sie immer, wieviel sie ausgeben durften und wieviel ihnen übrigblieb für andere.

Noch ein Gebot wurde früh Georg Müllers persönlicher Gesetztafel einverleibt. Alles Geld, das unter seiner Hand war und das ihm für irgendeinen Zweck übergeben worden war, betrachtete er als unantastbar für irgendeinen anderen, wenn auch noch so vorübergehenden Gebrauch. Tausendmal war er in der Enge, und es schien der einzige und bequemste Ausweg, aus einer der anvertrauten Kassen zu borgen; aber sicherlich hätte ihn dies nur in neue Verwicklungen geführt.

Das rechte Vertrauen zu Gott setzt auf Seiner Seite eine solche genaue Kenntnis unserer Verhältnisse voraus, daß es sich darauf verläßt, Er wolle uns nicht ins Wirrwarr hineinbringen. Fehler nach dieser Richtung hin rühren sowohl von Mangel an Gewissenhaftigkeit als an ernstem Glauben her.

Ein Glaubensleben muß auch ein Leben scharfer Geisteszucht sein. Glauben und Vertrauen zu Gott und Wahrheit und Redlichkeit gegen die Menschen gingen denn auch in diesem Lebenslauf Hand in Hand.

Die „Erzählung der Taten Gottes"

Heilige Dinge ertragen auch nicht die leiseste oberflächliche Berührung. Zu solchen gehört das Tagebuch Georg Müllers, das in diesem Kapitel zum voraus erwähnt werden soll. Es liest sich beinahe wie ein Buch der Bibel, weil es die einfache Erzählung der göttlichen Führung in einem Menschenleben ist. Es berichtet nicht dieses Menschen eigenes Wirken oder Planen, Leiden oder Dienen, sondern des H e r r n T u n mit ihm und S e i n Wirken durch ihn.

Es erinnert uns an die merkwürdige Stelle in der Apostelgeschichte (14, 27—15, 18), wo im Verlauf von 20 Versen Gott fünfzehnmal in den Vordergrund gestellt wird als der Urheber alles dessen, was geschehen war. Paulus und Barnabas erzählen vor den Ohren der antiochischen Gemeinde und später in Jerusalem nicht das, was s i e getan für den Herrn, sondern das, was Er mit ihnen getan, wie E r die Tür unter den Heiden geöffnet und was für Zeichen und Wunder Er durch sie gewirkt hat.

Die Meinung dieser Worte kann nicht mißverständlich sein. Gott wird dargestellt als der allein Handelnde. Auch die größten Apostel wie ein Paulus und Petrus sind nur Seine Werkzeuge. Keine andere Stelle von 20 Versen im Wort Gottes enthält ein beredteres und eindringlicheres Zeugnis von des Menschen Ohnmacht und Unvermögen und von Gottes Allgenugsamkeit und Allmacht. Gott wirkte durch Menschen auf Menschen.

Die Apostelgeschichte ist eigentlich nicht die Geschichte der Apostel, sondern die Geschichte Gottes durch die Apostel; und war es nicht gerade ein Wort dieses heiligen Buches, das Georg Müller den Titel seines Tagebuches eingab, der lautete: „D e s H e r r n T a t e n mit Georg Müller."

Auf dieses Tagebuch als Ganzes können wir nur im Vorbeigehen einen Blick werfen, da es sehr weitläufig ist.

Aus jährlichen Berichten über das Werk ist das Tagebuch zusammengestellt. Es enthält Tausende kleiner Einzelheiten, dazu auch Jahr für Jahr viele Wiederholungen, und zwar darum, weil jeder Jahresbericht jemand in die Hände fallen konnte, der frühere nicht gelesen hatte.

Der Zweck dieser Lebensbeschreibung ist der, die Hauptpunkte dieses reichen Lebens hervorzuheben, damit der Leser von den Charakterzügen dieses Gottesmannes einen Eindruck bekomme, der ihn selber zu neuen Schritten des Glaubens und der Heiligung leite. Es sind sieben solcher Hauptpunkte:

1. Die Erfahrung von häufigen und oft lang andauernden Geldnöten. Das Geld, das Georg Müller in Händen hatte, sowohl für seine persönlichen Bedürfnisse wie für die Hunderte und Tausende von Waisen und für die verschiedenen Zweige des Werks der Verbreitung der Schriftkenntnis, betrug oft nur noch ein einziges Pfund Sterling (20 Mark), manchmal nur ein paar Pfennige, und oft hatte er gar nichts mehr. Er mußte daher beständig auf Gott warten und direkt zu Ihm aufschauen für alles, was er brauchte. Der Glaube wurde so in beständiger Übung und fortwährender Zucht gehalten.

2. Die Erfahrungen der unveränderlichen Treue Gottes. Wenn Verlegenheit eintrat, dauerte sie oft lang und war peinlich, aber nie versagte die Hilfe; nie ging eine Essenszeit vorüber, ohne daß wenigstens ein ganz einfaches Mahl auf dem Tisch stand; nie trat eine Notlage oder Krisis ein, für die Gott nicht vorgesorgt hatte. Georg Müller sagte zum Verfasser dieses Buches: „Nicht nur einmal oder fünfmal oder fünfhundertmal, sondern tausendmal während der 60 Jahre hatten wir weder in bar noch in Lebensmitteln genug für auch nur eine Mahlzeit; aber nicht ein einziges Mal hat uns Gott im Stich gelassen; nicht ein einziges Mal haben wir oder die Waisen hungern müssen oder eines Guten gemangelt."

3. Die Erfahrung, wie Gott die Herzen, Gemüter und Gewissen derer lenkte, die zum Werk beisteuerten. Buchstäblich vom Ende der Welt kam oft durch Männer, Frauen und Kinder, die Georg Müller nie gesehen und die nichts von seiner gegenwärtigen Notlage gehört hatten, die Hilfe durch einen Geldbeitrag in der erforderlichen Höhe oder in irgendeiner anderen Form, gerade wie es am nötigsten war. In unzähligen Fällen kam die Antwort, während er betend auf seinen Knien lag, so ganz entsprechend der Bitte, daß jede Möglichkeit, an den „Zufall" zu denken, ausgeschlossen war und der Glaube an den Gott, der Gebete erhört, gebieterisch sich aufzwang.

4. Georg Müllers Anklammern an den unsichtbaren Gott und an niemand sonst. Die Jahresberichte enthielten keine direkte Aufforderung zur Hilfe. Sie waren dazu bestimmt, die Allgemeinheit mit der Geschichte und den Fortschritten der Anstalt bekannt zu machen und über die Verwendung der Gaben Rechnung abzulegen. Dies war man den Gebern schuldig. Der lebendige Gott allein war und ist jetzt noch der Schutzherr dieses Werkes, und nie ist es abhängig gewesen von einem Menschen, und wäre er noch so reich oder weise oder noch so vornehm und einflußreich.

5. Die gewissenhafte Sorgfalt in der Annahme und Verwendung der Gaben. Hier finden wir ein Vorbild für alle, die als Haushalter Gottes zu wirken haben. Wenn es bei einer Gabe irgend zweifelhaft erschien, ob sie in rechtmäßiger oder passender Weise angenommen werden könne, schlug Georg Müller sie einfach aus. Wenn z. B. bekannt wurde, daß ein Geber unbezahlte Schulden habe, so daß das Geld, das er geben wollte, eigentlich den Gläubigern gehörte, wurde es abgewiesen. Wenn an die Gabe Bedingungen geknüpft waren, daß sie als Rücklage oder als Altersversorgung für Georg Müller aufgespart werden sollte, so geschah dasselbe. Ja, wenn nur der leiseste Verdacht bestand, daß die Schenkung ungern oder aus Ehrsucht gemacht werde, wurde sie zurückgewiesen.

6. Die peinliche Vorsicht Georg Müllers, mit der er darüber wachte, daß niemand von der Außenwelt seine Not jeweilig erfahre. Die Gehilfen am Werk hatten an allem Anteil; sie kannten dessen genauen Stand; sie waren nicht nur seine Gehilfen in der äußeren Arbeit, sondern auch im Gebet und in der Selbstverleugnung. Aber sie wurden feierlich und wiederholt verpflichtet, keinem Außenstehenden, und wäre es auch in der dringendsten Not, je etwas von den Bedürfnissen des Werks zu verraten. Die eine und einzige Zuflucht sollte der Gott bleiben, der das Schreien des Dürftigen hört.

7. Wie sein Glaube immer kühner wurde, große Dinge von Gott zu erbitten und zu erwarten. Je mehr der Glaube geübt wurde, desto stärker wurde er, so daß es zuletzt geradeso leicht war, um 2000, 20 000 oder 200 000 Mark zu bitten, als es zuerst gewesen war, um 20 Mark oder einige Pfennige anzuhalten. Es bedeutete kein größeres Unterfangen mehr, sich vor Gott hinzuwerfen mit der Bitte um Versorgung von 2000 Kindern, die eine jährliche Auslage von wenigstens 500 000 Mark erforderte, als es in früheren Zeiträumen des Werks gewesen war, auf Ihn zu schauen für 20 heimatlose Waisen, die nur etwa 5000 Mark im Jahr kosteten. Nur indem wir den Glauben üben, werden wir davor bewahrt, ihn zu verlieren. Und die Übung im Glauben verjagt zugleich den Unglauben, der Gottes mächtige Taten verhindert.

Dies ist die kurze Zusammenfassung von Tausenden von Tatsachen und Betrachtungen, die sich Georg Müller mit peinlicher Genauigkeit aufgezeichnet hat. Er sah sich selbst nicht nur als Haushalter seines himmlischen Meisters an, sondern auch als Verwalter der menschlichen Gaben, und er sorgte dafür, daß er sich „wohl beweise gegen aller Menschen Gewissen vor Gott". Wohl hätte er nie einen Bericht veröffentlichen müssen und hätte dabei doch ein treuer Haushalter vor Gott sein können, aber er wäre nicht gleichermaßen auch ein treuer Verwalter vor den Menschen gewesen. Georg Müllers ganze Laufbahn ist um so tadelloser, als seine Verwendung der ungeheuren anvertrauten Summen auch die schärfste Prüfung vertrug.

Vor einem großen Irrtum muß aber gewarnt werden. Niemand schreibe doch Georg Müller eine **wundertätige Gabe des Glaubens** zu, die ihn weit über das Maß der gewöhnlichen Gläubigen hinausgehoben hätte. Niemand glaube, daß er gefeit gewesen sei gegen die Versuchungen und Anfechtungen der Sünde. Im Gegenteil war er den Angriffen Satans fortwährend ausgesetzt, und oft finden wir bei ihm Bekenntnisse von Sünden, selbst von Unglauben, ja er war manchmal niedergedrückt von Traurigkeit über eine zeitweilige Entfremdung von Gott, die er bei sich entdeckte. So hielt er sich selber dafür, daß er von Natur eigentlich schlimmer sei als die gewöhnlichen Menschen, und auch als Kind Gottes fühlte er sich verzweifelt hilflos. War es nicht gerade seine geistliche Armut und seine Trauer über die Sünde wie sein Bewußtsein gänzlicher Unwürdigkeit, was ihn ohne Aufhören zu dem Gnadenthron trieb? Weil er so schwach war, lehnte er sich so fest auf den Arm, dessen Kraft sich nicht nur in unserer Schwachheit offenbaren, sondern nur darin sich vollenden kann.

Kaum hatte er den Pfad völliger Abhängigkeit von Gott betreten, da bekennt er, er sei so sündig, daß er für einige Zeit selbst dem Gedanken Raum gab, es werde wohl doch nichts werden mit dem Vertrauen auf Gott für die irdischen Bedürfnisse, ja er sei vielleicht schon zu weit gegangen in dieser Richtung. Gewiß, diese Versuchung war bald wieder überwunden, und der Satan mußte beschämt abziehen; aber von Zeit zu Zeit wurden ähnliche feurige Pfeile gegen ihn abgeschossen, und er mußte sich dagegen mit dem Schild des Glaubens decken. Bis zur letzten Stunde konnte er sich nie selber trauen oder auch nur einen Augenblick seinen Halt in Gott fahrenlassen oder das Wort Gottes und das Gebet versäumen, ohne in Sünde zu fallen. Der „alte Mensch der Sünde" blieb immer zu stark für Georg Müller allein, und je länger er ein „Leben des Glaubens" lebte, um so weniger setzte er sein Vertrauen auf sich selber.

Eine andere Tatsache, die auf jeder Seite dieses Tagebuchs hervortritt, ist die, daß er nie einen Schritt tat, sei es in großen oder kleinen Angelegenheiten, ohne sich zuvor Rat und Leitung von Gott erbeten zu haben.

Eifrig ist er bemüht, in seinem Tagebuch die Ehre des Gottes zu schützen, dem er dient. Er will nicht, daß es scheine, als habe er einen harten Meister. Im Juli 1831 war ein falsches Gerücht ausgegangen, als ob er und seine Frau halb verhungerten und gewisse körperliche Gebrechen Folgen des erlittenen Mangels wären. Da sah er sich gezwungen, daran zu erinnern, daß, obschon die Kasse leer und das letzte Brot auf dem Tisch war, sie sich doch nie zu einer Mahlzeit ohne nahrhafte Speisen niedersetzen mußten. Dieses Zeugnis wurde von Zeit zu Zeit wiederholt, auch noch kurz vor seinem Heimgang; es war also die Erfahrung seines ganzen 70jährigen Glaubenslebens.

Ein anderes Zeugnis wiederholt er gleicherweise von Zeit zu Zeit. Es betrifft des Herrn Treue in Erfüllung Seines festen und unmißverständlichen Versprechens in Jesaja 55, 11: „Das Wort, so aus Meinem Mund geht, soll nicht wieder zu Mir leer kommen, sondern tun, was Mir gefällt, und soll ihm gelingen, dazu Ich's sende." — Es muß dazu bemerkt werden, daß dies nicht von des Menschen Wort gesagt wird, so weise, so wichtig oder aufrichtig es auch sei, sondern von G o t t e s Wort.

Wir sind also berechtigt, zu erwarten und zu verlangen, daß es seinen göttlichen Zweck nie verfehle, trotz allen augenblicklichen und scheinbaren Mißerfolgs, soweit unser Zeugnis nicht auf menschlicher Erfindung und menschlichem Einfluß beruht, sondern wirklich Gottes Botschaft durch uns ist. Georg Müller bezeugt denn auch, daß nahe-

zu an allen Orten, wo er Gottes Wort verkündigte, sei es
in größeren Kapellen oder in kleineren Räumen, der Herr
Sein Siegel auf die Verkündigung gedrückt habe. Er beobachtete aber, daß seine Straßenpredigten nicht so sichtbar und reichlich gesegnet waren; nur in einem Fall erhielt er Kenntnis von der Bekehrung eines Offiziers, der
dem Sport nachging. Darum hielt er Straßenpredigten
nicht für seine Aufgabe.

Das Tagebuch erwähnt häufig, daß er unter körperlicher Schwäche und Unfähigkeit litt. Der Kampf gegen
die Kränklichkeit begleitete ihn fast lebenslang. Die
Kraft des Glaubens mußte triumphieren über die Schwachheit des Fleisches.

So brach im Jahr 1832 ein Blutgefäß im Magen auf,
und er wurde durch einen Blutsturz sehr geschwächt.
Der folgende Tag war ein Sonntag, und vier Außenstationen mußten bedient werden; eine davon blieb notwendigerweise unversorgt, wenn er selber krankheitshalber ersetzt werden mußte. Nach einer Stunde des
Gebets fühlte er, daß ihm der Glaube gegeben wurde,
aufzustehen, sich anzukleiden und in die Kapelle zu gehen. Obgleich er sich sehr schwach fühlte und der kurze
Weg ihn schon erschöpfte, konnte er doch wie gewöhnlich predigen. Nach dem Gottesdienst machte ihm ein
befreundeter Arzt Vorwürfe über seine Handlungsweise
und bemerkte, daß leicht dauernder Schaden daraus entstehen könne. Aber Georg Müller erklärte ihm, daß er
sie selber für eine Tollkühnheit ansehen würde, wenn
der Herr ihm nicht den Glauben geschenkt hätte. Er predigte noch zweimal am gleichen Tag, nachmittags und
abends, wurde dabei eher stärker als schwächer und hatte
in der Folge keinen Nachteil davon.

Er selber warnt davor, in diesem Punkt sein Beispiel
nachzuahmen ohne den nötigen Glauben geschenkt bekommen zu haben. Dagegen versichert er gleichzeitig,
daß, wenn Gott den Glauben schenkt, für Ihn und zu Seiner Ehre derartiges zu wagen, dieser Glaube wie ein guter

Wechsel sei, den Gott einlöse, wenn er Ihm vorgezeigt werde. Er ging nicht immer in gleicher Weise vor, weil er nicht immer den gleichen Glauben hatte, und dies veranlaßt ihn, im Tagebuch zu unterscheiden zwischen der G a b e des Glaubens und der G n a d e des Glaubens.

In früheren Jahren betete er oft mit Kranken, bis sie gesund waren, und erwartete bedingungslos den Segen körperlicher Heilung. Fast immer ist er erhört worden, doch gab es auch Ausnahmen. Später konnte er in solchen Fällen weniger unbedingt bitten. Er selber wurde im Jahr 1829 von einem langwierigen Übel geheilt, das nie mehr zurückkehrte. Und doch litt dieser selbe Gottesmann nachher an Gebrechen, von denen er nicht auf die gleiche Art befreit wurde, und unterwarf sich mehr als einmal einer Operation durch die Hand eines geschickten Arztes.

Georg Müller sagt, daß die G a b e des Glaubens immer dann in Anwendung komme, „wenn wir den Glauben auf eine Sache richten oder etwas tun, was k e i n e Sünde wäre, wenn wir es nicht glauben oder nicht tun würden", hingegen die G n a d e des Glaubens, „wenn wir glauben oder tun, was n i c h t zu glauben oder n i c h t zu tun S ü n d e w ä r e". Im ersten Fall haben wir kein unwiderrufliches Gebot oder eine Verheißung, die uns leiten könnte, im anderen dagegen haben wir das. Die G a b e des Glaubens kommt nicht immer zur Ausübung, während die G n a d e des Glaubens stets vorhanden sein muß, weil dabei der Glaube ein bestimmtes Wort Gottes hat, worauf er sich stützen kann. Da ist dann Mangel an Glauben oder Schwachheit des Glaubens Sünde. Es gab aber auch Fälle, fügt er hinzu, in denen es dem Herrn gefiel, zeitweilig für den besonderen Fall, ihm die G a b e des Glaubens zu verleihen, so daß er bedingungslos beten und mit völligem Vertrauen die Erhörung erwarten konnte.

Georg Müller glaubte, daß es zu keiner Zeit einen gläubigen Beter gegeben habe, dem sich Gott als falsch oder treulos erwiesen hätte. Er war vollkommen überzeugt, daß man d e m unbedingt vertrauen könne, der, „wenn wir nicht glauben, doch treu bleibt, der sich selbst nicht verleugnen kann" (2. Tim. 2, 13). Gott hat es nicht nur g e s a g t, E r h a t e s g e s c h w o r e n ; Sein Wort wird durch den Eid bekräftigt; da Er bei keinem Größeren schwören konnte, schwur Er bei sich selbst, und das alles, damit wir einen starken Trost hätten, damit wir kühn auf Ihn trauen möchten.

In neue Lebensverhältnisse geführt

Bei wichtigen Entscheidungsfragen wird jeder treue **Knecht** Gottes mit Fleiß vor allem auf die Winke und Zeichen achten, die ihm sein Herr und Meister gibt, um mit Gewißheit zu erkennen, welches Werk Gott für ihn bestimmt hat, wann er es anfangen und wie er es ausführen soll. Auch die Gehilfen in der Arbeit muß Gott zeigen. Ohne volle Klarheit soll man keinen Schritt vorangehen.

Henry Craik verließ im März 1832 Shaldon für vier Wochen, um eine Evangelisationsarbeit in Bristol zu tun. Georg Müller stand unter dem tiefen Eindruck, daß der Herr dort für seinen Freund ein großes Werk habe, obschon er noch nicht im entferntesten ahnte, daß er selber dessen Mitarbeiter sein und in derselben Stadt den Ort seiner Haupttätigkeit finden werde. Er war innerlich zwar gewiß, daß ihn der Herr von Teignmouth lösen wolle, weil seine Arbeit dort getan war; aber er wußte nicht wohin.

Am 13. April erhielt er einen Brief von Bruder Craik, der ihn nach Bristol einlud, um ihm zu helfen. Dieser Brief machte einen solch tiefen Eindruck auf Georg Müller, daß er begann, unter Gebet zu prüfen, ob es nicht ein Ruf Gottes sei und ob sich ihm nicht etwa damit eine geeignete Tür auftue. Am folgenden Sonntag, als er über des Herrn Kommen predigte, sagte er in bezug auf diese selige Hoffnung, daß Gottes Boten ihr Zeugnis viel mehr verbreiten und von Ort zu Ort tragen sollten. Er erinnerte die Brüder daran, daß er es ausgeschlagen habe, sich zu binden, um jeden Augenblick frei zu sein, der göttlichen Führung zu folgen, wohin es auch sei.

Hierauf reiste er nach Bristol ab. Während der ganzen Reise war er schweigsam und hatte nicht die Freiheit, für Christus Zeugnis abzulegen oder auch nur Traktate zu verteilen. Das brachte ihn zu ernstem Nachdenken. Er **sah ein, daß die sogenannte „Arbeit für den Herrn" ihn verführt hatte, den verborgenen Umgang mit Gott über dem Wirken nach außen zu vernachlässigen.** Er hatte die stillen Stunden mit Gott nicht gepflegt, die doch allein dem inneren Leben Nahrung und Kraft geben. Es gibt kaum eine Lehre, die wichtiger für uns wäre als diese; und doch begreifen wir es so schwer, daß nichts uns für den Ausfall heiliger, stiller Augenblicke unter dem Wort und im Gebet entschädigen kann. Wir meinen, daß der Verkehr mit christlichen Brüdern und die allgemeine Ausübung der christlichen Tätigkeit, besonders wenn wir sehr viel zu reden und mit suchenden Seelen zu tun haben, uns den Mangel am einsamen Umgang mit dem Herrn ersetzen könne. In der Hast, nachdem wir uns vielleicht nur ein paar Minuten Zeit zum stillen Gebet genommen, eilen wir zu einem öffentlichen Gottesdienst, während wir dagegen dem geselligen Verkehr mit Menschen viel Zeit einräumen und es aus falscher Rücksicht nicht wagen, uns davon zurückzuziehen. Und doch wäre ein solches „in die Stille gehen" zu dem nötigen Umgang mit Gott und der Beschäftigung mit Seinem Wort vielleicht das beste Zeugnis gewesen, das wir denen gegenüber hätten ablegen können, deren Gesellschaft uns unnötigerweise aufhielt. Wie oft rennen wir von einer Versammlung in die andere ohne eine genügende Pause, in der wir unsere Kraft erneuern können durch stilles Warten auf den Herrn, gerade als ob Gott mehr Wert auf die Länge als auf die Innigkeit unserer Andacht lege.

Georg Müller bekam Gnade, hierin eine der größten Gefahren zu entdecken, die einem vielbeschäftigten Mann in unserer Zeit ungesunder Hast und Unruhe drohen. Er sah ein, daß, wenn wir andere nähren sollen, wir selber zuerst genährt sein müssen, und daß auch öffentliche und gemeinsame Gottesdienste, wo Anbetung und Lob und Dank dargebracht wird, doch nie ersetzen können, was wir empfangen in dem stillen, verborgenen Kämmerlein, hinter der verschlossenen Tür und mit dem offenen Fenster gegen Jerusalem, wo wir Gott allein begegnen.

Dreimal finden wir in der Heiligen Schrift eine göttliche Anweisung für ein gedeihliches inneres Wachstum. Gott sagt zu Josua: „Laß das Buch dieses Gesetzes nicht von deinem Munde kommen, sondern betrachte es Tag und Nacht, auf daß du haltest und tust allerdinge nach dem, was darin geschrieben steht. Alsdann wird es dir gelingen in allem, was du tust, und wirst weise handeln können" (Jos. 1, 8). 500 Jahre später wiederholt der geisterfüllte Verfasser des 1. Psalms die Verheißung in klaren Worten und spricht dort von dem Mann, „der Lust hat zum Gesetz des Herrn und redet von Seinem Gesetz Tag und Nacht, daß er sein soll wie ein Baum, gepflanzt an den Wasserbächen, der seine Frucht bringt zu seiner Zeit, und seine Blätter verwelken nicht, und was er macht, das gerät wohl". Etwa ein Jahrtausend später wird nochmals dasselbe Zeugnis ausgesprochen: „Wer durchschaut in das vollkommene Gesetz der Freiheit" (d. h. über das, was er darin sieht, nachdenkt, damit er nicht den Eindruck vergesse, den er durch den Spiegel des Wortes empfangen hat), „der wird selig sein in seiner Tat" (Jak. 1, 25).

Wenn wir die verborgenen Quellen von Georg Müllers Leben und Wirken suchen, so ist der eigentliche Schlüssel zu dem ganzen Geheimnis seines reichen Lebens der, daß er in der Stille Gottes Willen aus Seinem Wort und durch Seinen Geist zu erkennen wußte.

Am 22. April 1832 predigte Georg Müller zum erstenmal in der Gideonkapelle in Bristol. Hinfort ist Bristol nahezu 66 Jahre lang unlöslich mit seinem Namen verbunden. Hätte er an diesem Sonntag voraussehen können, was der Herr durch ihn in dieser Stadt tun würde, so wäre sein Herz übergeflossen von Lob und Dank und wäre zugleich in Demut vor einer solch großen und überwältigenden Verantwortlichkeit zurückgeschreckt.

Am Nachmittag desselben Sonntags predigte er in der Pittaykapelle, und zwar war diese Predigt in ganz besonderer Weise gesegnet. Neben mehreren anderen wurde dadurch ein junger Mann, ein allgemein bekannter Trunkenbold, bekehrt. Und ehe die Sonne unterging, wußte Georg Müller, daß der Herr ihn aus besonderem Vorsatz nach Bristol gebracht habe und daß hier wenigstens eine Zeitlang sein Arbeitsfeld sein werde.

Es hatte auf den in Bristol verbrachten Tagen ein solch sichtbarer Segen geruht, daß Georg Müller und Henry Craik mit Sicherheit daraus schlossen, der Herr habe sie für diese Stadt bestimmt. Und dies wurde ihnen von Gott bestätigt. Das Siegel göttlichen Einverständnisses war allem aufgedrückt gewesen, was sie unternommen hatten, und beim letzten Gottesdienst in der Gideonkapelle am 29. April war der Raum so überfüllt, daß viele fortgingen, weil sie keinen Platz mehr fanden.

Georg Müller hatte dabei Gelegenheit, sich in der Demut zu üben; denn er sah, daß von vielen Leuten die Gaben seines Bruders den seinen vorgezogen wurden. Indessen, da Henry Craik nur unter der Bedingung nach Bristol gehen wollte, wenn er ihm als Mitarbeiter zur Seite stehe, gab ihm Gott Gnade, die Demütigung, weniger beliebt zu sein, anzunehmen. Er stärkte ihn dazu durch das Wort, daß es „besser ist zwei denn eins". Er wußte auch, daß jeder den anderen ergänze und so beide zusammen mehr zur Förderung und zum Segen für Sünder und Gotteskinder dienen könnten, — was die Zukunft denn auch bewies. Die gleiche Gnade Gottes half Georg Müller, noch weiter hinunterzusteigen, indem er „den anderen höher achtete als sich selbst" und sich darüber freute, statt eifersüchtig zu werden. Wie Johannes der Täufer sagt er zu sich selbst: „Ein Mensch kann nichts nehmen, es werde ihm denn gegeben vom Himmel." Solcher Geist der Demut findet oft schon in diesem Leben seine Belohnung. So groß Bruder Craiks Erfolg in Bristol war, so wurde doch Georg Müllers Einfluß nachhaltiger und tiefer. Henry Craik starb schon im Jahr 1866, während Georg Müllers Werk sich über einen viel längeren Zeitraum erstreckte, auch durch seine großen Missionsreisen viel weiter reichend war. So wurde der demütige Mann, der sich bückte und darein willigte, der unbekanntere zu sein, von Gott auf einen höheren Platz erhoben.

Im Mai verließen die Brüder Teignmouth für immer und siedelten nach Bristol über. In der ersten Erbauungsstunde in der Gideonkapelle legten sie ihre Bedingungen und Grundsätze dar; die Gemeinde erklärte sich einverstanden damit. Diese lauteten dahin, daß beide sich nicht fest binden, sondern in der Art und Weise und der Dauer ihres Dienstes sich so stellen wollten, wie es ihnen des Herrn Wille zu sein schiene; ferner wollten sie wie in Devonshire auch hier allein auf den Herrn blicken für ihre zeitlichen Bedürfnisse, die durch die freiwilligen Gaben derer, denen sie dienten, gedeckt werden sollten.

Von Anfang an bekannte sich der Heilige Geist sichtbar zu der vereinten Arbeit der beiden Brüder. Als zehn Tage nach der Eröffnung der Gottesdienste in Bethesda ein Abend zur Aussprache für heilsbegierige Seelen festgesetzt wurde, war die Zahl derer, die Rat und Hilfe begehrten, so groß, daß mehr als vier Stunden mit persönlichen Unterredungen vergingen. Angesichts des großen Bedürfnisses wurden dann von Zeit zu Zeit ähnliche Versammlungen abgehalten, die den gleichen Erfolg hatten.

Der 13. August war ein merkwürdiger Tag. An jenem Abend trafen in der Bethesdakapelle Georg Müller, Bruder Craik, noch ein anderer Bruder und vier Schwestern — nur sieben Seelen im ganzen — zusammen, um eine Gemeinschaft für sich zu bilden, „ohne irgendwelche Satzungen, nur mit dem Wunsch, dem Licht entsprechend zu handeln, das der Herr ihnen durch Sein Wort geben würde".

So lautet die kurze und einfache Eintragung in Georg Müllers Tagebuch, aber sie hat eine außerordentlich feierliche Bedeutung. Er sah es nämlich als seine Aufgabe an, eine Gemeinschaft nach dem Muster der ersten christlichen Gemeinde zu gründen.

Diese Begebenheit führt uns zu dem dritten Zeitabschnitt seines Lebens; die weiteren Schritte folgten nun rasch.

Die Cholera wütete zu dieser Zeit in Bristol. Die schreckliche Geißel Gottes erschien zuerst Mitte Juli und dauerte drei Monate; man hielt oft Gebetsversammlungen ab, längere Zeit täglich, um die Abwendung der Heimsuchung zu erflehen. Der Tod ging umher, die Sterbeglocken erklangen fast beständig, und über der Stadt lag es wie ein schwarzes Leichentuch. Die Stimmung war ernst und gedrückt. Natürlich wurden da viele Besuche bei Kranken, Sterbenden und Betrübten gemacht; aber es ist auffallend und bemerkenswert, daß unter all den Kindern Gottes, unter denen Georg Müller und Bruder Craik arbeiteten, keins von der Seuche ergriffen wurde.

Inmitten all dieses Jammers und Elends wurde Georg Müller am 17. September 1832 eine Tochter geboren. Auf ihrem Namen Lydia liegt es wie ein süßer Duft; denn sie wurde in der Folge eine herrliche Magd Gottes und die geliebte Gattin von James Wright, Müllers Nachfolger.

Wir haben bereits erwähnt, daß von vielen Seelen Henry Craiks Predigtweise der von Georg Müller vorgezogen wurde. Dies brachte letzteren zu ernster Selbstprüfung, und Georg Müller erkannte, daß Bruder Craik mehr geistlich gesinnt sei als er selbst, daß er mehr und ernstlicher um die Gnade betete, Seelen zu Jesus zu führen, und daß er sich in seinen Ansprachen öfter ganz direkt an die Ungeretteten richtete. Diese Erkenntnis war für Georg Müller ein Ansporn, viel treuer zu werden in diesen Stücken, und von dieser Zeit an lag auf seinem Wirken ebenso reicher Segen wie auf dem seines Bruders. Eine geheime Ursache liegt jedem Mißerfolg in unserer

Arbeit zugrunde — wir sehen das auch hier wieder —, und diese kann nur durch anhaltendes Gebet aus dem Weg geräumt werden. Am Gnadenthron finden wir allewege, was uns not tut.

Zu Anfang des Jahres 1833 kamen Briefe von Missionaren in Bagdad, die Georg Müller und Craik dringend aufforderten, zu ihnen zu kommen, um ihnen zu helfen; die Einladung war mit einer Geldsendung von 4000 Mark begleitet, die zur Deckung der Reisekosten dienen sollten. Zwei Wochen fragenden Wartens vor Gott, um Seinen Willen zu erforschen, brachte die Brüder aber zu der klaren Überzeugung, daß sie n i c h t gehen sollten. Sie haben diesen Entschluß später nie bereut. Dies nur ein Beispiel davon, wie jeder neue Ruf von ihnen erwogen und in welcher Weise darüber entschieden wurde.

Im Februar 1833 fing Georg Müller an, das Lebensbild August Hermann Franckes, des Gründers der Halleschen Waisenhäuser, zu lesen. Das Nachdenken über Franckes Leben und Werk führte ihn denn auch ganz natürlich dazu, an die armen, heimatlosen Wesen um ihn herum zu denken. Er begann sich zu fragen, ob er nicht mit Gottes Hilfe einen Platz ausfindig machen könnte, sie zu versorgen, und als er darüber sann, brannte es wie Feuer in seinem Herzen.

August Hermann Francke war Georg Müllers Landsmann. Im Jahr 1698 hatte er in Halle a. d. Saale die größte damals bestehende Anstalt für arme Waisenkinder ins Leben gerufen. Er vertraute dabei auf Gott, und der, dem er vertraute, ließ ihn nicht zuschanden werden, sondern bekannte sich reichlich zu ihm.

In diesen Anstalten, die eigentlich eine ganze Straße bilden, wurden 2000 Waisenkinder beherbergt, genährt, gekleidet und unterrichtet. Etwa 30 Jahre lang stand alles unter Franckes eigener Leitung, bis es im Jahr 1727 seinem himmlischen Meister gefiel, Seinen Diener heimzurufen, und nach seinem Abscheiden wurde sein gleichgesinnter Schwiegersohn der Leiter der Anstalt.

Wenn wir uns diese Tatsachen vergegenwärtigen, so sehen wir, daß Georg Müllers Werk dem Franckes in mancher Hinsicht aufs genauste gleicht. Georg Müller begann sein Werk etwas mehr als 100 Jahre nach Franckes Tod; zuletzt beherbergte, nährte, kleidete und unterrichtete auch er Jahr für Jahr 2000 Kinder; persönlich konnte er das Werk 60 Jahre leiten — eine doppelt so lange Zeit als Francke —, und bei seinem Tod trat auch an seine Stelle sein gleichgesinnter Schwiegersohn. Es braucht nicht beigefügt zu werden, daß der Gründer der Waisenhäuser von Bristol sein Unternehmen, wie Francke, allein in der Abhängigkeit von Gott ausführte.

Am 12. Juli 1833 fing Georg Müller an, des Morgens um 8 Uhr auf die Straße zu gehen, um dort arme Kinder zu sich zu rufen. Jedem gab er ein Stück Brot zum Frühstück und unterrichtete sie dann etwa anderthalb Stunden im Lesen oder las ihnen aus der Bibel vor; später tat er das gleiche mit den erwachsenen und alten Armen. Er fing gleich damit an, auf diese Weise 30—40 Personen Nahrung zu reichen, im Vertrauen darauf, daß, wenn die Zahl wachse, auch des Herrn Vorräte sich mehren würden.

Aber unvorhergesehene Hindernisse traten in den Weg. Man mußte aus Rücksicht auf die Nachbarschaft die Arbeit aufgeben, denn die Leute beklagten sich über die Ansammlung müßiger Bettler, die in Haufen in den Straßen herumstanden. Aber den ursprünglichen, leitenden Gedanken verlor Georg Müller nie mehr aus den Augen. Es war ein Samenkorn in sein Herz gefallen, das in Kürze aufgehen sollte und aus dem die beiden großen Reichgotteswerke: die W a i s e n h ä u s e r und die A n s t a l t e n z u r S c h r i f t v e r b r e i t u n g mit ihren vielen Zweigen und weitreichenden Früchten hervorwuchsen.

Von Zeit zu Zeit warf Georg Müller einen Blick rückwärts auf die Taten des Herrn in seinem Leben, und dieser Blick ermutigte ihn, so daß er auch getrost vorwärtsblicken konnte. Er erinnerte sich zu dieser Zeit — es war Ende 1833 —, daß er während der vier Jahre, seit er angefangen hatte, auf Gott allein zu vertrauen, für seine zeitlichen Bedürfnisse nie Mangel gehabt hatte. Er beobachtete ferner, daß die Hilfe in jedem Fall der Größe des Bedürfnisses entsprach, und er betont es um anderer willen besonders, daß, wenn der Bedürfnisse viele waren, der große Versorger sich auch fähig und willig zeigte, nach deren Maßgabe zu helfen als der „himmlische Vater, der da weiß, was wir bedürfen, ehe wir Ihn bitten".

Ein Baum aus Gottes Garten

Jetzt war die Zeit erfüllt, wo der himmlische Gärtner Seinen Namen verherrlichen wollte, indem Er in den Boden von Bristol einen Baum aus Seinem Garten pflanzte. Am 20. Februar 1834 gründete nämlich Georg Müller unter Gottes Leiten **die Anstalt zur Ausbreitung der Schriftkenntnis für England und das Ausland**. Dieses Pflänzchen wurde im Lauf der Jahre zu einem großen Segensbaum. Wie alle anderen Schritte in Georg Müllers Leben war auch dieser das Ergebnis von viel Gebet und Nachdenken an Hand der Heiligen Schrift, von gründlichem Erforschen des eigenen Herzens und von geduldigem Warten, um den Willen Gottes zu erfahren.

Eine kurze Darlegung der Ursachen, die zur Gründung einer solchen Anstalt führten, und der Grundsätze, die dabei befolgt wurden, wird hier am Platz sein. Gewissensbedenken veranlaßten Georg Müller und Bruder Craik, lieber ein neues Werk zu gründen, als sich alten anzuschließen, die für Missionszwecke, Bibel- und Traktatverteilung und für die Bildung von christlichen Schulen schon bestanden. Da sie danach strebten, daß sowohl das persönliche Christentum als auch die Gemeinde völlig übereinstimmte mit den biblischen Vorschriften, waren sie davon durchdrungen, daß alle Arbeit für Gott sorgfältig in Übereinstimmung gebracht werden müsse mit Seinem Willen, soweit er uns bekannt sei, wenn wir überhaupt Seines vollen Segens teilhaftig werden wollen. Vieles bei den schon bestehenden Gesellschaften schien ihnen geradezu schriftwidrig zu sein, und dieses wollten sie selbst vermeiden.

So waren sie der Ansicht, daß der Zweck der bereits

bestehenden Einrichtungen, nämlich die Bekehrung der Welt in dem gegenwärtigen Zeitlauf, durch das Wort nicht gerechtfertigt werde; dieses bezeichne unsere Zeit als die, in der die Gemeinde aus der Welt heraus und nicht die Welt in die Gemeinde hinein gesammelt werde.

Georg Müller und Bruder Craik glaubten die Wahrnehmung zu machen, daß diese schon bestehenden Gesellschaften auch eine **unrichtige Stellung zur Welt** einnähmen, weil sie sich mehr mit ihr vermischten, als daß sie sich von ihr trennten. Jeder, der eine gewisse Summe zahlte, konnte nämlich Mitglied oder sogar ein Glied des Vorstandes werden und seine Stimme bei der Leitung der Geschäfte abgeben. Um Geld zu bekommen, wurden häufig Mittel in Anwendung gebracht, die nicht schriftgemäß waren. Man wandte sich an unbekehrte Personen um Hilfe, nahm Schenkungen an ohne Rücksicht auf den Charakter der Geber oder die Art und Weise, in der das Geld gegeben wurde. Die Sitte, Gunst und Schutz von Weltleuten zu suchen und ihnen bei öffentlichen Versammlungen den Vorsitz einzuräumen, sodann die Gewohnheit, Schulden zu machen — dies und anderes schien den Gründern der neuen Gesellschaft so wenig dem Wort Gottes entsprechend, daß sie nicht damit übereinstimmen konnten.

Es war ihr Wunsch, daß das Werk, das Gott ihnen aufgetragen hatte, den Gläubigen ein Zeugnis sei. Die bisherigen **unbiblischen** Methoden sollten erkannt und alle treuen Knechte Gottes dadurch angetrieben werden, in allem so zu handeln, wie es das Wort Gottes verlangt und wie der Meister es gebilligt hätte.

Am 5. März wurde in öffentlicher Versammlung die Gründung der Anstalt angezeigt, und zugleich wurden ihre Grundsätze und Ziele folgenderweise festgestellt:

1. Es ist jedes Gläubigen Pflicht sowohl als Vorrecht, an der Sache und dem Werk Christi mitzuhelfen.

2. Man soll die Gunst der Welt weder suchen noch davon abhängig sein noch darauf rechnen.

3. Geldunterstützung oder andere Hilfe soll bei solchen, die nicht gläubig sind, nicht gesucht werden.

4. Schulden zu machen für das Werk des Herrn soll unter keinen Umständen gestattet sein.

5. Der Erfolg soll nicht mit dem Maßstab der Zahlen noch des geldlichen Gedeihens gemessen werden.

6. Alle Zugeständnisse auf Kosten der Wahrheit und alles, was das Zeugnis für Gott abschwächen könnte, muß vermieden werden.

Die Ziele des Werkes wurden wie folgt festgestellt:

1. Es sollen gegründet oder unterstützt werden: Alltagsschulen, Sonntagsschulen, Jungmänner- und Jungmädchenvereine, ausschließlich durch Gläubige und auf völlig schriftgemäßer Grundlage.

2. Die Heilige Schrift, ganz oder in Teilen, soll soweit wie möglich verbreitet werden.

3. Missions- und andere Arbeit im Weinberg des Herrn, soweit diese auf biblischer Grundlage und in der alleinigen Abhängigkeit vom Herrn geschieht, soll unterstützt werden.

Der Plan zu einem solchen Werk in einer solchen Art und zu solcher Zeit war in doppeltem Sinn ein Glaubensakt. Die Brüder hatten nicht nur für ihre Zeit und Kraft Arbeit zur Genüge, sondern es war auch ein Zeitpunkt, in dem wir in Georg Müllers Tagebuch die Notiz finden: „Wir haben nur noch einen Schilling (1 Mark)." So wäre also gewiß ein solcher Schritt vorwärts unterblieben, wenn nicht die Augen statt auf die leere Kasse auf die unerschöpflichen Schätze eines reichen und gütigen Herrn gerichtet gewesen wären. Es gefiel Ihm, von dem und zu dem alle Dinge sind, daß das Werk begonnen wurde, als Seine Diener am ärmsten und schwächsten waren, damit sein Wachstum zu so riesenhafter Ausdehnung es um so augenscheinlicher als eine Pflanze erscheinen lasse, die Seine rechte Hand gepflanzt habe, und daß Sein Wort in der ganzen Geschichte des Werkes in Erfüllung gehe: „Ich, der Herr, behüte ihn und feuchte ihn bald, daß man seine Blätter nicht vermisse; Ich will ihn Tag und Nacht behüten" (Jes. 27, 3). Das Werk hat mehr als ein halbes Jahrhundert auf der ursprünglichen Grundlage bestanden, und seine Ausdehnung und sein Segenserfolg haben die kühnsten Erwartungen weit übertroffen.

Am 19. März wurde Georg Müller ein Sohn geboren zur großen Freude beider Eltern; sie gaben ihm nach viel Gebet den Namen Elias.

Der Rückblick in Georg Müllers Tagebuch am Ende des Jahres 1834 rühmt voll Dank, daß er den Grundstein habe legen dürfen zu dem „kleinen" Werk der Bibelverbreitung. Die Brüder und Schwestern, die an der Arbeit halfen, waren von dem Gott, der Gebete erhört, als direkte Antwort auf das Flehen des Glaubens geschenkt worden.

Inzwischen trat ein anderer Gegenstand für Georg Müller in den Vordergrund: der Wunsch, eine bleibende Versorgung für vater- und mutterlose Kinder zu finden.

Ein Waisenknabe, der die Schule besucht hatte, war ins Armenhaus gebracht worden, weil seine außerordentliche Armut keine andere Wahl ließ. Dieser kleine Vorfall veranlaßte Georg Müller, über die Waisenfrage nachzudenken und zu beten. Konnte nicht etwas getan werden, um die äußere und innere Notlage der Waisen zu lindern? Ihm selber unbewußt hatte Gott damit ein Samenkorn in sein Herz gelegt, das Er hütete und bewässerte. Der Gedanke an ein Waisenhaus schlug Wurzel in Georg Müller, und nach Art lebenskräftigen Samens sproßte er auf und wuchs. Jetzt war es noch ein Halm, aber mit der Zeit mußte naturgemäß die Ähre kommen und der volle Weizen in der Ähre als Same zu einer größeren Ernte.

Unterdessen mehrte sich die Gemeinde. In den verflossenen 2½ Jahren waren über 200 Seelen hinzugekommen, so daß es im ganzen nun 257 Mitglieder waren; und die äußere Ausdehnung des Werkes tat dem inneren Leben keinen Eintrag. Eine bemerkenswerte Tatsache.

Georg Müller war jetzt 30 Jahre alt, so alt wie sein göttlicher Meister, als Er anfing, sich der Welt zu offenbaren und umherzugehen und Gutes zu tun. Jesu demütiger Jünger war nun gleicherweise durch die vorbereitenden Schritte und Lebensabschnitte zu seiner Hauptaufgabe fertig geworden. Seine Fruchtbarkeit begann jetzt, und er hat während mehr als 60 Jahren den Beweis geliefert von dem, was Gott durch einen Mann tun kann, der willig ist, n u r das Werkzeug Seiner Hand zu sein. Nichts tritt in Georg Müllers Lebenslauf mehr hervor als seine völlige Abhängigkeit von Gott, in der er sich selbst für nichts und Gott für alles hielt.

Sein liebevolles Herz hatte sich schon immer zu den Armen und Elenden hingezogen gefühlt, aber doch ganz besonders zu armen Kindern, die des Vaters und der Mutter beraubt waren. Die Bekanntschaft mit Franckes Waisenhäusern in Halle gab dann die Anregung zu dem Werk in Bristol.

So war er vom Herrn nach allen Seiten zubereitet worden und dazu auch an den Platz gestellt worden, wo er als ein Zeugnis für den lebendigen Gott in so hervorragender Weise dienen sollte: von seiner deutschen Heimat über London und Teignmouth nach Bristol in England.

Georg Müller war sich dessen wohl bewußt, daß er nur ein irdenes Gefäß war und daß G o t t ihn sowohl erwählt als gefüllt hatte für das Werk, das er tun mußte. Diese Überzeugung machte ihn glücklich, aber auch demütig, und je älter er wurde, desto demütiger wurde er.

Im Jahr 1835 machte Georg Müller eine Reise nach Deutschland auf besondere Aufforderung hin. Herr Groves, sein Schwager, war nämlich aus Ostindien heimgekommen, um frische Kräfte für die Mission zu werben. Nun sollte er, als einer, der die Landessprache kannte, ihm helfen, die Bedürfnisse Indiens und seiner ungeretteten Millionen den deutschen Brüdern darzulegen und um Hilfe für sie zu bitten.

Als er seinen Paß ausstellen lassen wollte, stellte es sich heraus, daß er unwissend das englische Gesetz verletzt hatte. Dasselbe verlangte nämlich, daß jeder Fremde alle sechs Monate seine Aufenthaltsbewilligung verlängern lasse bei Strafe von 1000 Mark oder Gefängnis.

Er bekannte dem Beamten seine Unterlassung und gab zu seiner Entschuldigung nur seine Unkenntnis des Gesetzes an. Alles Weitere befahl er seinem Gott. Und siehe da, der Herr lenkte das Herz des Beamten, daß er ohne weiteres darüber hinwegging. Ein anderes Hindernis, das für die Ausstellung eines Passes noch im Weg stand, fiel auch weg; auch das war eine Gebetserhörung. Dies alles machte einen tiefen Eindruck auf ihn und überzeugte ihn, daß Gott sein Unternehmen billigte und segnete.

Er verweilte beinahe zwei Monate auf dem Festland und hielt sich in Paris, Straßburg, Basel, Tübingen, Schaffhausen, Stuttgart, Halle, Sandersleben, Hadmersleben, Halberstadt und Hamburg auf. In Halle begrüßte er. D. Tholuck nach siebenjähriger Trennung, wurde warm bewillkommt und mußte in seinem Haus wohnen. Von D. Tholuck hörte er manche herrliche Einzelheiten über frühere Studenten, die sich von Wegen der Gottlosigkeit zum Herrn gewandt hatten, oder von solchen, die in ihrem Glauben gefestigt worden und innerlich gewachsen waren. Er besuchte auch Franckes Waisenhaus und verbrachte einen Abend im gleichen Zimmer, in dem seinerzeit das Werk der Gnade an seinem Herzen begann. Er traf auch einige aus der kleinen Schar, mit denen er ehedem zum Gebet zusammengekommen war.

Überall legte er treues Zeugnis für den Herrn ab. Als er sich in seines Vaters Haus aufhielt, wurde ihm auch der Weg gebahnt, indirekt vor seinem Vater und Bruder von dem e i n e n , was not ist, zu reden. Er wußte, daß er nur seines Vaters Zorn herausfordern würde, wenn er mit ihm direkt von der Rettung seiner Seele sprechen wollte, und so hielt er es für weiser, davon abzustehen, denn der Vater sollte ja angelockt und nicht abgestoßen werden. Nun war aber gerade ein unbekehrter Freund seines Vaters zu Besuch da, und vor diesem setzte er die Wahrheit ganz frei und frank auseinander, und da Vater und Bruder zugegen waren, hörten sie somit sein Zeugnis auch. Besonders fühlte er sich aber getrieben zu beten, daß er durch seinen g a n z e n W a n d e l in seinem Elternhaus Zeugnis ablegen möchte. Er war sich bewußt, daß er vor allen Dingen seinen Verwandten Liebe erweisen und zeigen müsse, wie glücklich er geworden und wie völlig gleichgültig ihm jetzt alle Freuden eines weltlichen und sündlichen Lebens seien durch die bessere Freude, die er in Jesus gefunden. Er sah, daß dies mehr Eindruck machte als bloße Worte; unser Wandel hat immer größeren Wert als unser Bekenntnis mit dem Mund. Gott half dem Sohn, sich so vor seinem Vater zu verhalten, daß dieser vor seiner Abreise zu ihm sagte: „Mein Sohn, möge Gott mir helfen, deinem Beispiel zu folgen und nach dem zu handeln, was du mir gesagt hast!"

Am 22. Juni 1835 starb der Schwiegervater von Georg Müller; gleichzeitig waren seine beiden Kinder sehr krank, und der kleine Elias folgte dem Großvater vier Tage später in die Ewigkeit. Beide Eltern waren für die Heimsuchung wunderbar vorbereitet und gestärkt. Sie hatten nicht die Freiheit gehabt, für des Kindes Genesung zu beten, so lieb sie es hatten. So wurden Großvater und Enkel in e i n Grab gelegt. Lydia blieb hinfort ihr einziges Kind.

Etwa um die Mitte des folgenden Monats war Georg Müller so schwach und müde auf der Brust, daß Ruhe und ein Wechsel durchaus nötig waren. Gott sorgte treulich für Seinen Knecht und machte Herzen willig, ihm auf der Insel Wight Gastfreundschaft anzubieten. Gleichzeitig wurde ihm auch Geld „für eine Luftveränderung" zugesandt. Als er an seinem 30. Geburtstag die innige Gemeinschaft mit seinem Gott suchte, bekam er die Glaubensfreudigkeit, für seine Genesung zu beten. Die Kraft kehrte dann auch so schnell zurück, daß er Mitte Oktober wieder in Bristol war.

Kurz vorher war er durch das Lesen von John Newtons Leben dazu veranlaßt worden, so wie dieser ein Zeugnis von den Taten Gottes mit ihm aufzuschreiben. Es war dies das zweitemal, daß durch das Lesen eines Buches ein Wendepunkt in seinem Leben herbeigeführt wurde. Franckes Lebensbild hatte sein Herz der Sache der Waisen zugewandt, und durch Newtons Lebensbeschreibung bekam er die Anregung zu dem Tagebuch, das sich wie neue Kapitel der Apostelgeschichte liest.

Wie das wuchs, was Gott gepflanzt hatte

Der letzte große Schritt, mit dem Georg Müller zu seiner eigentlichen Lebensaufgabe kam, war die Gründung der Waisenhäuser. Dieser Schritt ist so hervorragend wichtig, daß auch seine Einzelheiten interessant und bedeutsam sind.

Im Jahr 1835, am 20. November, als er bei einer Glaubensschwester zum Tee war, kam ihm wieder ein Exemplar von Franckes Lebensbild in die Hand. Nun reifte der schon lang gehegte Gedanke schnell zum Entschluß und der Entschluß schnell zur Tat. Der Umstand, daß er zu jener Zeit als Antwort auf sein Gebet 200 Mark mehr erhalten hatte, als er für ein anderes Werk brauchte, gab ihm die Zuversicht, den Schritt zu wagen. Schien es doch, als gebe ihm Gott dadurch ein Zeichen Seiner Bereitwilligkeit, für alle Bedürfnisse aufzukommen.

Die Art und Weise, in der er jedesmal vorging, wenn er zu einem neuen Werk schritt, und wie er die Angelegenheit erwog, sie prüfte und darüber betete, ist im höchsten Grad nachahmenswert. Ganz besonders war es diesmal so. Im täglichen Gebet, ganz in die Gegenwart seines Herrn gerückt, suchte er den guten Weizen gottwohlgefälligen Trachtens, Ihn zu verherrlichen, von der Spreu selbstsüchtiger und fleischlicher Beweggründe zu reinigen. Er wollte gänzlich frei werden von jeder Befleckung mit Ehrsucht. Jeder Gedanke sollte gefangengenommen sein unter den Gehorsam Christi. Fortwährend durchforschte er sein Herz, um auch die geheimsten Triebe zu entdecken, die eines Dieners Christi unwürdig sind.

Da er wußte, daß ein geistlich gesinnter Bruder uns zuweilen zu einer Einsicht ins eigene Herz verhelfen kann, sprach er öfters mit Bruder Craik über seine Pläne.

Er bat den Herrn, doch auch diesen Bruder zu benützen, damit offenbar würde, was von unlauteren Gründen in seiner Seele stecken könnte, oder daß dieser schriftgemäße Einwürfe gegen sein Vorhaben erhebe.

Bruder Craik ermutigte ihn aber entschieden, und fortgesetztes Gebet machte sein Herz gewiß, daß Gott ihn führen werde. So wurde am 2. Dezember 1835 der erste formelle Schritt getan. Es erschienen gedruckte Karten, die eine öffentliche Versammlung für die kommende Woche ansagten; in dieser sollte dann der Plan, ein Waisenhaus zu eröffnen, den Brüdern vorgelegt und weiteres Licht über des Herrn Absicht gemeinsam gesucht werden.

Drei Tage später wurden ihm, als er in den Psalmen las, die neun Worte wichtig: „Tue deinen Mund weit auf, laß Mich ihn füllen!" (Ps. 81, 11).

Von diesem Augenblick an bildete dieser Text eines der großen Leitworte seines Lebens und wurde geradezu eine Macht beim Zustandekommen seines ganzen Werkes. Bis jetzt hatte er Gott noch nicht um Geld oder Mitarbeiter gebeten, aber nun bat er im Vertrauen auf dieses Wort um ein Haus mit Zubehör, 20 000 Mark und eine geeignete Hilfe zur Beaufsichtigung der Kinder. Zwei Tage später erhielt er die erste Gabe in Geld für das neue Werk — eine Mark — und noch zwei Tage später die erste Gabe in Ausstattungsgegenständen — einen großen Kleiderschrank.

Der Tag der denkwürdigen öffentlichen Versammlung kam — es war der 9. Dezember. In der Zwischenzeit war Satan nicht müßig gewesen; Georg Müller war die Zielscheibe seiner feurigen Pfeile, und seine Stimmung war sehr niedergedrückt. Er wollte einen Schritt tun, der nicht wieder rückgängig gemacht werden konnte ohne große Demütigung für ihn selber und Eintrag der Ehre des Herrn. Wie nun, wenn es ein Fehltritt war und er vorging ohne wirkliche Leitung von oben! Sobald er aber in der Versammlung anfing zu sprechen, fühlte er sich mächtig getragen von den ewigen Armen und bekam die innere

Zusicherung, daß das Werk von Gott sei. Er vermied vorsichtig, Gefühlswallungen bei seinen Zuhörern hervorzurufen, und erhob keine Kollekte. Die ersten Schritte alle sollten ruhig getan und sorgfältig und unter Gebet erwogen werden, ehe ein Beschluß gefaßt wurde. Gefühlserregung oder flüchtige Begeisterung konnte das Licht von oben verdunkeln und die klare Einsicht in Gottes Absichten hindern. Nach der Versammlung bekam er eine freiwillige Gabe von 10 Mark, und eine Schwester bot sich für das Werk an. Am folgenden Morgen wurde ein Prospekt über das neue Waisenhaus in Druck gegeben, und am 16. Januar 1836 erschien dann noch ein Anhang dazu. Darin waren drei Hauptzwecke für die Gründung des beabsichtigten Waisenhauses namhaft gemacht:

1. daß Gott verherrlicht werde, indem Er die Mittel darreicht und so offenbar wird, daß es nicht umsonst ist, Ihm zu vertrauen;

2. daß das geistliche Wohl vater- und mutterloser Kinder gefördert werde;

3. daß für ihr zeitliches Wohlergehen gesorgt werde.

Georg Müller wurde in seinem Amt häufig genug daran erinnert, **daß der Glaube der Gotteskinder sehr einer Stärkung bedürftig sei**. Er sehnte sich danach, einen sichtbaren Beweis dafür zu liefern, daß der himmlische Vater jetzt noch immer wie zu allen Zeiten derselbe treue Versorger ist. Es sollte sichtbar werden, daß Er allen denen, die **Ihm vertrauen**, sich beweisen will **als der lebendige Gott**, der auch im Alter die nicht verläßt, die sich auf Ihn verlassen.

Wenn er an den Segen dachte, den er selber durch Franckes Glaubenswerk bekommen hatte, hielt er sich für verpflichtet, der Gemeinde Christi dadurch zu dienen, daß er **Gott bei Seinem Wort nahm**.

Wenn ein **armer Mann wie er — ohne bei irgend jemand als bei Gott Hilfe zu suchen** — die Mittel bekam, ein Waisenhaus zu gründen und zu erhalten, so war dies gewiß ein sprechender Beweis, daß **Gott**

noch immer treu ist und noch immer Gebete erhört. Das Waisenhaus sollte zwar ein Zweig des „Werks für Verbreitung der Schriftkenntnis" sein, aber **nur die** Gelder durften dazu verwendet werden, die mit der ausdrücklichen Bestimmung hierfür gegeben wurden. Seine Ausdehnung sollte sich auch genau nach dem Maß der Mittel richten, die Gott geben würde.

Es war die Absicht, nur solche Kinder aufzunehmen, die beide Eltern verloren hatten und die im Alter von sieben bis zwölf Jahren waren. Später fanden indessen auch jüngere Waisen Aufnahme. Die Jungen sollten für ein Handwerk und die Mädchen für einen Dienst die nötige Ausbildung erhalten.

Sobald das Unternehmen im Gang war, bewies sich an ihm Gottes Macht und fürsorgende Güte, und von diesem Zeitpunkt an ist das Tagebuch ein langer Bericht über **eines Menschen Glauben und Gottes Treue und Hilfe.**

Ein erstes Bedürfnis waren fähige und willige Gehilfen, die nur Gott geben kann. Georg Müller war sich bewußt, daß er vor allem **gleichgesinnte** Männer und Frauen zur Seite haben müsse, wenn seine Absichten recht zur Ausführung kommen sollten. Ein einziger Achan konnte Unglück über das ganze Lager Israels bringen und ein Ananias und eine Saphira über die erste Christengemeinde; so würde sich ein einziger glaubensloser, gebetsloser, selbstsüchtiger Gehilfe nicht als eine Hilfe, sondern als ein Hemmschuh erweisen, sowohl für das Werk selber als für die Mitarbeiter. Kein Schritt wurde hastig getan. Er hatte bisher geduldig auf Gott gewartet, er wartete auch jetzt auf Ihn, um aus Seiner Hand die von Ihm erwählten Mitarbeiter zu bekommen.

Ehe er rief, antwortete Gott. Schon am 10. Dezember hatten sich ein Bruder und eine Schwester freiwillig schriftlich angeboten, und der Geist, in dem sie es taten, geht aus ihrem Brief hervor. Er lautet:

„Wir bieten uns an für das beabsichtigte Waisenhaus,

wenn Sie uns für fähig dazu halten; wir sind bereit, alle unsere Möbel usw., die der Herr uns gegeben hat, für das Haus zu überlassen. Wir wollen den Dienst tun, ohne irgendwelche Bezahlung zu beanspruchen, da wir glauben, daß, wenn es der Wille des Herrn ist, uns zu brauchen, Er für alle unsere Bedürfnisse sorgen wird."

Andere ähnliche Anerbietungen folgten; es zeigte sich, daß Gottes Volk „voll Willigkeit war am Tage Seiner Machterweisung" (Ps. 110, 3). Er, der in Seinem Diener Wollen und Vollbringen wirkte, schickte auch Helfer, die mit ihm die Lasten trugen. Niemals fehlte es an fähigen, freudigen und hingebenden Mitarbeitern, wennschon das Werk sich sehr rasch vergrößerte. Die Gaben, durch die es unterhalten wurde, verlangen zwar eine besondere Betrachtung. Aber es soll doch hier schon bemerkt werden, daß unter den a l l e r e r s t e n Gebern eine arme Näherin war, die die erstaunliche Summe von 2000 Mark darbrachte. Diese Gabe, die so deutlich von ganzem Herzen und unter so viel Selbstverleugnung geopfert wurde, war darum auch besonders kostbar und heilig und ein Zeichen, daß Gott zu dem Werk stehe. Es war höchst bedeutungsvoll, daß Er eine arme, kränkliche Näherin zu Seinem Werkzeug erwählt hatte, um den Grundstein für dieses große Werk zu legen. Er bewies dadurch wieder einmal, daß „was schwach ist vor der Welt, das hat Gott erwählt, daß er zuschanden mache, was stark ist; und das Unedle vor der Welt und das Verachtete hat Gott erwählt und das da nichts ist, daß Er zunichte mache, was etwas ist, auf daß sich vor Ihm kein Fleisch rühme" (1. Kor. 1, 27—29).

Für das Werk unter den Waisen war nun vor allem ein Haus nötig, und dafür wurde jetzt besonders gebetet; der 1. April 1836 war als Zeitpunkt festgesetzt, an dem ein Haus für Mädchen eröffnet werden sollte, weil diese doch am hilfsbedürftigsten waren. Das Gebäude Nr. 6 in der Wilsonstraße, in dem Georg Müller selber bis zum 25. März gewohnt hatte, wurde für ein Jahr gemietet und am 21. April bezogen. Dieser Tag wurde zum besonderen Bitt- und Danktag gemacht. Es wurde öffentlich bekanntgegeben, daß man nun in der Lage sei, bedürftige Kinder zu versorgen; und am 18. Mai wurde bekanntgemacht, daß in kurzem ein zweites Haus für kleinere Kinder — Jungen und Mädchen — eröffnet werden solle.

Aber nun müssen wir einen Schritt zurück tun. Seltsam war es, alles, selbst die geringsten Einzelheiten des Plans, war vor den Herrn gebracht worden; im Glauben hatte man das Haus und die Möbel, das Geld für den Zins und andere Ausgaben erbeten; aber **daß Gott die Waisen** senden möge, dafür hatte er nie gebetet; so bekennt Georg Müller selbst. Er hatte geglaubt, daß Anmeldungen in Hülle und Fülle einlaufen würden. Man kann sich die Überraschung und den Kummer kaum vorstellen, womit sein Herz erfüllt wurde, als die festgesetzte Zeit für Anmeldungen da war und nicht eine einzige kam! Alles war bereit, ausgenommen die Waisen.

Georg Müller war tief gebeugt. Den ganzen Abend dieses Tages lag er buchstäblich auf seinem Angesicht, um sein eigenes Herz und dessen Beweggründe zu prüfen. Er flehte Gott an, ihn zu erforschen und zu erfahren, wie er es meine. Dabei kam es zu solcher Beugung, daß er in Wahrheit sagen konnte, er wolle sich freuen, wenn der ganze Bau wieder zu nichts werde, sofern Gott dadurch mehr geehrt werde. Gerade am darauffolgenden Tag kam das erste Aufnahmegesuch, am 11. April wurden die ersten Waisen aufgenommen, und am 18. Mai waren deren 26 im Haus, und täglich wurden noch mehr erwartet. Da auch mehrere Anfragen einliefen für Kinder unter sieben Jahren, wurde beschlossen, daß die Altersgrenze nicht streng innegehalten werden solle, solange Platz da sei.

Indessen wurde jeder neue Schritt mit Sorgfalt und Gebet getan, damit nichts in der Kraft des Fleisches oder in menschlicher Weisheit, sondern alles in der Kraft und Weisheit des Geistes Gottes geschehe.

Kaum war das erste Haus für Mädchen eröffnet, als ein zweites in Nr. 1 derselben Straße für den gleichen

Zweck frei wurde; auch fand sich eine passende ältere Frau als Hausmutter. Am 28. November, etwa sieben Monate später, bezog man dieses zweite Haus. Einige der älteren und fähigeren Mädchen des ersten Hauses fanden zur Besorgung der häuslichen Arbeit im zweiten Haus Verwendung. Am 8. April 1837 waren in jedem Haus 30 Waisenkinder.

Der Gründer des Werkes, der von Anfang an 20 000 Mark von Gott erbeten hatte, erzählt uns, daß er dieses Geld im Glauben so gut wie empfangen hatte und daß er oft für die große Summe dankte, wie wenn er sie schon in Händen gehabt hätte (Mark. 11, 24; 1. Joh. 5, 14. 15). Diese Gewohnheit, etwas Erbetenes als bereits im Besitz befindlich zu betrachten, trug viel bei zu dem Triumph seines Glaubens und dem Erfolg in seiner Arbeit.

Da nun der erste Teil seiner „Erzählung von Gottes Taten" eben die Presse verlassen sollte, wurde er sich darüber klar, daß es sehr zur Ehre des Herrn beitragen würde, wenn der ganze Betrag tatsächlich in seinen Händen wäre, bevor die Schrift erschien. Er hielt daher aufs neue an im Gebet, und am 15. Juni hatte er die ganze Summe empfangen, ohne daß irgendein Mensch angesprochen worden war. Dagegen hatte er, wie er mit seiner üblichen Genauigkeit notiert, 18 Monate und 10 Tage lang täglich sein Anliegen vor Gott gebracht.

Es wurde noch ein drittes Haus in Aussicht genommen für etwa 40 Waisenknaben über sieben Jahre. Zuerst gab es Schwierigkeiten. Sie schwanden aber, wie gewöhnlich, vor der Macht des Gebets.

Das Werk der Verbreitung der Schriftkenntnis gedieh unterdessen weiter. Mehr als 4000 Exemplare der Heiligen Schrift waren verteilt worden. Vier Alltagsschulen mit über 1000 Zöglingen waren errichtet worden.

Es war im Jahr 1837, da bekam Georg Müller, der damals in seinem 32. Lebensjahr stand, die tiefe und stets wachsende Überzeugung, daß zu seinem eigenen Wachstum an Gnade und göttlicher Kraft für seinen Dienst zweierlei ganz unumgänglich nötig sei: 1. **sich mehr zurückzuziehen zum stillen Verkehr mit Gott**, auch wenn dies scheinbar auf Kosten des öffentlichen Wirkens geschähe; 2. mehr Sorge **auf die ihm anvertraute Herde** zu verwenden, da die Zahl der Teilnehmer am Abendmahl auf fast 400 gestiegen war.

Georg Müller fühlte, daß seine große Tätigkeit nach außen sein Gebetsleben ungünstig beeinflusse; ja er sah, daß da eine Klippe war, an der er scheitern und um Frieden und Macht kommen konnte. Je länger, je tiefer wurde er überzeugt, daß auch auf dem wichtigsten Gebiet die Arbeit den Christen nicht so völlig in Anspruch nehmen darf, daß sie das ernste Nachdenken über das Wort Gottes und das innige Gebetsleben verhindere. Gott sagte zuerst zu Elia: „Gehe hin und verbirg dich!" und dann: „Gehe hin, zeige dich!" Der, der sich nicht zuerst an einem stillen Ort verbirgt, um allein zu sein mit Gott, ist unfähig, sich auf öffentlichem Platz unter Menschen zu bewegen. Georg Müller sagte nachher oft zu den Brüdern, die „zu viel zu tun hatten", um die nötige Zeit mit Gott zubringen zu können, daß vier Stunden Arbeit mit einer Stunde vorbereitenden Gebets besser seien als fünf Stunden Arbeit ohne dieses Gebet. Er betonte, daß unser Dienst dem Herrn angenehmer und unsere Mission den Menschen nützlicher sei, wenn wir gesättigt seien von göttlichem Segen, von dem Tau des Heiligen Geistes. Was an der Menge der Arbeit gewonnen wird, geht verloren an der Güte, wenn eine Verpflichtung die andere ablöst, ohne daß die nötige Zwischenzeit vorhanden ist zur Erfrischung und Erneuerung der Kraft durch das Warten auf Gott.

Seit den Tagen John Wesleys hat vielleicht kein Mann auch in einer langen Lebenszeit so viel geleistet wie Georg Müller, und doch haben sich wenige so oft und für so lange in das Gezelt des Gebets zurückgezogen wie er.

Auch das wurde ihm, wie gesagt, gewiß, daß die Seelsorge nicht unter der Arbeit auf anderen Gebieten leiden dürfe.

Im Oktober 1837 handelte es sich darum, das dritte Waisenhaus für die Jungen zu mieten. Da aber die Nachbarschaft Widerstand leistete, gab Georg Müller mit sanftmütigem Geist sofort allen Anspruch darauf auf, eingedenk des Wortes: „Ist es möglich, soviel an euch ist, so habt mit allen Menschen Frieden" (Röm. 12, 18). Er war gewiß, daß der Herr sorgen werde, und sein Glaube wurde auch belohnt. Sehr bald fand sich eine andere Wohnung in der gleichen Straße, in der die beiden ersten Häuser standen.

Durch Krankheit wurde der Glaube und die Geduld Georg Müllers abermals geprüft. Ein Umstand war ihm bemerkenswert, daß er nämlich während seiner Krankheit Gebet und Bibellesen besser ertrug als irgend etwas anderes. Er machte die Erfahrung, daß es weit besser sei, nicht zuviel an das körperliche Befinden zu denken und dafür sich völlig der Pflege seiner geistlichen Gesundheit und der Sorge für das Werk des Herrn hinzugeben. Dies wurde denn auch mehr und mehr seine Lebensregel, obschon es vielleicht manche als Schwärmerei auslegen mögen. Er machte sich von aller Sorge um seinen Leib los, besonders von der ängstlichen Beobachtung der Krankheitserscheinungen, womit sich so viele Kranke das Leben schwer machen, so daß sie von einem Arzt zum anderen gehen.

Georg Müller vernachlässigte seine Gesundheit deswegen nicht. Er befolgte eine regelmäßige und gesunde Lebensweise. Aber das körperliche Leben mußte notwendig in den Hintergrund treten bei einem Mann, der so ganz im Werk seines Herrn aufging. Es gibt leider nicht wenige unter den Kindern Gottes, die so sehr von ihrer körperlichen Schwachheit und ihren Leibesübeln in Anspruch genommen sind, daß es fast ihr einziges Geschäft ist, den Körper zu pflegen; ein elendes Leben, nicht viel besser als Sterben, wie ein berühmter Mann gesagt hat.

Auch zu Anfang des Jahres 1838 war die Schwäche und Angegriffenheit des Kopfes von Georg Müller noch dieselbe. Das Leiden war so schlimm als je, und besonders war es eine Prüfung für ihn, zu bemerken, wie reizbar er dabei wurde. Oft war es sogar, als ob ein ihm sonst ganz fremdes, satanisches Gefühl in ihm aufkäme. So wurde er daran erinnert, daß er von Natur so gut ein Kind des Zorns sei wie die anderen und daß er als Gotteskind nur den Anläufen Satans widerstehen könne, wenn er die ganze Waffenrüstung Gottes anlege. Die Gnade schafft nicht auf einmal alle bösen Neigungen aus dem Weg; aber wenn sie auch nicht mit der Wurzel ausgerissen sind, wird ihnen doch durch das wunderbare Wirken des Geistes entgegengearbeitet. Petrus konnte so lang auf dem Wasser gehen, als sein Auge auf den Meister gerichtet war. Es ist immer eine Neigung vorhanden zu sinken, und ein heiliger Wandel mit Gott, der dieses Sinken vermeidet, ist eine **göttliche Kunst**, die nur gelernt und ausgeführt werden kann, wenn wir beständig auf Jesus blicken. Dieser Glaubensblick ist das Gegengewicht gegen die Neigung zu sinken, solange er die Seele fest an Ihn kettet. Georg Müller, der Mann Gottes, fühlte die Gefahr, in der er sich befand; und obschon er unter dieser Anfechtung litt, flehte er nicht so sehr um deren Wegnahme als um die Bewahrung davor, daß er den Namen des Herrn verunehre. Er bat Gott, ihn lieber sterben zu lassen, als zuzugeben, daß er Ihm Schande mache.

Georg Müllers Tagebuch ist nicht nur eine Aufzeichnung des äußeren Lebensganges und der Arbeit für den Herrn, es ist auch ein Spiegel seines inneren Lebens und seines Wachstums. Es ist eine Ermutigung für alle anderen Kinder Gottes, daß auch sein Wachstum viele und große Hindernisse überwinden mußte, über die nur die Gnade triumphieren konnte.

Drei Eintragungen, die wir nebeneinander in seinem Tagebuch finden, zeigen dies deutlich. Die erste Bemerkung ist der Ausdruck tiefer Dankbarkeit gegen Gott für das Vorrecht, das Werkzeug der Versorgung heimatloser Waisen sein zu dürfen. Er hatte gerade die in warme

Winterkleider gehüllten kleinen Mädchen beobachtet, wie sie am Sonntagmorgen an seinem Fenster vorüber zu der Kapelle gingen.

Die zweite Eintragung gibt seinen Entschluß kund, keine Briefe mehr in Paketen zu versenden, weil er einsah, daß dies eine Verletzung der Postgesetze des Landes sei, und weil er als Jünger Jesu allen menschlichen Gesetzen untertan sein wollte, soweit sie nicht im Widerspruch mit den göttlichen Gesetzen standen.

Die dritte Eintragung folgt hart darauf und läßt uns diesen selben Mann im Kampf mit den inneren Anfechtungen erblicken, die eine fortwährende Abhängigkeit vom Gnadenthron mit seinem mitleidigen Hohenpriester nötig machen. „Diesen Morgen", schreibt er, „machte ich dem Herrn große Unehre durch Reizbarkeit gegen meine liebe Frau, und zwar, nachdem ich fast unmittelbar vorher auf meinen Knien Gott dafür gelobt, daß Er sie mir gegeben hatte."

Aus solchen Aufzeichnungen können wir für uns heilsame Lehren ziehen. Wir müssen unsere geistlichen Sinne üben, wenn unser Urteil geistlich werden soll. Es gibt eine klare Erkenntnis von Gottes Güte, und es gibt ein trübes Auge, das wenig sieht, wofür es dankbar sein könnte; es gibt ein zartes Gewissen, und es gibt eines, das immer weniger empfindlich wird für das Böse; es gibt einen Gehorsam gegen die Mahnung des Geistes, der zu sofortigem Bekennen treibt und durch den man eine Vermehrung der Kraft neuer Anfechtung gegenüber bekommt.

Eine Folge von Georg Müllers geistlicher Arbeit an sich selbst war ein wachsendes Aufgehen in Gott und ein großer Eifer für Seine Ehre. Wir können Gottes Ehre an sich zwar nicht vergrößern, denn sie ist vollkommen, aber wir können den Menschen helfen zu sehen, was für ein herrlicher Gott Er ist, und so Mitarbeiter des Geistes Gottes werden, dessen Amt es ist, von den Werken Christi zu zeugen. Gott so zu verherrlichen, war Georg Müllers Absicht.

Im Rückblick auf das Wachstum des Werkes im Lauf des Jahres 1837 zeichnet Georg Müller die folgenden Tatsachen auf:

Drei Waisenhäuser sind nun geöffnet mit 81 Kindern und 9 Helfern. In den Sonntagsschulen werden 320 Kinder unterrichtet und in den Alltagsschulen 350, und der Herr hatte für die zeitlichen Bedürfnisse 6140 Mark gegeben.

Wenn wir von hier aus auf die fünf Jahre der Arbeit in Bristol einen Rückblick werfen, so bleibt uns noch das festzustellen, daß zwischen ihm und seinem Bruder Craik von Anfang bis zu Ende ununterbrochene Einigkeit geherrscht hatte. Sie waren vollkommen eins in ihren Anschauungen, in ihrem Zeugnis von der Wahrheit sowie in ihren Auffassungen der Angelegenheiten der Gemeinde, zu deren Aufsehern der Heilige Geist sie gemacht hatte. Die Kinder Gottes waren vor Irrtümern und Spaltungen bewahrt worden; über 170 Seelen hatten sich bekehrt, so daß die Gesamtzahl der Gemeindeglieder 370 betrug, die sich nahezu gleichmäßig auf die beiden Kapellen verteilten. Gottes Segen und Wohlgefallen ruhte auf dem ganzen Werk.

Wort Gottes und Gebet

Im Anfang des Jahres 1838 begann Georg Müller jenes dritte Lebensbild zu lesen, das ebenfalls wie das von Francke und Newton einen ganz besonderen Einfluß auf sein Leben ausüben sollte — das des großen Evangelisten Whitefield. Dieses wurde von Gott dazu gebraucht, Georg Müllers Geistesmacht in Predigt und Seelsorge zu mehren. Man kann sagen, daß die drei Lebensbilder zusammen in unverkennbarer Weise seinen ganzen inneren und äußeren Lebensgang beeinflußt haben. Franckes Beispiel hat ihn zum Glaubensgebet und in ein Werk geführt, das ganz allein von Gott abhängig war. Newtons Zeugnis von der Gnade Gottes hatte ihn veranlaßt, seinerseits ein Zeugnis von dieser selben Liebe und Barmherzigkeit in seiner „Erzählung der Taten Gottes" niederzulegen. Whitefields Erfahrung trieb ihn zu größerer Treue und größerem Ernst im Verkündigen des Wortes und zu mehr Vertrauen auf die Macht des Heiligen Geistes.

Ein Eindruck war's besonders, der sich tief in Georg Müllers Herz prägte, daß Whitefields unvergleichlicher Erfolg als Evangelist ganz offenbar zwei Ursachen zuzuschreiben war: nämlich seinem mächtigen Gebetsgeist und seiner Gewohnheit, die Bibel auf den Knien zu lesen. Der große Evangelist des 18. Jahrhunderts war davon durchdrungen, daß er weder das Wort Gottes verstehen noch es anderen mitteilen könne, ohne daß der Heilige Geist ihm beides werde, Licht und Salbung. Er war erfüllt mit dem Heiligen Geist, und dies allein erklärt den Umfang und die Kraft seines Wirkens. Er starb im Jahr 1770 im 56. Lebensjahr. Seine Predigtweise hatte solche göttliche Kraft, daß mitunter 30 000 Zuhörer in atemloser Spannung an seinen Lippen hingen und Tränen über die geschwärzten Gesichter der Bergleute von Kingswood flossen. Georg Müller hat es sich zum Ziel gesetzt, das Geheimnis zu ergründen, wie man bei Gott und Menschen obsiegt. Das Leben Whitefields machte es ihm nun klar, daß Gott allein in ihm das tiefe Erbarmen zu den Verlorenen und das heilig ernste Verlangen, sie zu gewinnen, wirken könne.

Er begann nun auch — und das ist eines der Geheimnisse, denen er den Erfolg seines Dienstes verdankte — das **Wort Gottes auf den Knien zu lesen** und fand oft großen Segen im stundenlangen Nachdenken und Beten über einen Psalm oder ein Kapitel der Bibel.

Man könnte fragen, ob die äußere Stellung beim Gebet denn so viel ausmache. Eins ist gewiß, daß der, der auf den Knien vor dem Wort Gottes liegt, durchdrungen wird von tiefem Ernst und heiliger Ehrfurcht. Er wird dadurch zur Selbstprüfung geführt, und die Worte des Psalmisten, ob mit dem Mund ausgesprochen oder nicht, werden ihm zum Gebet werden: „Erforsche mich, Gott, und erfahre mein Herz; prüfe mich und erfahre, wie ich's meine. Und siehe, ob ich auf bösem Wege bin, und leite mich auf ewigem Wege" (Ps. 139, 23. 24). Das Wort, das so mit Ehrfurcht gelesen wird, wird ins Leben übertragen werden und den Charakter umwandeln in das Bild unseres Gottes. Indem wir wie in einem Spiegel die Herrlichkeit des Herrn betrachten, „werden wir verklärt in dasselbe Bild von einer Klarheit zu der anderen, als vom Herrn, der der Geist ist" (2. Kor. 3, 18). Der größte Vorteil dabei ist aber vielleicht der, daß die Heilige Schrift selber uns nun die Worte für unser Gebet in den Mund legt. „Wir wissen nicht, was wir beten sollen, wie sich's gebührt", aber hier ist des Heiligen Geistes eigener Ausdruck, und wenn das Gebet an diesem Vorbild sich übt, irren wir nicht. Hier haben wir Gottes Verheißungen, Vorschriften und Ratschläge, und wir verwandeln diese in Gebet und Flehen mit der Zuversicht, daß wir so nichts verlangen, was nicht Seinem Willen gemäß ist (1. Joh. 5, 14).

Solche Lebensgewohnheiten und nicht vorübergehende

Gefühle und Stimmungen waren es, die Georg Müller zu dem machten, was er war.

Selbst in seinen besonders schweren Trübsalen kam er nach solchem Gebet in d i e Stellung zum Herrn, daß der Wille Gottes ihm süß und lieblich wurde. Er konnte von Herzen sagen, daß er sein Leiden nicht wünsche weggenommen zu sehen, bis Gott d e n Segen dadurch habe geben können, den es nach Seiner Absicht bringen sollte.

Als er in der Folge Sprüche 3, 5—12 las, fielen ihm die Worte auf: „Sei nicht ungeduldig über Seine Strafe." Er fühlte, daß er, obschon er die Zucht des Herrn nicht verworfen hatte, doch zuzeiten ungeduldig darüber geworden war, und bat nun um die rechte Geduld, sie zu tragen.

Oft kehrte er die Verheißungen sofort in Bitten um, indem er die ihm geoffenbarte Wahrheit zur Anwendung brachte. So z. B. als er über das Psalmwort nachdachte: „Du erhörst Gebet" (Ps. 65, 3), erinnerte er Gott sogleich an verschiedene bestimmte Gebetsanliegen. Sich gewisse Gebetsgegenstände aufzuschreiben, um immer wieder darauf zurückzukommen, hat einen heilsamen Einfluß auf das Gebetsleben. Man erinnert sich um so besser der Erhörung, wenn sie eintritt, und sammelt auf diese Weise lebendige Zeugnisse der eigenen Erfahrung, daß Gott für uns persönlich ein Gott ist, der Gebete erhört.

Georg Müller schrieb also bei Betrachtung des genannten Psalmworts acht bestimmte Bitten auf und fügte hinzu: „Ich glaube, daß Er mich e r h ö r t h a t. Ich glaube, daß Er zu Seiner — der r e c h t e n — Zeit offenbar machen wird, daß Er mich e r h ö r t h a t, und ich habe diese meine Bittgesuche heute, den 14. Januar 1838, aufgeschrieben, damit, wenn Gott geantwortet hat, Sein Ruhm durch diese Zeilen um so größer werde."

Der Leser sieht aus allem dem, daß er es eigentlich mit einem Mann von schwachem Glauben zu tun hat, der es aber versteht, das Vertrauen zu Gott zu pflegen und zu nähren und dadurch seinen Glauben zu stärken.

Er benutzt das Versprechen eines Gebet erhörenden Gottes als Stab, um sich in seiner ihm wohl bewußten Schwachheit darauf zu lehnen. Er merkt sich den Tag, an dem er diesen Stab in die Hand genommen, und die besonderen Anliegen, die er als seine Bürden auf Gott zu legen sucht. Hätte Gott ein solches Vertrauen beschämen können?

Während er auf den Knien lag und sich in das Wort Gottes versenkte, wurde ein anderes Mal seine ganze Seele ergriffen durch die Stelle: „Der ein Vater ist der Waisen" (Ps. 68, 6). Er merkte, daß dies einer der „Namen" Gottes sei, durch die Er sich Seinem Volk offenbart, damit es Ihm vertraue, wie es in Psalm 9, 11 steht: „Darum hoffen auf Dich, die Deinen Namen kennen; denn Du verlässest nicht, die Dich, Herr, suchen."

Die obenerwähnten Worte des 68. Psalms wurden Leitworte seines Lebens, einer der Grundpfeiler seines Werks für elternlose Kinder. Er selber schreibt darüber: „Mit Gottes Hilfe soll das mein Beweismittel Ihm gegenüber sein, wenn Stunden kommen, wo wir für die Waisen etwas nötig haben. Er ist ihr Vater und hat sich daher verpflichtet, für sie zu sorgen, und ich muß Ihn nur an die Bedürfnisse dieser armen Kinder erinnern, damit sie gestillt werden."

Das heißt wirklich die Verheißungen Gottes übertragen, nicht nur ins Gebet, sondern auch ins Leben, Arbeiten und Dienen. Das war eine gesegnete Stunde, in der Georg Müller lernte, daß einer der Namen, die Gott sich erwählt hat, lautet: „D e r   V a t e r   d e r   W a i s e n."

Der Glaube an diesen Gott half ihm die Lasten tragen, die zu tragen sonst unmöglich gewesen wären. Auf oft wiederholte Bemerkungen von Besuchern und Beobachtern, denen seine Ruhe bei so vielen Anlässen zur Sorge ein Geheimnis war, hatte er stets die eine Antwort: „Durch Gottes Gnade ist das keine Ursache zur Sorge für mich. Ich habe diese Kinder schon vor Jahren auf den Herrn geworfen. Das ganze Werk ist das Seine, und es gehört sich, daß ich ohne Sorge bin. Wo ich auch sonst noch so schwach sein mag, in diesem Punkt bin ich fähig, durch Gottes Gnade die Last ganz auf meinen himmlischen Vater zu legen."

Dennoch beklagt es Georg Müller um die gleiche Zeit, daß ihm oft der rechte Ernst im Gebet mangle. Er erkannte, daß „dieser Geistestrieb ganz und gar eine Gabe Gottes ist; aber", fügt er bei, „mir selber habe ich den Verlust zuzuschreiben". Er sah ein, daß Gott ungebunden ist im Austeilen Seiner Gaben, aber daß es in des Menschen Hand gelegt ist, sie anzunehmen oder zu verwerfen.

So ist jeder Schritt in Georg Müllers Leben sowohl eine Ermutigung als auch eine Ermahnung für die Mitchristen.

Nach einem kurzen Besuch in Deutschland, den er einesteils gesundheitshalber, anderenteils zu Missionszwecken gemacht hatte, und nachdem er mehr als 22 Wochen von seinem Amt entfernt gewesen war, hatte sich sein Kopfleiden zwar bedeutend gebessert, aber doch konnte er noch nicht mehr als drei Stunden des Tages arbeiten. In Deutschland hatte er auch seinen alten Vater und seinen Bruder besucht und mit ihnen über ihr Seelenheil gesprochen. Seinem Vater war dies augenscheinlich zum Segen, und er schien doch endlich zu erkennen, daß ihm das eine Notwendige fehle. Der Abschied von ihm war um so schmerzlicher, als nur wenig Hoffnung vorhanden war, daß sie sich auf Erden noch einmal sehen würden.

Am 13. Juni 1838 gebar seine Frau ein totes Kind, was sie an den Rand des Grabes brachte. Doch erhörte Gott das Gebet um ihre Genesung, und „ihre Tage wurden verlängert".

Einen Monat später kam eine andere Glaubensprobe für das Waisenwerk. Im Vorjahr hatte man 15 600 Mark in Händen gehabt; nun war diese Summe auf 400 Mark zusammengeschmolzen. Georg Müller und seine Frau, Bruder Craik und ein anderer Bruder, der mit dem Waisenhaus verbunden war, waren die vier einzigen Personen, die den niedrigen Stand der Kasse kannten, und sie vereinigten sich zum Gebet. Georg Müller konnte dabei bezeugen, daß sein Glaube stärker sei als vor Jahresfrist. Das war nicht etwa eine bloße Einbildung, denn trotz der wenigen Mittel und obgleich man in nächster Zeit 600 Mark brauchte, wurden doch sieben weitere Kinder aufgenommen, und es wurde bekanntgemacht, daß man bereit wäre, noch fünf weitere aufzunehmen.

Die Stunde der Prüfung war da — aber noch nicht vorüber. Zwei Monate lang gingen die Beiträge so spärlich ein, daß man für die laufenden Bedürfnisse Tag für Tag, ja Stunde für Stunde das Nötige vom Herrn erbitten mußte. Gott schien zu sagen: „Meine Stunde ist noch nicht gekommen." Größere Bezahlungen mußten in Bälde gemacht werden, und noch war nicht ein Pfennig dafür vorhanden. Als dann eines Tages über 80 Mark eingingen, kam Georg Müller der Gedanke: „Warum nicht 60 Mark für den Notfall zurücklegen?" Aber sofort erinnerte er sich des Wortes: „Es ist genug, daß ein jeglicher Tag seine eigene Plage habe" (Matth. 6, 34). Ohne zu schwanken, warf er sich auf Gott und brauchte die ganze Summe zur Auszahlung fälliger Dienstlöhne, worauf er wieder ohne einen Pfennig war.

Um diese Zeit hielt Bruder Craik eine Predigt über Abraham; er hob dabei die Tatsache hervor, daß, solange Abraham im Glauben handelte und nach dem Willen Gottes wandelte, alles gut ging; daß aber, sobald er Gott mißtraute und Ihm nicht gehorchte, das Gegenteil der Fall war. Georg Müller hörte diese Predigt und wandte sie sofort auf sich selber an. Er zog zwei sehr praktische Schlüsse daraus, die in Anwendung zu bringen er reichlich Gelegenheit hatte. Erstens, daß er sich auf keinen Nebenweg oder eigenen Weg einlassen dürfe, um aus der Verlegenheit herauszukommen, und zweitens, daß, je mehr er Gott schon verherrlichen durfte durch Vertrauen, um so größer auch die Gefahr sei, Ihm Schande zu machen.

Nachdem er diese Segenswahrheiten kennengelernt hatte, stellte ihn der Herr auf die Probe, um zu sehen, wie weit er es darauf wagen wolle. Während er in der großen Geldverlegenheit für das Waisenhaus war, hatte er auf der Bank etwa 4400 Mark liegen, die ihm zu anderem Zweck anvertraut worden waren. Er hätte dieses Geld vorübergehend nehmen und so der gegenwärtigen Verlegenheit ein Ende machen können. Die Versuchung, es zu tun, war um so größer, als er die Geber als hochherzige Versorger der Waisen kannte; er brauchte ihnen nur seine Lage zu erklären, und sie würden mit Freuden ihre Zustimmung gegeben haben, daß das Geld verwendet werde, so wie es ihm am besten dünke. Die meisten Menschen hätten den „gordischen Knoten" auf diese Weise zerschnitten.

Nicht so Georg Müller. Er sah sogleich, daß das ein selbstgewählter Weg wäre, um aus der Schwierigkeit herauszukommen, anstatt die Hilfe vom Herrn zu erwarten. Außerdem sagte er sich, daß daraus eine Gewohnheit werden würde, auf solche selbstgewählten Aushilfsmittel sein Vertrauen zu setzen; das wäre dem Glaubenswachstum hinderlich. Er wollte aber der ganzen Welt zeigen, daß der einzig richtige Weg, Gottes Treue an sich selber zu erfahren und anderen zu beweisen, der ist, auf die Verheißung dieses treuen Gottes zu vertrauen, und z w a r auf sie allein.

In dieser Zeit der Not — die vorbildlich war für viele andere spätere Notzeiten — wandte sich dieser Mann, der sich entschlossen hatte, auf Gottes Verheißung hin alles zu wagen, von jeglichen zweifelhaften Hilfsmitteln ab, r a n g a b e r d a f ü r m i t G o t t. Bemerkenswert ist sein Vorgehen dabei. Er braucht B e w e i s m i t t e l im Gebet Gott gegenüber, und dieses Mal zählt er nicht weniger als elf Gründe auf, warum Gott ihn erhören m ü s s e.

Diese Art heiliger Beweisführung — indem wir unsere Sache vor Gott führen wie ein Advokat vor dem Richter — ist eine beinah in Vergessenheit geratene Kunst, ja vielen mag sie sogar kindisch vorkommen. Und doch ist sie in der Heiligen Schrift durch viele Beispiele vertreten. Abraham in seiner Fürsprache für Sodom bietet das erste Beispiel dieser Art. Mose ist ein Meister in dieser Kunst und tritt in manchen kritischen Fällen mit außerordentlicher Geschicklichkeit für sein Volk ein, indem er die Beweisgründe aufführt. Elia auf dem Karmel ist ein anderes Beispiel von der Macht derartigen Gebets. Und wahrscheinlich würden wir, wenn wir mehr ins einzelne gehende Berichte aus der heiligen Geschichte hätten, finden, daß alle die Männer, die es unternahmen, mit Gott zu ringen, wie ein Noah, Hiob, Samuel, David, Jeremia, Paulus und Johannes es ebenso gemacht haben.

Gewiß ist es nicht nötig, Gott zu überzeugen; kein Beweisgrund kann Ihm die Ansprüche vertrauender Seelen auf Sein Eingreifen klarer machen; diese Ansprüche sind in Seinem eigenen Wort begründet und durch Seinen Eid bestätigt. Und doch will Er angerufen und überführt werden. Das ist Sein Weg, zu segnen. Er liebt es, wenn wir vor Ihm unser Anliegen und Seine Versprechungen auseinandersetzen. Er hat Sein Wohlgefallen an unserer wohlgeordneten Beweisführung und den angeführten Gründen. Wie hat der Herr Jesus das hartnäckige Anhalten des kanaanäischen Weibes gelobt, die mit Schlagfertigkeit Seinen eigenen Einwurf in einen Beweisgrund für sich umwandelte! Er sagte: „Es ist nicht fein, daß man den Kindern ihr Brot nehme und werfe es vor die Hunde." Sie antwortete: „Ja, Herr; aber doch essen die Hündlein von den Brosamlein, die von ihrer Herren Tisch fallen." Welch ein Triumph überzeugenden Bittens! Sie fängt den Meister mit Seinen eigenen Worten, wie Er es auch beabsichtigte, und kehrt Seinen scheinbaren Grund, ihrer Bitte nicht zu entsprechen, in einen Grund zur Erhörung um. „O Weib", sagte Er, „dein Glaube ist groß! Dir geschehe, wie du willst!" Damit wirft Er ihr, wie Luther gesagt hat, „den Zügel auf den Hals."

Dieser Fall ist einzigartig in Gottes Wort, und gerade

die Weise, wie hier im Gebet ein Beweisgrund geltend gemacht wird, verleiht dieser Geschichte ihre Größe. Aber ein anderer Fall ist ihm ähnlich, der des Hauptmanns von Kapernaum. Als der Heiland versprach, zu kommen und seinen Knecht gesund zu machen, wandte er ein, daß das Kommen nicht nötig sei, da Jesus nur ein Wort sprechen könne, so sei der Knecht gesund. Beachtenswert ist der Grund, den er anführt: wenn er, ein Befehlshaber, der Gewalt ausübt und höherer Gewalt untertan ist, sowohl dem Befehl gehorcht als auch Gehorsam von den Untergebenen erwartet, wieviel mehr konnte der mächtige Heiland auch in Abwesenheit durch ein Befehlswort die heilende Macht ausüben, die in Seiner Gegenwart Seinem Willen unterworfen war! Auch von ihm sagte der Herr gleicherweise: „Solchen Glauben habe Ich in Israel nicht gefunden!" (Matth. 8, 10).

Wenn wir solchergestalt mit Gott rechten sollen, so geschieht dies aber nicht, um I h n zu überzeugen, sondern u n s   s e l b e r. Indem wir Ihm beweisen, daß Er durch Sein eigenes Wort und Seinen Eid und Sein Wesen sich verpflichtet hat, uns zu helfen, beweisen wir u n s e r e m   e i g e n e n   G l a u b e n , daß Er uns das Recht gegeben hat zum Bitten und zum Verlangen, und daß Er uns antworten muß, weil Er sich selbst nicht verleugnen kann.

Kein Mann seines Zeitalters ist vielleicht so sehr wie Georg Müller gewohnt gewesen, in der oben beschriebenen Weise mit Gott zu verhandeln; er war einer der wenigen Auserwählten, denen es gegeben war, diese verlorene Kunst, mit Gott zu „rechten", wieder neu zu erwecken und zu beleben. Und wenn alle Jünger dies lernen könnten, was für ein Zeitalter der Neubelebung würde für die Gemeinde Jesu auf Erden anbrechen!

Es ist herzerquickend, dem demütigen Mann Gottes in sein Kämmerlein zu folgen und zu hören, wie er seine Seele in diesen überzeugenden Beweisgründen ausschüttet, gleichsam damit Gott gezwungen sei, einzugreifen, um Seines Namens Ehre und um Seines Wortes willen.

Das waren S e i n e Waisen, denn hatte Er sich nicht selbst als der Vater der Vaterlosen erklärt? Das war S e i n Werk, denn hatte Er es Seinen Diener nicht geheißen? Was war dieser Diener Gottes anders als ein Werkzeug? Und wenn es Gottes Werk war, war Er nicht verpflichtet, für Sein eigenes Werk zu sorgen? Würde Er es dulden, daß Seine eigene Ehre verdunkelt werde? Schauten nicht die halbgläubige Kirche und die ungläubige Welt darauf, um zu sehen, wie der lebendige Gott zu Seiner unveränderlichen Verheißung stehen würde? Sollte Er da nicht, mußte Er da nicht neue Beweise Seiner Treue geben, daß der Mund Seiner Kinder davon zeuge und die Lästerzungen zum Schweigen gebracht, die zagenden Jünger beschämt würden?

Glaubensprüfungen und Glaubensstärkungen

Gott hat Seine eigene Rechnungsweise. Achten wir auf das Wunder von den Broten und den Fischen. Der Herr Jesus sagte zu Seinen Jüngern: „Gebt i h r ihnen zu essen", und als sie teilten, vervielfältigte Er den geringen Vorrat; als sie davon abzogen, zählte Er hinzu; als sie ihn verminderten durch das Austeilen, vermehrte Er ihn, damit ausgeteilt werden könne.

Wir haben schon gesehen, wie Georg Müllers Kreis betender Freunde vergrößert wurde. Zuerst hatte der Gründer des Waisenhauses nur Gott zum Vertrauten; Ihm allein brachte er seine eigenen Bedürfnisse oder die seines Werkes. Später wurde einigen wenigen, seiner eigenen Frau und Bruder Craik und einem oder zwei Gehilfen, ein Einblick in die Lage des Werkes gewährt. Noch später, im Herbst 1838, zog er weitere Freunde, die mit dem Werk verbunden waren, ins Vertrauen. Wer an der Arbeit beteiligt war, sollte auch am Gebet beteiligt sein, und dazu war erforderlich, daß sie die Bedürfnisse kannten, für die man betend eintrat. Nur so konnten sie völlig teilnehmen am Glauben, an der Arbeit und am Lohn. Wie hätten sie sonst die Freude mitfühlen können, die die Erhörung des Gebets bringt? Sie mußten die Notlagen gründlich miterlebt haben, aus denen Gott sie errettet hatte, wenn sie alle Ehre und allen Ruhm Seinem Namen zuschreiben sollten.

Georg Müller rief daher all die teuren Brüder und Schwestern zusammen, die mit ihm an dem Werk arbeiteten, und gewährte ihnen volle Einsicht in den ganzen Stand der Dinge; er hielt nichts zurück. Er offenbarte ihnen die Notlage, in der sie sich gegenwärtig befanden, indem er sie gleichzeitig bat, guten Mutes zu sein, da, wie er fest glaube, die Hilfe nahe vor der Tür sei. Und dann vereinigten sie sich alle zum Gebet und Flehen vor dem Gott, der da hilft.

Der Schritt, der auf diese Weise getan wurde, war von nicht geringer Tragweite für alle Beteiligten. Eine beträchtliche Anzahl einzelner gläubiger Beter war nun in eine Schar vereinigt, die vor Gottes Gnadenthron Tag und Nacht ohne Aufhören flehte. Während aber Georg Müller von den vorliegenden Verlegenheiten nichts verheimlichte, stellte er gewisse Grundsätze auf, die von Zeit zu Zeit immer wieder als unveränderliche Richtschnur des Verhaltens im Werk des Herrn in Erinnerung gebracht wurden. Dazu gehörte z. B., daß nichts gekauft werden durfte, und wenn das Bedürfnis noch so groß gewesen wäre, wofür nicht das Geld bar in der Hand war. Ebenso fest aber stand der Grundsatz, daß die Kinder nichts Nötiges entbehren sollten. Eher sollte das Werk eingehen, eher sollten die Waisen fortgeschickt werden, als daß sie in einem Heim zurückgehalten würden, das diesen Namen mit Unrecht trüge, wo sie doch vor Hunger und Blöße nicht geschützt wären.

Außenstehenden durfte von vorhandener Not nichts verraten werden, damit nicht der Anschein erweckt werde, als wolle man sie zur Hilfe auffordern; der lebendige Gott mußte die alleinige Hilfsquelle bleiben. Den Mitarbeitern wurde es oft ins Gedächtnis gerufen, daß der Hauptzweck der Gründungen in Bristol gerade der war, den Beweis zu erbringen, wie treu Gott ist und wie sicher man sei, wenn man sein Vertrauen allein auf Seine Verheißungen setzt. Um Seiner Ehre willen durfte man also nicht nach menschlicher Hilfe ausschauen. Die Gehilfen in der Arbeit wurden überdies ernstlich ermahnt, in täglicher und stündlicher Gemeinschaft mit Gott zu leben, damit nicht ihr eigener Unglaube und Ungehorsam ihr Gebet kraftlos mache oder Mangel an Einmütigkeit unter der Beterschar hervorriefe. Ein einziger Mißklang kann die Einigkeit des gemeinsamen Gebets stören und dessen Annahme bei Gott verhindern.

So waren sie alle für kritische Zeiten wohl vorbereitet. Wenn keine Mittel vorhanden waren, keine Menschen in Anspruch genommen, keine Schulden gemacht werden durften und doch kein Mangel gefühlt werden sollte, was blieb anderes übrig, als auf den unsichtbaren Gott zu warten? Die Waisenkinder selber erfuhren nie etwas von der Notlage; immer bekamen sie, was sie brauchten, obschon sie nicht wußten wie. Das Mehlfaß mochte leer sein, doch fand man im Augenblick, da man es bedurfte, immer noch eine Handvoll darin, und der Ölkrug war nie so erschöpft, daß nicht ein paar Tropfen übergeblieben wären, um die Handvoll Mehl zu befeuchten. Hunger und Entbehrung trat nie an die Waisenschar von Bristol heran: die Vorräte konnten langsam eingehen und nur für den laufenden Tag reichen; aber auf irgendeine Weise war im Augenblick des Bedürfnisses das Nötige immer da, — obschon es oft nur gerade reichte, um das vorliegende Bedürfnis zu befriedigen.

Im August des Jahres 1840 wurde der Beterkreis abermals vergrößert, indem die Brüder und Schwestern, die an den Alltagsschulen arbeiteten, hinzugezogen wurden. Um so größer war der Segen, der herbeiströmte und der den Helfern zuerst zuteil wurde. Sie wurden auf diese Weise zu ernstlichem, glaubensvollem Gebet erweckt, und Gott allein weiß, in welchem Maß der beständige Fortschritt des Werkes ihrem Glauben, ihrem Flehen und ihrer Selbstverleugnung zu verdanken ist. Die praktische Einsicht in die Bedürfnisse des Werkes, an dem sie gemeinsam arbeiteten, brachte viel Früchte der Selbstverleugnung hervor. Keine menschliche Feder hat sie aufgezeichnet, und sie werden erst offenbar werden, wenn vor dem versammelten Erdkreis die Blätter des Buches aufgetan werden, das Gott selber geschrieben hat, und wenn die verborgenen Dinge ans Licht kommen. Seit Georg Müllers Tod hat man erfahren, in wie großem Maß er selber zu dem Unterhalt des Werkes beigetragen hat, aber über die

Größe der geheimen Gaben seiner Mitarbeiter in dem geheiligten Gebetsbund ist kein Urteil möglich.

Oft wandten ihre Gaben eine drohende Krise ab. Das Geld, das sie gaben, war oft wie das Scherflein der Witwe — ihre ganze Nahrung und nicht nur der letzte Pfennig, sondern auch Schmuck, Kleinodien, Familienandenken, lang gehütete Schätze wurden wie die Alabasterflasche mit ihrem Öl über den Füßen Jesu zerbrochen und als williges Opfer auf den Altar Gottes gelegt; sie gaben alles, was sie entbehren konnten, und oft was sie schwer entbehrten, damit Speise im Haus Gottes sei und kein Mangel an Brot oder anderer Notdurft bei Seinen Kleinen. Im höheren Sinn war dies Werk nicht nur das Georg Müllers, sondern auch das ihre, an dem sie mit Tränen und Gebeten, mit Sorgen und Mühen, in Selbstverleugnung und Hingabe teilnahmen. Einer der Mitarbeiter sprach es aus, sie seien davon durchdrungen, daß es wenig „am Platz wäre zu beten, wenn sie nicht willig wären zu geben, was sie hatten".

So zog Georg Müller seine Mitarbeiter ins Vertrauen, so kamen sie auch in um so innigere Verbindung mit ihm selbst und mit dem Werk und waren immer mehr vom gleichen Geist erfüllt. Einige Beispiele, die dies zeigen, haben auch den Weg in das Tagebuch gefunden. Eines Tages besuchten ein Herr und einige Damen die Waisenhäuser und sahen die große Schar der Kleinen, die versorgt werden mußten. Eine der Damen sagte zu der Hausmutter des Knabenhauses: „Sie werden für eine solche Anstalt viel Kapital nötig haben", und der Herr fügte bei: „Haben Sie ein genügendes Kapital?" Die ruhige Antwort war: „Unsere Kapitalien sind auf der Bank niedergelegt, die nie zahlungsunfähig werden kann." Der Dame traten Tränen in die Augen, als sie das hörte; der Herr aber gab 100 Mark für das Werk, eine höchst willkommene Gabe — da kein Geld mehr im Haus war.

Solche Mitarbeiter, die nichts für sich selber verlangten, sondern ihre eigenen Bedürfnisse zuversichtlich vom

Herrn erwarteten und darum willig ihr Geld und Gut in der Stunde der Not opferten, erfüllten Georg Müllers Herz mit Dank gegen Gott; wie Aaron und Hur die Arme Moses unterstützten, so unterstützten sie die seinen, bis die Sonne seines Lebens unterging. Sie kamen täglich mit ihm zusammen zum Gebet, bewahrten die Geheimnisse des Werkes in den großen Glaubensproben, und wenn die Stunde des Sieges kam, fühlten sie sich verpflichtet und berechtigt, im Jahresbericht die erfahrene Hilfe mitzuteilen, um Gottes Ruhm zu verkündigen, damit alle Menschen Seine Liebe und Treue erführen und Ihm die Ehre gäben. Da ihnen der Herr nur Tag für Tag das Nötige an Lebensmitteln gab, wie einstens den Israeliten das Manna, so zogen sie daraus den Schluß, daß es Gottes Wille sei, daß sie auch Tag für Tag alles bar bezahlen sollten.

Nun war der Mietzins zu bestimmten Zeiten zu zahlen. Da man den Mietzins als eine Tag um Tag fällige Teilsumme der ganzen Jahresmiete betrachten kann, so wurde als Regel aufgestellt, daß der laufende Betrag dafür täglich oder wenigstens wöchentlich **auf die Seite gelegt werde**. Dieses auf die Seite gelegte Geld war aber für jeden anderen Zweck unantastbar und wurde auch nie aushilfsweise für eine Zeitlang anderweitig verwendet.

Nach solchen Grundsätzen zu leben war nicht möglich ohne einen Glauben, der in beständiger und lebendiger Übung gehalten wurde. Zum Beispiel schien Gott die Beterschar in Georg Müllers Anstalt in den letzten Monaten des Jahres 1838 ernstlich auf die Probe zu stellen, ob sie Ihm allein vertrauten oder nicht. In der Kasse des Waisenhauses war fortwährend Ebbe; oft waren nur noch ein paar Pfennige vorhanden. Aber diese Tatsache wurde vor der Außenwelt sorgfältig geheimgehalten; selbst Leute, die danach fragten, erhielten keine Auskunft.

Eines Abends wagte ein Bruder zu fragen, wie wohl die nächste Rechnung ausfallen werde, ob wohl der Überschuß zugunsten der Waisen derselbe sein werde wie das letztemal. Georg Müllers ruhige, aber ausweichende Antwort lautete: „Er wird so groß sein, als es dem Herrn gefällt."

Georg Müller hat es ausgesprochen, daß alle diese Krisen keineswegs eine Überraschung für ihn seien, daß er keine Enttäuschung erlebe. Er wisse im Gegenteil, daß große Glaubensproben nötig seien, wenn er ein volles Zeugnis für den Gebet erhörenden Gott ablegen wolle. Die allmächtige Gotteshand werde nie völlig erkannt, solange menschliche Hilfe gesucht wird oder in Sicht ist. Wir müßten uns durchaus von allem anderen abwenden, wenn wir uns ganz an den lebendigen Gott halten wollten. Die erfahrene Hilfe trete nur in dem Maß herrlich vor die Augen, als die Not groß war und wir ohne Gott vollständiger Verzweiflung ins Auge hätten schauen müssen.

Viele von denen, die mit der inneren Geschichte der Waisenhäuser nicht näher vertraut waren, glaubten sehr einfach das rechtzeitige Eintreffen der Geldmittel durch die Veröffentlichungen über die eingegangenen Gaben begründen zu können. Diese seien Aufforderungen zur Hilfe gleichzuachten. Der Unglaube wird Gottes Wirken, so wunderbar es ist, immer durch natürliche Gesetze erklären wollen.

Gewiß haben diese Jahresberichte ein Band der Liebe und Zuneigung zwischen vielen gläubigen Seelen und dem von Georg Müller geleiteten Werk geknüpft. Viele sind dadurch auch veranlaßt worden zu helfen. Es ist eine bekannte Tatsache, daß Gott durch die Jahresberichte solche Ergebnisse zuwege gebracht hat. Aber es bleibt doch wahr, daß die Jahresberichte nie mit dieser Absicht herausgegeben worden sind. Es ist auch bemerkenswert, daß oft wenige Tage nach einer öffentlichen Versammlung oder nach dem Erscheinen eines gedruckten Berichts in der Kasse die größte Ebbe eintrat. Georg Müller und seine Gehilfen wurden so auf eigenartige Weise davor bewahrt, sich etwa auf solchen indirekten Hilferuf zu verlassen. Sie baten auch Gott angelegentlich darum. Es gab ja manche

Gründe, bekanntzumachen, was Gott an ihnen getan hatte; aber der Hauptgrund war stets, ein Zeugnis von der Treue Gottes abzulegen. Man braucht übrigens diese Berichte nur zu lesen, um sich zu überzeugen, daß sie frei sind von allem Anrufen menschlicher Hilfe oder dem Bestreben, Mitleid oder Teilnahme für die Waisen erwecken zu wollen.

Körperliche Schwachheit zwang Georg Müller im Herbst 1839 abermals, sich zeitweilig von der Arbeit zurückzuziehen. Er ging nach Trowbridge und Exeter, Teignmouth und Plymouth. Gott hatte ihm wieder allerlei zu sagen, was Er ihm am besten in der Stille mitteilen konnte.

Während seines Aufenthalts in Plymouth fühlte sich Georg Müller gedrungen, früh aufzustehen, um Zeit zum stillen Umgang mit Gott zu haben. In Halle war er ein Frühaufsteher gewesen, weil er studieren wollte. Später, als seine Kopf- und Nervenschwäche mehr Schlaf nötig machte, erlaubte er sich, länger zu schlafen, weil der Tag für seine geringen Kräfte noch lang genug schien. Und so lag er oft bis 6 oder 7 Uhr im Bett, statt um 4 Uhr aufzustehen, und nach Tisch ruhte er ein Viertelstündchen. Nun aber fiel es ihm aufs Herz, daß er an geistiger Kraft verliere und daß die Gesundheit seiner Seele bei dieser Lebensweise abnehme. Denn die Anstalten nahmen seine Zeit so sehr in Anspruch, daß er tagsüber nicht dazu kommen konnte, das Wort Gottes mit Muße zu betrachten und zu beten.

Eine „zufällige" Bemerkung — es gibt im Leben eines Gläubigen keinen Zufall! — des Bruders, in dessen Haus er in Plymouth wohnte, machte ihm einen tiefen Eindruck. Er sprach von den Opfern des Alten Bundes und hob hervor, daß davon nur die besten und auserlesensten Teile auf den Altar gelegt werden durften. So sollte auch von uns das Beste unserer Zeit und Kraft, die besten Stunden des Tages dem Herrn zur Anbetung und Gemeinschaft geweiht werden. Georg Müller dachte darüber nach und beschloß, selbst auf die Gefahr hin, an seiner körperlichen

Gesundheit Schaden zu nehmen, nicht länger seine besten Stunden im Bett zuzubringen.

Hinfort erlaubte er sich nur sieben Stunden Schlaf und gab seine Nachmittagsruhe auf. Dadurch wurden ihm vor dem Frühstück und den vielen unausbleiblichen Unterbrechungen des Tages lange, ununterbrochene Stunden des Verkehrs mit Gott gesichert. Sein Befinden wurde dadurch nicht schlimmer, sondern besser. Er überzeugte sich davon, daß seine Nerven durch das längere Imbettliegen nur schwächer geworden waren. Was das geistliche Leben anbetraf, so wurde ihm, wenn er auf Gott wartete, während die anderen schliefen, eine solche Frische und Kraft mitgeteilt, daß er diese Gewohnheit für sein ganzes späteres Leben beibehielt.

Im November 1838, als die Not immer noch groß und die Zuflüsse klein waren, konnte er in vollem Frieden bleiben. „Ich schaute nicht", sagte er, „auf das wenige, das ich in der Hand hatte, sondern auf die Fülle Gottes."

Er machte es sich zur Regel, sich von allem, was er besaß, zu entblößen, damit er um so kühner die Hilfe von oben erflehen könne. Alles Entbehrliche wurde verkauft, wenn ein Käufer dafür gefunden wurde. Aber was noch für des Herrn Werk dienen konnte, betrachtete er nicht als entbehrlich, noch hielt er es für recht, einen derartigen Gegenstand in Zeiten der Not zu verkaufen, da der Vater die Not ja kenne.

Einer seiner Mitarbeiter hatte einmal seine sehr wertvolle Taschenuhr als Pfand angeboten für den zurückgelegten Mietzins, weil man dieses Geld sehr notwendig hätte brauchen können. Allein Georg Müller hielt ein solches Vorgehen nicht für schriftgemäß und wollte Gottes Ehre als des alleinigen Helfers durch solche Mittel nicht schmälern.

Als die Verlegenheit immer drückender wurde, tröstete sich Georg Müller noch mit der täglichen Erfahrung, daß Gott sie doch nicht vergessen hätte und sie Tag für Tag mit Brot versehe. Oft sagte er zu sich selbst: Wenn sogar ein weltliches Sprichwort lautet: „Der Menschen Verlegenheiten sind Gottes Gelegenheiten", wieviel mehr können Gottes geliebte Kinder in ihrer Not zu Ihm aufblicken und Ihn bitten, ihre Verlegenheiten zur Entfaltung Seiner Liebe und Macht zu benützen!

Im Februar 1840 führte ein Krankheitsfall Georg Müller wieder für fünf Wochen nach dem Festland. Diese Gelegenheit benützte er gleichzeitig, um sich eines ihm gewordenen Auftrags zu entledigen, Missionare für den Orient zu werben. In Hadmersleben, wo er seinen Vater durch einen bösen Husten sehr geschwächt fand, verbrachte er die meiste Zeit im Gebet und in der Betrachtung des Wortes in den zwei Zimmern, in denen er vor 20 Jahren — damals als unbußfertiger Sünder — gewohnt hatte. Später sah er in Wolfenbüttel das Wirtshaus, aus dem er im Jahr 1820 mit der Zechschuld ausgerückt war. Beim Abschied von seinem Vater durchzuckte ihn der schmerzliche Gedanke, er sehe ihn wohl zum letztenmal. Sein Vater war ungewöhnlich zärtlich gegen ihn. Er selbst aber flehte dringender als je, daß sein Vater zum vollen Frieden in Jesus kommen möchte. Es war in der Tat die letzte Begegnung. Am 30. März des gleichen Jahres starb Georg Müllers Vater.

Ein paar Wochen nach der Rückkehr nach Bristol und zu einer Zeit großer Geldnot erhielt Georg Müller von einem Bruder, der früher schon oft das Werk unterstützt hatte, folgenden Brief: „Ist augenblicklich irgendein Bedürfnis vorhanden für Ihr Werk? Ich weiß, daß Sie nicht bitten, ausgenommen bei d e m , dessen Werk Sie treiben; aber zu antworten, wenn man gefragt wird, scheint mir doch etwas anderes zu sein, etwas Erlaubtes. Ich habe einen Grund, warum ich den gegenwärtigen Stand Ihrer Mittel kennenlernen möchte; sollten Sie nämlich kein dringendes Bedürfnis haben, so ist ein solches vielleicht bei anderen Zweigen der Reichgottesarbeit vorhanden, vielleicht sind andere Diener Gottes in Not. Geben Sie mir also gütigst Aufschluß über den Stand der Dinge und die Höhe der etwa verwendbaren Summe."

Den meisten Menschen, auch solchen, die an einem Glaubens- und Gebetswerk stehen, würde ein solcher Brief wenigstens eine Versuchung gewesen sein. Aber Georg Müller schwankte nicht. Einem Fragesteller den genauen Stand des Werkes mitzuteilen, hätte seiner Meinung nach zwei ernste Gefahren mit sich gebracht: einmal hätte es seine Augen von Gott weg auf Menschen gerichtet; zum anderen hätte es das Herz der Kinder Gottes von der alleinigen Abhängigkeit von Jesus abgewendet. Obgleich er nur noch 27,50 Mark in der Kasse hatte zur Stillung der Bedürfnisse von Hunderten von Waisen, lautete seine Antwort trotzdem wie folgt: „Indem ich Ihnen für Ihre Liebe danke, gehe ich im allgemeinen mit Ihnen darin einig, daß ein Unterschied besteht zwischen den Bitten um Geld und dem Auskunftgeben über den Stand der Kasse, wenn sie verlangt wird. Trotzdem habe ich in unserem Fall nicht die Freiheit, über unsere geldliche Lage zu sprechen, da mein Hauptzweck bei der Führung des Werkes der ist, die Schwachen im Glauben dahin zu führen, daß sie die Realität des Glaubens, der es a l l e i n mit Gott zu tun hat, einsehen."

Kaum war dann der Brief zur Post gebracht, da stieg der Schrei zum lebendigen Gott empor: „Herr, Du weißt, daß ich um Deinetwillen dem Bruder nichts von unserer Not sagte. Nun, Herr, zeige aufs neue, daß es eine Realität ist, mit Dir allein von dem zu reden, was wir nötig haben. Sprich darum so zu diesem Bruder, daß er uns hilft."

Als Antwort auf dieses Gebet bewegte Gott dem fragenden Bruder das Herz, daß er 2000 Mark sandte, die ankamen, als kein Pfennig mehr in der Kasse war.

Die Glaubenszuversicht wurde nicht umsonst so lange Zeit auf die Probe gestellt. Der Lohn war ein stetiges Wachsen und Stärkerwerden in der Zuversicht durch die Erfahrung. Im Juli 1845 legte Georg Müller beim Überblick über diese Jahre der Prüfung das Zeugnis ab: „Obschon etwa sieben Jahre lang unsere Hilfsmittel so erschöpft waren, daß es verhältnismäßig ein seltener Fall war, wenn wir auf drei Tage im voraus das Nötige für die Waisenkinder hatten, war ich doch nur einmal in Versuchung, im Glauben schwach zu werden, und das war am 18. September 1838, als Gott zum erstenmal nicht auf unser Gebet zu hören schien. Aber als dann die Hilfe kam und ich sah, daß es nur auf eine Glaubensprobe für uns abgesehen war und daß Er das Werk keineswegs vergessen hatte, wurde meine Seele so gestärkt und ermutigt, daß ich seit jener Zeit nicht nur nie dem Herrn mißtraut habe, sondern auch in der größten Armut nie niedergedrückt war."

Neue Erfahrungen im Gebetsleben

Die Gebetserhörungen, die Georg Müller erleben durfte, wurden immer reicher und machten ihn fähig, darüber mit anderen zu sprechen, nicht als von einer Lehre oder einem bloßen Glaubenssatz, sondern als von einer langen, vielseitigen und erfolgreichen persönlichen Erfahrungstatsache. Mit Geduld, Ausdauer und so oft als möglich suchte er anderen die Bedingungen des erhörlichen Gebets eindrücklich zu machen. Hier und da begegnet er solchen, denen dieses mutige und kindliche Vertrauen zu Gott ein Rätsel war. Gelegentlich machte sich auch der Unglaube in der Frage Luft, was Georg Müller dann wohl tun würde, wenn Gott keine Hilfe sendete, was dann, wenn eine Mahlzeit käme und tatsächlich nichts zu essen vorhanden wäre und auch kein Geld oder wenn die Kleider abgetragen und keine anderen vorrätig wären?

Auf alle solche Fragen hatte er immer sofort d i e Antwort bereit, daß solch ein „im Stich lassen" von Gottes Seite undenkbar sei und daher zu den Unmöglichkeiten gehöre. Aber er betonte auch, daß zum erhörlichen Gebet auf des Menschen Seite gewisse Bedingungen zu erfüllen seien; des Bittenden Seele müsse sich in der rechten Stellung dem Herrn gegenüber befinden. Georg Müller bemühte sich, solchen Seelen, die hierin noch nicht genügend Licht hatten, klarzumachen, wie man zu Gott nahen müsse.

Er pflegte fünf Stücke zu nennen:

1. Völliges Vertrauen auf das Verdienst und die Fürbitte des Herrn Jesus als den einzigen Grund jeglichen Anspruchs auf Segen (siehe Joh. 14, 13. 14; 15, 16 usw.).

2. Trennung von jeder bewußten Sünde. Wenn wir Unrechtes vorhaben in unserem Herzen, wird uns der

Herr nicht erhören, denn das würde ein Gutheißen der Sünde sein (Ps. 66, 18).

3. Glauben an Gottes Verheißung, die durch Seinen Eid bekräftigt ist. Nicht an Ihn glauben, heißt Ihn zum Lügner und Meineidigen machen (Hebr. 11, 6; 6, 13—20).

4. Bitten nach Seinem Willen; unsere Beweggründe müssen göttlicher Art sein. Wir müssen keine Gabe Gottes suchen, um sie mit unseren Lüsten zu verzehren (1. Joh. 3, 22; 5, 14; Jak. 4, 3).

5. Anhalten am Gebet. Es muß ein Warten auf Gott sein, wie der Ackermann wartet auf die köstliche Frucht der Erde (Jak. 5, 7; Luk. 18, 1—8).

Wo diese Bedingungen nicht vorhanden sind, würde die Erhörung des Gebets Gott zur Unehre gereichen und den Bittenden zum Unheil. Den zu erhören, der zu Gott kommt in seinem eigenen Namen oder in einem selbstgerechten, selbstsüchtigen und ungehorsamen Geist, wäre ja eine Ermutigung des Beharrens in der Sünde. Die Bedingungen des erhörlichen Betens sind nur solche, wie sie in der Natur der Sache liegen. Es sind keine willkürlichen Gesetze eines Gewaltherrschers, sie sind unbedingt erforderlich um Gottes willen wie um des Menschen willen.

Georg Müller hatte für den innigen Zusammenhang zwischen dem Gebet und der Heiligung einen klaren Blick, und er suchte daher beständig, diese Wahrheit seinen Hörern und Lesern einzuprägen, und wurde nicht müde, sie bei jeder Gelegenheit zu wiederholen, damit sie fest Wurzel fassen möchte.

Der Glaube, der so auf die Erhörung w a r t e t , wird, wenn die Antwort auf das Gebet kommt, nicht erstaunt sein. Als im November 1840 eine Schwester 200 Mark für die Waisenkinder gab, und zwar gerade zur rechten Zeit, war Georg Müllers triumphierende Freude in Gott unbeschreiblich groß; aber sie war frei von aller Aufregung und Überraschung, weil er Gnade gehabt hatte, vertrauensvoll auf Gottes Hilfe in der Not zu warten. Diese hatte so lange verzogen, daß in einem der Häuser kein Brot mehr war und in allen keine Milch und kein Geld. Gerade einige Minuten, ehe die Milchrechnung bezahlt werden sollte, kam dieses Geld.

Auch wenn wir im Gebet treu und gläubig ausharren, gebührt es uns gleichwohl, sorgfältig und eifrig in der Anwendung aller Mittel und Vorsichtsmaßregeln zu sein. Auch hierin ist er ein Vorbild für andere Gläubige. Zum Beispiel wenn er in anderen Ländern reiste, bat er beständig um des Herrn Schutz für die benutzten Wagen und selbst für das Gepäck, das so leicht verlorengehen konnte. Aber er selber sah vorher genau nach, ob z. B. das Schiff, das er benutzen wollte, seetüchtig sei und ob alle anderen Sicherheitsbedingungen für ihn selber und für andere vorhanden seien. Er zählte auch sorgfältig die Gepäckstücke. So entdeckte er einmal bei Einschiffung deutscher Brüder, daß der Kutscher mehrere Gepäckstücke beiseite warf in der Absicht, sie zurückzubehalten. Aber Georg Müller zwang ihn, sie wieder herauszugeben. Er bemerkt in seinem Tagebuch, daß eine solche Erfahrung uns nur lehre, auch für die kleinsten Dinge zu beten. Wir haben wachend und betend einherzugehen.

Mit dem Gebet Hand in Hand ging bei Georg Müller der Dank. Darin liegt ein anderes Geheimnis. „Betet ohne Unterlaß, seid dankbar in allen Dingen" (1. Thess. 5, 17. 18). Diese beiden Vorschriften stehen nebeneinander, und wer eine von beiden vernachlässigt, wird finden, daß er die andere auch nicht recht befolgt. Dieser Mann, der so viel betete und es so gut verstand, brachte Gott beständig das Dankopfer seiner Lippen dar.

Am 20. September 1840 wurde z. B. in das Tagebuch eine diesbezügliche Eintragung gemacht, die in ihrer Einfachheit und Kindlichkeit ebenso bezeichnend als köstlich ist: „Der Herr schickt uns, um zu zeigen, daß Er fortfährt, für uns zu sorgen, neue Freunde, die uns helfen. Die auf den Herrn vertrauen, sollen nie zuschanden werden. Von denen, die uns früher unterstützten, entschlafen die einen im Herrn, bei anderen erkaltet die Liebe im Dienst des Meisters, wieder andere würden so gern helfen wie früher, aber können nicht mehr, oder wenn sie auch die Mittel haben, fühlen sie sich getrieben, sie nach einer anderen Seite hin fließen zu lassen. Wenn wir uns aber auf Gott stützen, auf den l e b e n d i g e n G o t t a l l e i n , sind wir nicht in Gefahr, vergessen zu werden, weil die Leute sterben oder weil sie keine Mittel mehr haben oder die Liebe verlieren oder weil andere Reichgotteswerke Ansprüche an sie erheben. Wie unschätzbar ist es doch, wenn man zufrieden ist, mit Gott allein in der Welt dazustehen, und man dann weiß, daß ganz gewiß kein Gutes uns mangeln wird, solange wir aufrichtig wandeln."

Unter den Gaben, die während dieses langen Haushaltens für Gott einliefen, verdienen einige besondere Erwähnung.

Bei einer Gabe, die im März 1839 einging, machten die den Empfang begleitenden Umstände auf Georg Müller einen tiefen Eindruck. Er hatte ein Exemplar des Jahresberichts einem gläubigen Bruder gegeben, der dadurch sehr ins Gebet getrieben wurde. Er wußte, daß seine eigene Schwester, die auch gläubig war, sehr wertvolle Schmuckgegenstände besaß, unter anderem eine schwere goldene Kette und einen prachtvollen, mit Brillanten besetzten Ring. Dieser Bruder bat nun den Herrn, seiner Schwester das Unnütze solcher Kostbarkeiten zu zeigen und sie dahin zu führen, daß sie diese alle auf Gottes Altar lege als eine Gabe für das Waisenhaus. Das Gebet wurde buchstäblich erhört. Das Opfer der Schwester kam gerade zur Zeit der dringendsten Not an, so daß Georg Müllers Herz ganz besonders frohlockte. Die Verkaufssumme genügte nicht nur, die Ausgaben einer ganzen Woche zu decken, sondern noch überdies die verfallenen Löhne auszubezahlen. Ehe Georg Müller aber den Diamantring veräußerte, schrieb er damit auf eine Fensterscheibe seines Zimmers den kostbaren Namen und Titel des Herrn: „Der Herr wird's versehen", und wenn er hinfort wieder in tiefer Armut war, sah er nach den Worten, die mit der Diamantspitze eingegraben waren, und erinnerte sich dankbar an Gott, „der's versehen wird".

Wie manche Gläubige könnten unfehlbar Erfrischung und Stärkung finden, wenn sie die göttlichen Verheißungen ins Auge faßten! Die Gläubigen des Alten Bundes wurden aufgefordert, Gottes Worte in ihre Handfläche zu zeichnen oder an die Türpfosten ihrer Häuser und an ihre Tore zu schreiben, so daß jede Handbewegung und ihr Aus- und Eingehen, ihr persönliches und häusliches Leben sie beständig an Gottes immerwährende Treue erinnerten.

Georg Müller konnte die Erfahrungen des Jahres 1840 wie folgt zusammenfassen:

1. Ungeachtet zahlreicher Glaubensproben hatte den Waisen nichts gefehlt.

2. Anstatt in seinen Erwartungen und in seinem Werk entmutigt zu sein, war das Gegenteil der Fall. Er sah, daß solche Proben nötig seien, um den Beweis zu liefern, daß der Herr in den Zeiten der Not ihr Helfer sei.

3. Solche Führungen bringen uns dem Herrn sehr nahe, weil Er täglich nach unserer Notlage sehen muß, damit zur rechten Zeit die Hilfe nicht fehle.

4. Es ist nicht wahr, daß diese beständige, völlige Abhängigkeit von Gott den Sinn so bei irdischen Dingen festhielte, daß er zur Betätigung in geistlichen Dingen unfähig würde. Vielmehr wird so die Gemeinschaft mit Gott und Seinem Wort gefördert.

5. Andere Kinder Gottes mögen zu ähnlichem Werk nicht berufen sein, aber sie sind zum gleichen Glauben berufen und können das gleiche Eingreifen Gottes erfahren, wenn sie Seinem Willen gemäß leben und Seine Hilfe suchen.

6. Da Schulden zu machen nicht schriftgemäß ist, muß auch diese Sünde bekannt und aufgegeben werden, wenn

wir in ungehinderter Gemeinschaft mit Gott leben und Sein Eingreifen erfahren wollen. —

Im Jahr 1840 trat ein neuer Zweig des Werkes zur Verbreitung der Schriftkenntnis ins Leben, nämlich die Austeilung christlicher Bücher und Traktate. In dem Maß aber, als die Fortsetzung und Erweiterung solcher Tätigkeit die Bedürfnisse steigerte, reichte die Hand des großen Versorgers auch größere Zuschüsse.

Im Juli 1841 hatten sowohl Bruder Craik wie Georg Müller den Eindruck, daß die Art, wie sie freiwillige Gaben von ihren Gemeindegliedern empfingen, nicht die richtige sei. Diese Gaben wurden in Büchsen gelegt, über denen ihr Name stand mit einer Erklärung, wozu der Inhalt verwendet werden sollte. Sie fühlten aber, daß es so den Anschein gewinnen könnte, als ob sie sich über die anderen erhöben und sich eine amtliche Wichtigkeit zuschrieben oder als ob sie andere nicht als ihnen gleichstehende Arbeiter am Wort und an der Lehre betrachteten. Sie beschlossen daher, diese Art, Unterstützungen zu empfangen, aufzugeben.

Vielleicht mag ein solcher Akt des Gehorsams manchem übertrieben vorkommen, und er kostete sie auch innere Kämpfe, denn es konnte natürlich daraus eine Minderung dessen, was sie doch für ihre persönlichen Bedürfnisse brauchten, erfolgen. Da konnte ihnen wohl die Frage kommen, wie das Fehlende ersetzt werden sollte. Georg Müller hatte aber schon lange vorher den Ausspruch getan, daß es immer das sicherste sei, einer klar erkannten Pflicht zu folgen. Er konnte in jeder solchen kritischen Lage sagen: „O Gott, mein Herz ist fest, mein Herz ist fest und vertraut auf den Herrn!" So konnten solche scheinbaren Gefahren nicht für einen Augenblick seinen Frieden stören. Auf die eine oder andere Art würde Gott sorgen, und alles, was er zu tun hatte, war, Ihm zu dienen und zu vertrauen und das übrige Seiner Vaterhut zu überlassen.

Im Herbst 1841 gefiel es Gott, plötzlich wieder eine sehr

schwere Glaubensprobe hereinbrechen zu lassen. Mehrere Monate vorher waren die Zuflüsse verhältnismäßig reichlich gewesen, aber nun mußte von Tag zu Tag und von Mahlzeit zu Mahlzeit das Glaubensauge auf den Herrn gerichtet bleiben. Ungeachtet anhaltenden Gebets schien es zuzeiten, als ob die Hilfe versage. Es war eine besondere Bewahrung Gottes, daß während dieser ganzen langen Verzögerung der göttlichen Hilfe das Vertrauen Georg Müllers und seiner Gehilfen nicht völlig Schiffbruch litt, so bitter und groß war die Notlage. Aber sie blieben davor bewahrt, und ihr Vertrauen ruhte unentwegt auf dem väterlichen Erbarmen Gottes.

Einmal gab eine arme Frau zwei Pence und fügte hinzu: „Es ist nur eine Kleinigkeit, aber ich muß sie Ihnen geben." Und wie gelegen kamen diese zwei Pence! Ein Penny (8 Pfennig; Pence ist die Mehrzahl von Penny) fehlte gerade noch am Geld, das sofort für Brot nötig war. Ein andermal waren acht Pence nötig für die nächste Mahlzeit, nur sieben waren vorhanden; als man aber eine der Büchsen öffnete, fand man darin einen Penny, und so waren diese Pence ein Zeichen der Fürsorge des himmlischen Vaters.

Im Dezember des gleichen Jahres 1841 beschloß man — gerade um zu zeigen, wie völlig und ganz man in der Abhängigkeit von dem göttlichen Versorger lebe —, für eine Zeitlang die öffentlichen Versammlungen einzustellen und auch die Herausgabe eines Jahresberichts zu unterlassen. So wurde der Bericht des Jahres 1841/42 fünf Monate lang hinausgeschoben. In tiefster Armut und zum Teil gerade infolge der drückenden Notlage wurde auf diese Weise wieder ein kühner Schritt getan.

Man hätte meinen sollen, daß nach dieser Entscheidung Gott nun eilen würde, ein solch mutiges Vertrauen zu belohnen. Aber statt dessen — so geheimnisvoll sind Seine Wege — wurde Georg Müllers Glaube noch nie so hart versucht wie zwischen dem 12. Dezember 1841 und dem 12. April 1842. Während dieser vier Monate war es, wie wenn Gott sagen wollte: „Ich will nun sehen, ob du dich wirklich auf Mich stützest und auf Mich schaust." Georg Müller hätte noch jeden Augenblick seinen Entschluß in bezug auf die öffentlichen Versammlungen und das Erscheinen des Jahresberichts ändern können, denn außer den wenigen, mit denen er die Sache beriet, wußte niemand darum; ja, viele Kinder Gottes, die den Jahresbericht erwarteten, konnten die Verzögerung nicht begreifen. Allein der Beschluß wurde aufrechterhalten, und wieder bewies Gott Seine Treue.

Am 9. März 1842 war die Not aufs äußerste gestiegen, so daß, wenn keine Hilfe gekommen wäre, das Werk nicht hätte fortbestehen können. Aber gerade an jenem Tag schickte ein Bruder, der bei Dublin lebte, 200 Mark. Die Hand des Herrn trat in dieser Gabe klar zutage; denn als die Post schon angekommen war, ohne etwas zu bringen, war dennoch das Herz Georg Müllers voll Zuversicht. Er hatte die feste Überzeugung, daß die Hilfe vor der Tür sei. Und siehe da, wenige Augenblicke nachher wurde ihm der Geldbrief, der aus Versehen zuerst in ein anderes Haus getragen worden war, abgeliefert.

Im gleichen Monat mußte das Mittagessen einmal eine halbe Stunde hinausgeschoben werden, weil nicht genug zu essen da war. Das war früher noch nie vorgekommen und wiederholte sich auch später selten in der Geschichte des Werkes, obschon ja Tausende jeden Tag gespeist werden mußten.

Im Frühling 1843 wurde Georg Müller dazu geführt, ein viertes Waisenhaus zu eröffnen, nachdem seit der Eröffnung des dritten nahezu sechs Jahre verflossen waren. Der Schritt wurde wieder nach reiflicher Überlegung getan. Georg Müller stand schon länger unter dem Eindruck, daß eine Erweiterung des Werkes nötig wäre, hatte aber nicht einmal mit seiner Frau über die Sache gesprochen. Tag für Tag wartete er im Gebet auf Gott. Er wollte lieber mit Ihm allein beraten, aus Besorgnis, es könnte etwas in Übereilung geschehen, er könnte der göttlichen Leitung vorgreifen oder nach menschlichem Gutdünken handeln.

Unerwartete Schwierigkeiten kamen dazwischen, aber er wurde dadurch keineswegs verwirrt. Sein Gebet war: „Herr, wenn Du kein neues Waisenhaus nötig hast, habe ich's auch nicht." Dabei fühlte er, daß die ruhige Überlegung, mit der er die ganze Sache begonnen hatte, und der ungestörte Friede, mit dem er den neuen Hindernissen entgegentrat, den Beweis lieferten, daß er wirklich der Führung Gottes und nicht Regungen des Eigenwillens folge.

Da die öffentliche Versammlung und das Erscheinen des Jahresberichts bis jetzt hinausgeschoben worden waren, stieg viel Gebet zu Gott empor, Er möchte vor dem 15. Juli 1844, auf welchen Tag die Jahresversammlung nun angesetzt wurde, so reichlich für alle Bedürfnisse sorgen, daß es k l a r zutage trete, wie ohne alle menschliche Inanspruchnahme — selbst in der erlaubtesten Weise — das Gebet des Glaubens die Hilfe herabgezogen habe. Da das Rechnungsjahr im Mai schloß, waren es nun mehr als zwei Jahre, seit der letzte Bericht der Öffentlichkeit unterbreitet worden war.

Georg Müller war eifersüchtig für den Gott der Heerscharen. Er wünschte, daß auch „kein Schatten eines Grundes bliebe" für gewisse Leute, daß sie sagen dürften: „Sie können kein Geld mehr bekommen und geben daher einen neuen Bericht heraus."

Und wie er es erbeten, so geschah es; Geld und andere Hilfsmittel gingen ein, und am Tag vor dem Schluß der Rechnung kamen so große Gaben, daß ein Überschuß von über 400 Mark für das ganze Werk in der Kasse war.

Die Wolken= und Feuersäule

Von dem Herrn wird der Gang des Gerechten gefördert, heißt es Psalm 37, 23, und sinnreich hat jemand hinzugefügt: und auch sein Stillestehen. Die Wolken- und Feuersäule ist das Sinnbild dieser göttlichen Führung. Georg Müller fand beides gesegnet, das Schritt für Schritt Vorwärtsgehen, wenn Gott ruft, und das Stillestehen, wenn Er Halt gebietet.

Ende Mai 1843 wurde er vor eine wichtige Entscheidung gestellt. Etwa 1 1/2 Jahre vorher hatte ihn eine deutsche Dame aus Württemberg aufgesucht, um gewisse Angelegenheiten mit ihm zu besprechen. Sie stand aber Gott noch verhältnismäßig fern; deshalb sprach Georg Müller mit ihr über ihr Seelenheil und gab ihr die zwei ersten Teile seines Tagebuchs zum Lesen. Das war für sie so gesegnet, daß sie bekehrt wurde. Die Dame hatte jetzt das Bedürfnis, Georg Müllers Buch ins Deutsche zu übersetzen, damit es auch für andere in ihrer Heimat ein Kanal des Segens werde.

Sie vollendete das Werk nur teilweise, und zwar etwas mangelhaft. Der ganze Vorfall aber schien Georg Müller ein Fingerzeig zu sein, daß Gott ihn wieder einmal nach Deutschland rufe, um dort zu arbeiten. Durch viel Gebet wurde diese Überzeugung befestigt. Einige der Gründe, die ihn zu diesem Entschluß führten, zeichnete er nach seiner Gewohnheit auf. Er schreibt:

1. Da er von Geburt ein Deutscher sei und daher mit den deutschen Sitten und Ideen bekannt, habe er den Eindruck, daß er unter seinen Landsleuten mehr ausrichten könne als anderswo.

2. Er beabsichtigte, sein Tagebuch in seiner Muttersprache herauszugeben, und zwar als unabhängigen Bericht seiner Lebenserfahrungen.

3. In Stuttgart war ihm eine Tür weit aufgetan, und obschon es an Gegnern nicht fehlte, machte gerade das seine Hilfe für die Brüder, deren geistliches Wohl in Gefahr schwebte, nur um so nötiger.

4. Die Sache war ihm vom Herrn als eine Last aufs Herz gelegt, die unter dem Gebet zunahm, statt abzunehmen.

Um vor Irrtum bewahrt zu werden, zeichnete er mit gleicher Treue auch die Gegengründe auf.

1. Das neue Waisenhaus Nr. 4 sollte eben eröffnet werden, und dazu war seine Anwesenheit, wenn nicht durchaus nötig, so doch sehr wünschenswert.

2. Einige tausend Mark mußten für die laufenden Ausgaben zurückgelassen werden.

3. Die Reisekosten für ihn selbst und seine Frau, deren Gesundheit eine Reise nötig machte, mußten vorhanden sein.

4. Ebenso war ein Kapital nötig, um eine Auflage von 4000 Exemplaren des obengenannten Buches herauszugeben, ohne daß der Verkaufspreis zu hoch würde.

5. Für das neue Waisenhaus war noch keine passende Hausmutter gefunden.

An einem solch vorsichtigen Abwägen der Gründe und Gegengründe lassen es viele aufrichtige Jünger Jesu fehlen. Wenn sie einen Entschluß fassen sollen, können sie nur schwer eine Verzögerung ertragen. Oft genug werden sie von ihren Gefühlen mitfortgerissen und durch selbstgemachte Pläne in Irrwege hineingezogen.

Das Leben ist aber zu kurz und zu kostbar, um solche Fehltritte zu wagen. Wo es einem zur heiligen Gewohnheit geworden ist, sich leiten zu lassen, da wird das ganze Wesen so offen für die göttlichen Eindrücke, daß ohne äußerliches Zeichen ein **inneres Erkennen** und **Wählen des Willens Gottes** stattfindet. Gott führt nicht immer durch sichtbare Zeichen, sondern oft auch dadurch, daß **Er den Entschluß lenkt**.

Ein sicheres Zeichen der richtigen Stellung ist die völlige Ruhe, mit der scheinbare Hindernisse ins Auge gefaßt werden. Wenn wir in Wahrheit der Wolken- und Feuersäule folgen, wird uns das Rote Meer nicht in Angst versetzen, denn es wird nur ein neuer Schauplatz sein für die Entfaltung der Macht dessen, der den Wassern gebietet, sich wie eine Mauer zu erheben, während wir trockenen Fußes durch das Meer gehen. Auch wenn Satan selber uns verhindert (1. Thess. 2, 18), muß uns dies nicht entmutigen; Gott läßt es zu, daß er uns eine Zeitlang in den Weg treten darf, aber nur als Probe für unsere Geduld und unseren Glauben.

Georg Müller hatte diese Aufgabe gelernt. Er sagt: „Ich empfand eine geheime Befriedigung bei der Größe der Schwierigkeiten, die im Weg standen. Ich war weit entfernt davon, dadurch niedergedrückt zu werden, denn ich wünschte in der ganzen Angelegenheit nur den Willen Gottes zu tun."

Indessen schienen nach vierzigtägigem Warten die Schwierigkeiten eher zu wachsen als abzunehmen. Es wurde viel Geld ausgegeben, und wenig ging ein; anstatt daß man eine tüchtige Hausmutter fand, sollte eine in der Arbeit stehende Schwester voraussichtlich austreten, so daß zwei Posten statt einem neu besetzt werden mußten. Dennoch blieb Georg Müllers Ruhe unerschüttert. Der Glaube hielt nicht nur den Vorsatz fest, sondern er sah die Hindernisse bereits beseitigt und dankte zum voraus.

Während dieser Wartezeit äußerte Georg Müller einer Glaubensschwester gegenüber: „Meine Seele ist in Frieden. Des Herrn Stunde ist noch nicht gekommen; aber wenn sie einmal da ist, wird Er alle Schwierigkeiten wegblasen, wie Spreu vom Wind weggeblasen wird."

Eine Viertelstunde später kam eine Gabe von 14 000 Mark, so daß drei von den im Weg stehenden fünf Hindernissen für die Reise auf einmal wegfielen. Alle Reisekosten für sich selbst und seine Frau, alle nötigen Ausgaben für das Werk zu Hause und alle Kosten der Veröffentlichung des Buches in Deutschland waren gedeckt. Das war am 12. Juli, und ebenso schnell wurden auch die anderen Schwierigkeiten aus dem Weg geräumt, so daß am 9. August Georg Müller und seine Frau sich auf der Reise nach Deutschland befanden.

Der Aufenthalt dauerte sieben Monate; am 6. März 1844 waren beide wieder in Bristol. Während dieser Abwesenheit wurde kein Tagebuch geführt, aber Georg Müllers Briefe dienen als Anhaltspunkte. Rotterdam, Köln, Mainz, Stuttgart, Heidelberg, Weinheim usw. wurden besucht. Georg Müller verteilte Traktate und sprach mit den Leuten, die er antraf; aber die Hauptsache war ihm das Auslegen des Wortes in kleinen Versammlungen von Gläubigen.

Die erste Stunde seines Aufenthalts in Stuttgart brachte eine der schwersten Glaubensproben, die er je durchgemacht. Worin sie bestand, wird im Tagebuch nicht erwähnt; aber es ist ziemlich sicher, daß es sich um eine Zurücknahme der Gabe von 14 000 Mark handelte, auf die hin er seine Reise nach Deutschland unternommen hatte. Georg Müller schrieb damals nichts darüber, weil die Betreffenden es als Vorwurf hätten auffassen können. Es war dies indessen nicht die einzige Probe, die er während seines Aufenthalts in Deutschland zu bestehen hatte. Vielmehr waren diese so zahlreich, schwer und verschiedenartig, ja teilweise von so langer Dauer, daß es aller Weisheit und Gnade, die er von Gott empfangen hatte, bedurfte, um durchzukommen. Alles in der Schule der Erfahrung früher Gelernte kam ihm nun wohl zustatten. Nicht ein einziges Mal wurde sein Friede gestört, vielmehr war er im tiefsten Herzen davon überzeugt, daß in alledem sich Gottes Güte offenbare. Er hätte sich nichts anderes gewünscht. Die größten Prüfungen brachten den reichsten Segen und oft überströmenden Segen. Besonders erregte es immer wieder sein Erstaunen und seine Bewunderung, wenn er sah, wie Gott die Reise gerade bis zur rechten Stunde verschoben hatte. Wäre er nur ein wenig früher gegangen, so wäre es zu früh gewesen, da er dann die nötige Ausrüstung nicht gehabt hätte, um den Schwierigkeiten, die er in Deutschland antraf, zu begegnen. Wenn Dunkelheit seinen Weg zu überschatten schien, ließ der Glaube ihn auf das Licht hoffen oder wenigstens auf Leitung in der Dunkelheit.

Der Herr ging auch darin vor Seinem Knecht her, daß Er ihm den Weg bahnte zur Veröffentlichung seines Buches. Er führte ihn zu einem Buchhändler, der den Verkauf auf Kommission übernahm. Dadurch konnte er 2000 Exemplare zum Verteilen für sich behalten und den Rest verkaufen lassen.

Georg Müller erwähnt, wie er zu dieser Zeit durch den geistlichen Segen, der sein Werk begleitete, und das sichtbare Gelingen der Veröffentlichung seines Buches sehr freudig und getrost gewesen sei. Von allen Seiten kamen Nachrichten, wie viele Gläubige durch das Lesen des Buches dazu geführt worden waren, sich wieder vertrauensvoller auf die Verheißungen des großen Versorgers zu lehnen. Ungläubige wurden durch die einfache „Erzählung der Taten Gottes" bekehrt.

Nach seiner Rückkehr nach England gab's wieder neue Glaubensproben in den Waisenhäusern. Andererseits wurden die Ursachen zum Loben immer zahlreicher. Am 4. September 1844 waren bei Tagesanbruch nur noch zwei Pfennig in der Kasse, und 140 hungrige Menschen warteten auf das Frühstück.

Georg Müller hielt dafür, daß der Geldmangel noch seine leichteste Bürde sei; denn es waren außerdem noch genug Anliegen, die viel mehr Glauben erforderten. Handelte es sich doch darum, nicht allein so viele Waisenkinder mit Nahrung und Kleidung zu versehen, sondern sie vor allen Dingen nach Gottes Wort zu erziehen. Sie mußten für einen Beruf vorgebildet und bei ihrem Austritt aus den Waisenhäusern in rechten Familien untergebracht werden; man hatte über ihre Gesundheit zu wachen, um nach Möglichkeit Krankheiten zu verhüten, und noch vieles andere. Auch der Charakter und das Verhalten der Gehilfen erforderte eine sorgfältige Aufsicht, damit nicht Unwürdige angestellt oder im Dienst behalten würden.

Diese und andere Angelegenheiten, die zu zahlreich sind, um einzeln aufgezählt zu werden, mußten täglich vor den großen Helfer gebracht werden, denn ohne den Beistand dieser ewigen Arme wäre kein Durchkommen möglich gewesen.

Zunahme, Erweiterung, das war bis dahin in der Geschichte der Arbeit Georg Müllers die Regel gewesen. So blieb's auch weiterhin. Dieses Mannes Herz wurde immer mehr fähig zu ausgedehnterem Dienen und sein Glaube fähig zu immer größerem Vertrauen. Wenn er dazu geführt wurde, Größeres für Gott zu unternehmen, erwartete er auch Größeres von Gott.

Im Jahr 1846 fühlte er sich besonders getrieben, noch mehr als bisher die Mission zu unterstützen. Wohl hatte er früher schon Brüdern auf Britisch-Guinea und auf anderen Arbeitsfeldern hilfreiche Hand gereicht. Aber nun wünschte er, daß Gott ihn noch mehr zur Aussendung und Unterstützung von Missionaren, die auf schriftgemäßer Grundlage arbeiteten, gebrauche. Da er ja genugsam erfahren hatte, daß Gott ihm auch mehr Mittel gab, wenn Er ihm eine neue Arbeit auftrug, beschloß er, hinfort Brüder in ganz England tatkräftig zu unterstützen, nämlich solche, die treue Zeugen Gottes waren und keine feste Besoldung erhielten. Ganz besonders sollte seine Hilfe denen zugute kommen, die um des Gewissens willen frühere Unterstützungen oder weltliche Vorteile aufgegeben hatten.

Auch dieses Unternehmen war keineswegs ein Zeichen, daß Überfluß an Geld vorhanden gewesen wäre. Schritte vorwärts wurden nur unternommen, wenn die Wolkensäule sich bewegte, und ein neues Werk wurde oft angefangen, wenn eher Ebbe als Flut in der Kasse war.

Gottes Bau: Die neuen Waisenhäuser

Wie verwickelt sind doch oft die Wege der göttlichen Vorsehung! Manche Folgen sind wieder sehr folgenreich, wie die Räder in dem Gesicht Hesekiels, der ein Rad inmitten anderer Räder sah. Solch ein Ereignis bedeutsamer Arbeit war der Bau des ersten der „neuen Waisenhäuser" auf Ashley-Down.

Gegen Ende Oktober 1845 wurde es Georg Müller klar, daß des Herrn Leiten nach dieser Richtung weise. Einige Bewohner der Wilsonstraße hatten über den Lärm geklagt, den die Kinder hauptsächlich in ihren Freistunden machten; die Spielplätze waren auch nicht mehr groß genug für eine so große Schar. Die Kanalisation war ungenügend, wie denn im ganzen die Lage der gemieteten Häuser vom gesundheitlichen Standpunkt aus sehr vieles zu wünschen übrigließ. Es hatte sich das Bedürfnis nach Gartenland herausgestellt, um die Knaben in ihren Freistunden richtig zu beschäftigen usw. Das waren einige Gründe, die den Bau eines neuen Waisenhauses zu fordern schienen. Die Überzeugung gewann immer mehr an Boden, daß es im höchsten Grad wünschenswert und zum Wohl aller Beteiligten sei, wenn sich ein geeigneter Platz fände, auf dem man ein zweckentsprechendes Gebäude erstellen könnte.

Doch waren auch Gegengründe vorhanden, die ebenso sorgfältig erwogen wurden. Vor allem würden große Kapitalien erforderlich sein; die Herstellung der Pläne und die Ausführung des Baues würden Zeit und Kraft in hohem Maß in Anspruch nehmen. Und außerdem entstand die Frage, ob es sich überhaupt für Pilger Gottes, die hier keine bleibende Stätte haben und glauben, daß das Ende aller Dinge nahe sei, schicke, Häuser zu bauen. Anhaltendes Gebet brachte Georg Müller indessen eine solche Ruhe und friedensvolle Überzeugung, auf dem rechten Weg zu sein, daß alle Einwände durch Erwägungen zugunsten des Planes verdrängt wurden. Ja, er war bald der Sache so sicher, als wenn das Gebäude bereits vor seinen Augen stände, obgleich in fünf Wochen nicht ein Pfennig für diesen Zweck eingegangen war. Georg Müller prüfte sein eigenes Herz immer wieder aufs sorgfältigste, ob nicht irgendein selbstsüchtiger Beweggrund darin verborgen sei, der seinen Willen beeinflusse. Aber alles Durchforschen brachte keine andere bewußte Absicht ans Licht als das Bestreben, Gott dadurch zu verherrlichen, das Wohl der Waisen zu fördern und alle, die von diesem Werk Kunde erhielten, zu tieferem Vertrauen zu Gott zu führen. E i n Grund schien dabei besonders ins Gewicht zu fallen: Wenn Gott große Summen zu dem Unternehmen zufließen ließe, würde das nicht wieder ein neuer augenscheinlicher Beweis sein von der Macht des Gebets, das — wenn es ein Bitten im Glauben ist — Hilfe herabzieht? Ein Stück Land, das groß genug für den fraglichen Zweck wäre, würde allein schon etwa 50 000 Mark kosten; aber warum sollte deswegen ein wirkliches Kind Gottes verzagen, das doch einen unendlich reichen Vater hat? Georg Müller und seine Gehilfen suchten Tag für Tag die Leitung des Herrn, und während sie sich von diesem täglichen Brot — dem Umgang mit Ihm — nährten, wurde ihre Überzeugung immer fester, daß die Hilfe kommen werde.

Im November dieses Jahres wurde Georg Müller in seinem Vorhaben noch bestärkt durch den Besuch eines Bruders, der ihn in dieser Sache ermutigte, aber ihm auch die große Notwendigkeit ans Herz legte, bei jedem Schritt um Weisheit von oben zu bitten. Er ermahnte ihn, Gottes Hilfe schon für den Bauplan zu erflehen, damit auch darin alle Einzelheiten Gottes Willen gemäß wären. Am 36. Tag, nachdem man angefangen hatte, besonders für dieses neue Haus zu beten — am 10. Dezember 1845 —, erhielt Georg Müller 20 000 Mark für das beabsichtigte

Werk, die größte Summe, die er bis dahin je auf einmal bekommen hatte. Dennoch blieb er so ruhig und gefaßt, wie wenn es nur eine Mark gewesen wäre. Sah doch sein Glaube in Wahrheit in Gott den Lenker der Herzen wie den Versorger der Waisen. Es hätte ihn, wie er selbst bemerkte, auch nicht überrascht, wenn der Betrag auch noch fünf- oder zehnmal größer gewesen wäre.

Drei Tage später bot sich ein gläubiger Architekt von London freiwillig an, nicht nur die Pläne zu zeichnen, sondern auch unentgeltlich den Bau zu leiten. Dieses Anerbieten wurde als ein neues Zeichen dafür angesehen, daß Gott mit dem Vorhaben einverstanden sei. Es war Georg Müller ein Pfand Seiner sicheren Hilfe.

In 40 Tagen waren also die ersten 20 000 Mark eingegangen und die sehr schätzbare Hilfe des Architekten gesichert. Ja, Gott ging vor Seinem Knecht her.

Es galt zunächst, einen Bauplatz zu kaufen, der mindestens 36 000—40 000 Quadratmeter umfaßte. Er sollte nahe bei Bristol gelegen sein, weil Georg Müllers Arbeitsfeld ja in der Stadt war und weil die Waisen und ihre Helfer den gewöhnlichen Versammlungssaal sollten leicht erreichen können. Außerdem war noch aus vielen anderen Rücksichten die Nähe der Stadt wünschenswert. Ein solcher Platz konnte aber kaum unter 40 000—60 000 Mark erworben werden.

War der Platz vorhanden, so mußte das Gebäude gebaut und mit allem Nötigen für 300 Waisen und ihre Aufseher, Lehrer und verschiedenen Gehilfen ausgestattet werden. So einfach das Haus und die innere Einrichtung auch vorgesehen war, überstiegen die Kosten dafür doch den Preis des Bauplatzes um das Drei- oder Vierfache.

Endlich mußte mit den jährlichen Unterhaltungskosten für eine solche Anstalt gerechnet werden, die sich wieder auf 80 000—100 000 Mark belaufen würden. Es waren also für den Beginn etwa 200 000—300 000 Mark nötig und für jedes folgende Jahr gut ein Drittel dieser Summe. Kein vernünftiger Mensch in den Vermögensverhältnissen von Georg Müller hätte an ein solch riesenhaftes Unternehmen auch nur denken können, wenn sein Glaube und seine Hoffnung nicht fest in Gott geruht hätten.

Gott sollte so sichtbar auf den Plan treten, daß jedermann erkennen mußte, daß er — Georg Müller — nichts sei als das Werkzeug in Seiner Hand. Unterdessen forschte er täglich in der Bibel und fand darin so reiche Unterweisung und Ermutigung, daß es schien, als wäre die Schrift eigens für ihn geschrieben, um ihm Botschaften von oben zu übermitteln. So las er im Buch Esra, wie Gott, als Seine Zeit für die Rückkehr Seines verbannten Volkes und den Wiederaufbau des Tempels gekommen war, den heidnischen König Cyrus benutzte, der einen Befehl hatte ausgehen lassen und die Mittel zur Ausführung des göttlichen Planes geben mußte, der ihm doch völlig unbekannt war. Er sah auch, wie Gott das Volk bewegte, die heimkehrenden Gefangenen zu unterstützen, und er sagte sich: dieser selbe Gott kann und will auf Seine Weise das Geld und alle von Menschen nötige Hilfe geben, indem Er die Herzen Seiner Kinder bewegt, zu helfen, wie es Ihm gefällt.

Die ersten Gaben für das neue Werk enthielten eine wichtige Lehre. Am 10. Dezember waren von einem einzigen Geber 20 000 Mark eingegangen, 20 Tage später gingen 1000 Mark ein, am darauffolgenden Tag 3,50 Mark und am Abend des gleichen Tages noch eine Gabe von 20 000 Mark. Kurz nachher brachte die Post ein Säckchen mit fremdländischen Sämereien und eine aus Muscheln verfertigte Blume, die zugunsten der Baukasse verkauft werden sollten. Der Geldwert dieser letzteren Gaben war ein geringer; aber doch ermutigten sie Georg Müller mehr als eine große Summe Geld durch die ihnen beigefügte Verheißung: „Wer bist du, du g r o ß e r B e r g , der doch vor Serubabel eine E b e n e s e i n m u ß ?" (Sach. 4, 7).

Die Gaben wurden übrigens nie nach der Größe ihres Geldwerts geschätzt, sondern immer als Zeichen, wie Gott in den Herzen Seiner Kinder wirkte. Daher rief eine Gabe von 20 000 Mark nicht mehr aufrichtigen Preis Gottes und freudigen Dank hervor als die 33 Pfennig, die ein armes Waisenkind bald darauf schenkte.

Mit dem Gebet, daß der Herr vor ihm hergehen wolle, begann Georg Müller nun, sich nach einem Bauplatz umzusehen. Etwa vier Wochen vergingen unter fruchtlosem Suchen. Dann aber bekam er den Eindruck, daß der Herr ihn nun bald schenken werde, und er teilte dies an einem Samstagabend seinen Helfern auch mit. Das war am 31. Januar 1846. Schon nach zwei Tagen fühlte er sich nach Ashley-Down getrieben, wo er ganz besonders geeignetes Baugelände fand. Er suchte zweimal den Eigentümer auf, einmal in seiner Wohnung und dann in seinem Kontor, verfehlte ihn aber beide Male. Er hinterließ aber die Mitteilung, daß er wegen Ankauf von Land verhandeln wollte. Da er zweimal an einem Tag den Eigentümer des Grundstücks nicht getroffen hatte, nahm er daraus eine Weisung des Herrn, bis zum anderen Tag zu warten. Als er am folgenden Morgen endlich den Besitzer zu Hause traf, wurde seine Geduld unerwartet belohnt. Der Mann gestand ihm nämlich, daß er in der vergangenen Nacht zwei Stunden wach gelegen und sich besonnen habe, zu welchem Preis er Georg Müller das Land abgeben solle. Seine frühere Forderung sei 4000 Mark für 1 Acre (4046 Quadratmeter) gewesen; nun wolle er aber nur 2400 Mark haben.

Der Handel war bald abgeschlossen, und des Herrn Diener hatte, weil er warten konnte, bei dem Kauf des Bauplatzes 11 200 Mark gespart. Georg Müller hatte den Herrn gebeten, vor ihm herzugehen, und Er tat es in einer Weise, wie es Sein Knecht nie gedacht hatte.

Sechs Tage später kam das schriftliche Anerbieten des Architekten von London, und wieder acht Tage später kam er selber nach Bristol und fand den Bauplatz in jeder Hinsicht passend.

Bis zum 4. Juni 1846 betrug die Summe, die für den

Bau beisammen war, wenig mehr als 54 000 Mark, — ein kleiner Teil des ganzen nötigen Betrages. Aber Georg Müller zweifelte keinen Augenblick, daß zu Gottes Stunde alles Erforderliche kommen werde. 212 Tage hatte er schon auf Gott gewartet, daß Er den Bau ermögliche, und er beschloß, weiter zu warten, bis die ganze Summe in seiner Hand sei.

Mit großer Weisheit bestimmte Georg Müller auch, daß hinfort auch andere an der Verantwortung für das Werk teilnehmen sollten. Zehn Brüder sollten mit ihm zusammen die Verwaltung dieses ihm anvertrauten Kapitals übernehmen, Brüder, die „ein gutes Gerücht hätten und voll Heiligen Geistes und Weisheit wären". Er fühlte, daß jetzt, wo das Werk sich in solcher Weise erweiterte, die große Zahl derer, die sich für die Anstalt interessierten, ein Recht darauf hätte, nun auch in der Leitung vertreten zu sein.

Am 6. Juli gingen 40 000 Mark ein, doppelt soviel als jene erste Gabe vom 10. Dezember, und am 25. Januar 1847 eine andere von gleicher Größe, so daß man am darauffolgenden 5. Juli mit dem Bau beginnen konnte. Sechs Monate später, nach 400 Tagen des Wartens auf Gott, waren 180 000 Mark beisammen als Antwort auf das Gebet des Glaubens.

Als das neue Gebäude mit seinen 300 großen Fenstern seiner Vollendung entgegenging, aber noch viel zu beschaffen blieb, bis es für den Einzug von 330 Bewohnern fertig war, fehlten, obschon inzwischen im ganzen 220 000 Mark eingegangen waren, noch immer etwa 80 000 Mark. Aber die Hilfe kam nicht nur, sie kam auch weit über Erwarten. Das Geld ging alles ein und sogar noch mehr, als nötig war, und auch die Gehilfen, deren man bedurfte, hatten sich gefunden.

Am 18. Juni 1849, mehr als zwölf Jahre seit Beginn des Werkes, wurden die Waisenkinder aus den vier gemieteten Häusern an der Wilsonstraße nach dem neuen Waisenhaus in Ashley-Down übergeführt. Ehe man neue

Kinder aufnahm, wartete man fünf Wochen, damit man sich zuerst etwas eingewöhnen und alles in ordentlichen Gang bringen konnte. Am 26. Mai 1850 waren indessen bereits 275 Kinder darin untergebracht, und die Zahl aller Bewohner des Hauses zusammen waren 308.

Der Name „Das neue Waisenhaus" — nicht „Asyl" — war gewählt worden, um es von einer anderen ähnlichen Anstalt in der Nähe zu unterscheiden. Vor allem sollte es nie etwa als „Herrn Müllers Waisenhaus" bezeichnet werden, damit nicht der Ruhm auf jemand falle, der nur Gottes Werkzeug bei seiner Errichtung gewesen war. Georg Müller hielt es für Sünde, auch nur indirekt irgendein Teilchen der Ehre für sich in Anspruch zu nehmen, die dem allein gehörte, der den Glauben gewirkt und die Mittel dargereicht hatte. Er wollte auch nicht, daß andere ihm diese Ehre zurechneten. Das Eigentumsrecht wurde elf Verwaltungsräten übergeben, die Georg Müller gewählt hatte. Es wurde die Bestimmung getroffen, daß das Haus immer am Mittwochnachmittag für Besucher offen sein sollte. Zur Besichtigung des ganzen Gebäudes waren etwa 1¹/₂ Stunden nötig.

Kaum waren die Waisen in Ashley-Down untergebracht, als Georg Müllers Herz den lebhaften Wunsch hegte, daß 1000 statt bloß 300 Waisenkindern die Wohltat dieser äußeren Versorgung und geistlichen Pflege zuteil werden möchte, und ehe das neue Jahr 1851 angebrochen, war sein Wunsch zum Vorhaben gereift. In seiner gewöhnlichen Weise prüfte er wieder sorgfältig und unter anhaltendem Gebet, ob er nicht etwa einer Regung von Eigenwillen folge, sondern dem Willen Gottes, und wieder wurde das Für und Wider gewissenhaft erwogen. War nicht das Werk mit dem ausgebreiteten Briefwechsel und der Verantwortung, die es mit sich brachte, schon groß genug? Würde nicht ein neues Waisenhaus für 300 Kinder wieder 300 000 Mark kosten, oder wenn es für 700 sein müßte, mit dem nötigen Baugrund 700 000 Mark? Und auch wenn es gebaut und eingerichtet und mit

Bewohnern gefüllt wäre, wäre nicht der tägliche Unterhalt eine stets wiederkehrende Sorge? Es wären 160 000 Mark jährlich nötig, um abermals für 700 Kleine zu sorgen. Allen diesen Fragen und Einwänden gegenüber gab's für Georg Müller nur die eine Antwort: der allgenugsame Gott. Und weil Georg Müllers Augen auf Seine Macht und Weisheit und Reichtümer blickten, vergaß er seine eigene Schwachheit, Torheit und Armut.

Ein anderes Bedenken erwachte. Wenn es nun gelänge, tausend arme Waisen zu versorgen und zu ernähren, was sollte n a c h s e i n e m T o d aus der Anstalt werden? Die Antwort Georg Müllers ist bemerkenswert: „Meine Sache ist es, mit allen mir zu Gebote stehenden Mitteln m e i n e m e i g e n e n G e s c h l e c h t z u d i e n e n n a c h G o t t e s W i l l e n ; und auf diese Weise werde ich auch dem kommenden Geschlecht am besten dienen, wenn der Herr Jesus mit Seinem Kommen noch verzieht." Er erinnerte sich, wie Francke in Halle vor über 200 Jahren dem gleichen Einwurf begegnet war, als er die damals größte Barmherzigkeitsanstalt gründete. Als aber nach 30jähriger Leitung Francke weggenommen wurde, war sein Schwiegersohn da, der an seine Stelle treten konnte. So ermutigte jetzt wieder das Vorbild dieses seines Landsmanns Georg Müller, vorwärtszugehen, seine Pflicht zu tun und die Zukunft dem ewig treuen Gott zu überlassen.

Georg Müller zählt verschiedene Gründe auf, die ihn veranlaßten, das Werk auszudehnen: Die vielen Aufnahmegesuche, die des Platzmangels wegen nicht berücksichtigt werden konnten, der sittliche Tiefstand der Armenhäuser, in die diese Kinder der Armut sonst geschickt wurden, das große Elend verwaister Kinder, die ohne Hilfe blieben. Dazu kamen die bis jetzt gemachten Erfahrungen der Gnade und Barmherzigkeit des Herrn, seine eigene Ruhe im Gedanken an die geplante Ausdehnung und die geistlichen Segnungen, die einer größeren Zahl von heimatlosen Kindern zugewandt werden könnten. Aber e i n Grund überwog alle anderen: Ein ausgedehnterer Dienst an der Menschheit, der allein in der Abhängigkeit vom Herrn geschieht, würde ein um so größeres Zeugnis sein für den Gott, der Gebete erhört. Dieser Gedanke war es, der bei jeder neuen Erweiterung des Werkes ausschlaggebend war.

Am 4. Januar 1851 ging wieder eine Gabe ein — 60 000 Mark — die größte Gabe bis zu diesem Zeitpunkt. Da die Verwendung ihm völlig freigestellt war, ermutigte sie ihn zum Weitergehen.

Auch diesmal zog er keinen Menschen zu Rate. Bis zum 25. Januar hatte er seinen Plan einer abermaligen Vergrößerung nicht einmal seiner Frau mitgeteilt. Erst nachdem der zwölfte Jahresbericht der Anstalt zur Verbreitung der Schriftkenntnis erschienen war, kam sein Vorhaben an die Öffentlichkeit, mit Gottes Hilfe für weitere 700 bedürftige Waisenkinder Raum zu schaffen.

Bis zum 2. Oktober 1851 waren nur etwa 22 000 Mark direkt für dieses zweite Waisenhaus eingegangen, und bis zum 26. Mai des folgenden Jahres waren es im ganzen 70 000 Mark. Aber Georg Müller gedachte an einen, der durch „Geduld die Verheißung erlangte" (Hebr. 6, 15). Er hatte mehr als zwei Jahre gewartet, bevor alle nötigen Mittel für das erste Haus beisammen waren. Er konnte noch länger, wenn Gott es so wollte, auf die Erhörung der gegenwärtigen Gebete für den Bau des zweiten warten.

Nach 19 Monaten — während dieser Zeit hatte er fast täglich als Antwort auf sein Gebet etwas bekommen — vernahm er, daß eine Anzahl Kinder Gottes sich zusammengetan hatten, um ihm eine Gabe von 162 000 Mark zu übermitteln. Davon bestimmte er 120 000 Mark für die Baukasse. Auch diesmal war er weder überrascht noch außer sich, aber sehr fröhlich und triumphierend in seinem Gott. Gerade zwei Jahre vorher, als er die bis dahin größte Gabe — 60 000 Mark — verzeichnete, hatte er auch seiner Erwartung, noch größere Dinge zu erleben, Ausdruck gegeben. Und nun sollte wirklich eine zwei-, ja nahezu dreimal so große Gabe in seinen Besitz gelangen! Es war indessen nicht die große Summe Geld, die ihn mit so überströmender Freude erfüllte, sondern die Tatsache, daß er sich nicht umsonst seines Gottes gerühmt hatte.

Da nun 483 Waisen auf Aufnahme warteten, fühlte er sich zu dem Gebet getrieben, daß der Weg zum Beginn des Baues sich bald öffnen möchte. Jakobus 1, 4: „Die Geduld aber soll festbleiben bis ans Ende, auf daß ihr seid vollkommen und ganz und keinen Mangel habt", wurde ihm indessen dabei sehr wichtig.

Am 26. Mai 1853 betrug die für den Bau verfügbare Gesamtsumme etwa 250 000 Mark, und über 500 Waisenkinder hatten sich angemeldet. Zweimal soviel war aber vonnöten, ehe das neue Haus begonnen werden konnte, ohne Gefahr zu laufen, in Schulden zu geraten.

Am 8. Januar 1855 hatten sich abermals mehrere christliche Freunde vereinigt, um ihm 114 000 Mark für das Werk Gottes zu überreichen. Von dieser Summe bestimmte er 68 000 Mark für die Baukasse. Da aber nun inzwischen 700—800 Waisenkinder um Aufnahme baten, schien es Gottes Wille zu sein, daß wenigstens ein Bauplatz gesichert werde.

Nach weiterem Nachdenken und Gebet kam ihm der Gedanke, daß eigentlich auf dem ersten Bauplatz durch Anbau auf jeder Seite noch ein Haus erstellt werden könnte. So wurde denn beschlossen, zunächst auf der Südseite ein Haus anzubauen, das Platz für 400 Waisen bieten sollte. Für den Bau und die innere Einrichtung war Geld genug auf der Bank.

Am 26. Mai 1856 waren fast 600 000 Mark für das neue Waisenhaus Nr. 2 beisammen. Am 12. November 1857 wurde dieses Haus 400 neuen Waisen geöffnet. Es blieb noch ein Überschuß von 46 000 Mark. Der Gott, der für das Haus gesorgt hatte, schickte auch die Gehilfen, ohne daß man sich darum hätte bemühen müssen. Mit dem Anfang des neuen Jahres begann Georg Müller,

12 000 Mark als erstes Kapital für das dritte Waisenhaus auf die Seite zu legen. Ein an das Grundstück der Waisenhäuser angrenzendes Stück Land wurde hinzugekauft. Da so viele Anmeldungen vorlagen und die Kosten des Unterhalts für eine größere Zahl doch verhältnismäßig wenig höher sein würden, beschloß man, gleich für 450 statt für 300 zu bauen. Bei jeder Erweiterung des Werkes freute sich Georg Müller besonders darüber, daß so immer mehr erkennbar wurde, was ein einziger armer Mann, der einfach auf Gott vertraut, durch das Gebet erreichen kann.

Das Waisenhaus Nr. 3 wurde am 12. März 1862 eröffnet. Dabei hatte man über 200 000 Mark für die laufenden Ausgaben in der Hand. Zwar waren die nötigen Gehilfen noch nicht alle gefunden, aber diese Wartezeit war nur ein neuer Antrieb zu gläubigem Gebet. Anstatt einmal stiegen dreimal am Tag die Gebete zu Gott empor, daß Er die passenden Leute schicke. Und es kam einer nach dem anderen und jeder zur rechten Zeit, so daß die Aufnahme der Kinder nicht aufgehalten wurde und das Werk im ganzen seinen geregelten Gang hatte.

Abermals schien aus den gleichen Gründen wie vorher eine Erweiterung nötig. Der Andrang von Waisen, die um Aufnahme baten, wurde immer größer, und die Erfahrung von Gottes wunderbarer Durchhilfe ermutigte Georg Müller sowohl zum Unternehmen wie zum Erwarten größerer Dinge. Waisenhäuser Nr. 4 und 5 begannen an seinem Glaubenshorizont aufzusteigen. Bis zum 26. Mai 1862 hatte er bereits über 132 000 Mark dafür beisammen. Im November 1864 kam eine große Gabe von 100 000 Mark von einem Geber, der weder seinen Namen noch Wohnort bekanntgeben wollte. Bis zu diesem Zeitpunkt waren etwa 540 000 Mark eingegangen; 1 Million Mark waren nötig.

Da also mehr als die Hälfte der Summe in der Kasse war, konnte der Ankauf eines Bauplatzes wohl unternommen und das Fundament für die Gebäude gelegt werden.

Georg Müller hatte jahrelang ein Stück Land ins Auge gefaßt, das an die drei bereits gebauten Häuser anstieß und nur durch eine Straße davon getrennt war. Er suchte den Vermittler auf und fand, daß der betreffende Platz noch für zwei Jahre verpachtet war. Dieses Hindernis trieb nur zu neuem Gebet an. Aber die Schwierigkeiten schienen zu wachsen: der verlangte Preis war zu hoch, und die Wasserwerksgesellschaft von Bristol stand wegen desselben Grundstücks in Unterhandlung, da sie dort große Wasserbehälter anzulegen beabsichtigte.

Indessen beseitigte Gott nacheinander alle diese Hindernisse, so daß das Land gekauft und den Verwaltungsräten im März übergeben werden konnte. Nachdem die Kaufsumme ausbezahlt war, blieben über 500 000 Mark für den Bau übrig. Da es eine große Ersparnis an Kosten und Mühe mit sich brächte, wenn beide Häuser gleichzeitig gebaut würden, bat man Gott um reiche Mittel, damit das ganze Werk bald vollendet werden könne.

Im Mai 1866 lagen 680 000 Mark zu Georg Müllers Verfügung. So wurde denn das Haus Nr. 4 angefangen und im darauffolgenden Januar das Haus Nr. 5. Bis Ende März 1867 waren mehr als 1 Million Mark eingegangen, und es fehlten nur noch 120 000 Mark für die innere Einrichtung der beiden Häuser. Anfang Februar 1868 waren alles in allem 1 160 000 Mark an Gaben eingegangen, so daß am 5. November 1868 das neue Waisenhaus Nr. 4 und am 6. Januar 1870 Nr. 5 eröffnet werden konnte. Es blieb dabei ein Überschuß von etwa 100 000 Mark. So hatte im Frühjahr 1870 das Waisenwerk seine volle Ausdehnung in den fünf großen Häusern von Ashley-Down erlangt. Sie boten Platz für 2000 Waisenkinder und alle nötigen Lehrer und Gehilfen.

Die ganze Baugeschichte von Ashley-Down, die Geschichte dieses großen Denkmals der Treue eines Gebete erhörenden Gottes ist hier in ein Kapitel zusammengedrängt. In Wirklichkeit erstreckte sich diese über viele Jahre. Zwischen dem ersten Entschluß zu bauen im Jahr

1845 und der Eröffnung des dritten Hauses im Jahr 1862 waren fast 17 Jahre verflossen, und bis Nr. 5 bezogen werden konnte, im Jahr 1870, vergingen 25 Jahre. Und doch war das Werk ein einheitliches in seinem Plan und seiner Ausführung. Das einzige große Ziel war die Ehre Gottes, das einzige Hilfsmittel das gläubige Gebet, der einzige Ort, wo man Rat holte, war das Wort Gottes und der einzige göttliche Lehrer der Heilige Geist. Jeder Schritt, der im Glauben und unter Gebet getan wurde, war die Vorbereitung zu einem folgenden gewesen; jede Glaubenstat hatte den Knecht Gottes kühner gemacht, eine andere zu wagen; jedes gläubige Wagnis hatte nur bewiesen, daß man nicht Gefahr läuft, wenn man sich auf Gottes Treue und Barmherzigkeit verläßt.

Besucht man die Waisenhäuser, so ist man überrascht durch ihre Bauart und Größe. Sie sind sehr geräumig und haben etwa 1700 große Fenster und Platz für mehr als 2000 Bewohner. Sie sind massiv von Stein gebaut. Die Bauart ist a u ß e r o r d e n t l i c h e i n f a c h ; sie haben mehr den Stempel der Nützlichkeit als der Schönheit, auswendig sowohl als inwendig. Man ist bei der Errichtung mit äußerster Sparsamkeit zu Werk gegangen. Die Einrichtung ist sehr bescheiden, Schmuck und Luxus ist durchaus nicht vorhanden. Georg Müller ist deswegen schon getadelt worden, da einige meinten, es hätte auch sein Gutes gehabt, dem Schönheitssinn der Kinder ein wenig Rechnung zu tragen.

Darauf kann aber zweierlei geantwortet werden. Erstens wollte Georg Müller, daß alles und jedes nur dem einen großen Zweck diene, zu zeigen, daß der lebendige Gott Gebete erhört. Zweitens sah er sich selber als Verwalter von Gottes Eigentum an und schreckte davor zurück, auch nur einen Pfennig auszugeben für etwas, das für eine einfache, bescheidene Ausführung des Werkes Gottes nicht durchaus nötig war. Er hielt dafür, daß alles das, was ohne Schaden und Nachteil für die Gesundheit, den Unterricht und die schriftgemäße Erziehung und geistliche Pflege seiner Waisen erspart werden konnte, für andere Arme und Elende verwendet werden sollte. Ebenso war er der Meinung, daß diese Waisen wahrscheinlich in einfachen Haushaltungen in Dienst treten und ihr Leben lang in bescheidenen Verhältnissen sich bewegen würden, und daß darum eine Umgebung, die sie an verfeinerte Lebenshaltung gewöhnen würde, sie nur anspruchsvoll und unzufrieden mit ihrem künftigen Los machen könnte. So war ihm nur daran gelegen, daß ihnen nichts mangle, was für eine gesunde Lebensweise und einfache Behaglichkeit nötig war, und daß sie lernten zufrieden sein, wenn sie die Notdurft des Lebens hatten.

Übrigens wäre Georg Müller sicherlich noch mehr und schärfer getadelt worden, wenn er die anvertrauten Gaben zum äußeren Schmuck verwendet hätte. Man würde ihm vorgeworfen haben, er gehe mit dem Geld der Armen leichtsinnig um. Es war doch auch zu bedenken, daß manche mit Verleugnung der eigenen Bedürfnisse ihre Scherflein darbrachten, Gaben, die sie nicht hätten geben können, wenn sie ihr eigenes Heim hätten elegant ausstatten wollen. Es wäre in der Tat nicht am Platz gewesen, für die Waisen zu kaufen, was die Geber für sich selber nicht aufwenden konnten.

Überall herrscht dagegen Sauberkeit, Reinlichkeit und Ordnung, und die ehrliche Arbeit wird hochgehalten. Das Land, das die Gebäulichkeiten umgibt, wird zu Gemüsegärten benützt, in denen die Waisenkinder gesunde Beschäftigung finden; sie lernen eine Arbeit, die ihnen zum Lebensunterhalt späterhin dienlich sein kann, und gleichzeitig wird so ein Teil der täglichen Nahrung gewonnen.

Alles in den Häusern ist aufs trefflichste geordnet und eingerichtet. Jedes Kind hat für seine Kleider ein numeriertes Fach. In jeder Abteilung führen sechs größere Waisen die Aufsicht über die Kleiderniederlage. Von den Knaben hat jeder drei Anzüge; die Mädchen haben deren fünf, die sie selber anfertigen und instand halten müssen, wozu sie angeleitet werden. Im Kinderzimmer haben die Kleinen ihre Bilderbücher und ihr Spielzeug, sie werden hier mit mütterlicher Zärtlichkeit besorgt. Oft sind mehrere Kinder aus einer Familie in der Anstalt, damit die Familienbande nicht unnötigerweise zerrissen werden. Die mittlere Dauer des Aufenthalts in der Anstalt beträgt zehn Jahre, einzelne Waisen sind bis zu siebzehn Jahren darin verblieben.

Das tägliche Leben verläuft so regelmäßig und pünktlich wie ein Uhrwerk. Die Kinder stehen um 6 Uhr auf; von 7 Uhr bis zum Frühstück, das um 8 Uhr stattfindet, sollen die Mädchen stricken und die Knaben lesen. Um halb 9 Uhr ist eine kurze Morgenandacht; die Schule beginnt um 10 Uhr. Vor dem Mittagessen um 1 Uhr ist eine halbstündige Pause, in der sich die Kinder auf dem Spielplatz tummeln dürfen. Am Nachmittag ist wieder Schule bis um 4 Uhr; dann dürfen die Kinder wieder bis halb 6 Uhr spielen oder sich sonst im Freien bewegen. Um 6 Uhr ist das Abendessen, vor dem wieder eine halbstündige Andacht gehalten wird. Nachher arbeiten die Mädchen mit der Nadel, während die Knaben nochmals Schule haben, bis es Schlafenszeit ist. Die jüngeren Kinder müssen um 8 Uhr, die größeren um 9 Uhr zu Bett gehen. Die Nahrung ist einfach, reichlich und nahrhaft; sie besteht in Brot, Haferbrei, Milch, Suppe, Fleisch, Reis und Gemüse. Alles soll dem einen Zweck dienen, den Georg Müller in diese Worte zusammenfaßt: „Wir trachten danach, daß es nicht an uns liegt, wenn eins der Kinder fürs irdische Leben oder in geistlicher Beziehung keinen guten Weg einschlägt oder kein nützliches Glied der menschlichen Gesellschaft wird."

Die mannigfaltige Gnade Gottes

Jemand sagte bei der Auslegung des 23. Psalms sinnreich, daß der Wagen, in dem die Heiligen des Herrn fahren, außer dem Kutscher noch zwei Bediente habe, das seien „G u t e s und B a r m h e r z i g k e i t"; es heißt von ihnen, „sie werden mir folgen mein Leben lang".

Gewiß folgten diese beiden Georg Müller sein Leben lang. So wunderbar die Geschichte des Baues der fünf Waisenhäuser in Ashley-Down ist, so haben noch viele andere Ereignisse und Erfahrungen in Georg Müllers Leben nicht weniger die Güte und Barmherzigkeit Gottes bewiesen. Auch diese dürfen hier nicht übergangen werden. Er selber sann gern nach über die Wege, in denen Gottes Güte und Barmherzigkeit sich an ihm erwiesen hatten, und er fand eine Fülle von Beweisen, daß Güte und Barmherzigkeit ihm auf Schritt und Tritt gefolgt waren. Einige Beispiele mögen hier folgen.

Gottes Fürsorge für Seinen Knecht zeigte sich auch in bezug auf seine Tochter Lydia. Die Eltern hielten es für besser, daß ihr Kind auswärts seinen Unterricht empfange. Georg Müller war mit einer Schwester bekannt geworden, die eine besondere Gabe zur Erziehung und zum Unterricht von Kindern besaß. Ihr wurde Lydia anvertraut. Natürlich wollte Georg Müller für sein Kind den Betrag der Pension bezahlen; er verlangte daher die Rechnung und beglich sie. Aber die Summe wurde ihm ohne Angabe des Absenders zurückgeschickt, und während der ganzen sechs Jahre, die Lydia in dem Haus dieser Dame zubrachte, konnte Georg Müller nie mehr eine Rechnung bekommen. So nahm ihm Gott die Sorge für die Erziehung seines Kindes aus der Hand. Besonders köstlich war es den Eltern zu sehen, daß Lydia wirklich in der Pflege und Schule des H e r r n war. Im April 1846 kam sie zum Frieden, und von da an begann das verborgene Leben mit dem Herrn, in dem sie 44 Jahre lang in so besonderer Weise Jesu Bild widerstrahlte.

Güte und Barmherzigkeit folgten Georg Müller und seiner Frau auch bei ihrem Aufenthalt in Deutschland im Jahr 1845. Sie kamen in Stuttgart zu einer Zeit an, wo die Stadt sehr überfüllt war. Aber ein reicher Arzt, der bis dahin nie Zimmer vermietet hatte, ließ ihnen Wohnung in seinem Haus anbieten.

Die Arbeit Georg Müllers war reich gesegnet. Eine Zeitlang hielt er jede Woche acht Versammlungen; er konnte ferner elf Traktate in deutscher Sprache erscheinen lassen und verteilte davon über 220 000 sowie nahezu 4000 Exemplare seiner „Erzählung der Taten Gottes".

Gottes Güte und Barmherzigkeit zeigte sich besonders auch darin, daß immer, wenn Georg Müller sich getrieben fühlte, ein größeres Werk zu unternehmen, die Mittel reichlicher flossen. Das war nicht nur im Waisenwerk so, sondern auch bei der Anstalt zur Verbreitung der Schriftkenntnis, deren einzelne Zweige rasch zur vollen Entfaltung gelangten. Als dann die Zeit kam, wo in gewissen Teilen des Werkes ein Stillstand eintrat, sah Georg Müller, daß auch dies Güte und Barmherzigkeit sei. Die Ursache davon lag, wie man nachher erkannte, allein darin, daß sich auch andere Brüder ans Werk gemacht und mehr Anstalten entstanden waren. Georg Müllers Freude darüber war so ungefärbt, wie wenn es sein Dienst allein gewesen wäre, der von Gott benützt wurde.

Im Werk der Äußeren Mission, das seinem Herzen immer teurer wurde, konnte er schon im Jahr 1846 siebenmal mehr tun als in den Jahren vorher. Im Verlauf der Zeit wurde er in den Stand gesetzt, 122 Missionare zu unterstützen.

Was für Güte und Barmherzigkeit folgte ihm bei dem Tragen der Lasten seines eigenen Werkes! Ja, des Herrn Wagen trug ihn und seine Lasten zusammen. Tag für Tag bewahrte ihm sein gnädiger Herr den Frieden, obschon auch Krankheit den Weg in seine große Familie fand, obgleich für abgehende Waisen Arbeitsplätze und geeignete Familien, in denen sie untergebracht werden konnten, gesucht werden mußten; er blieb im Frieden bei aller Sorge für Unterhalt und Erziehung der eintretenden Waisen, wennschon sehr oft kritische Zeiten kamen und schwierige Angelegenheiten täglich viel Gebet und Wachsamkeit erforderten.

Der Winter von 1846 auf 1847 war eine Zeit der Teurung. Sollte Gottes Güte und Barmherzigkeit ihn im Stich lassen? Aber durch all diese Zeiten des allgemeinen Mangels hindurch bezeugte er: „Es fehlt uns an nichts, Gott hilft uns." Je dunkler der Pfad, desto mehr fühlte man die Hand, die den Blinden auf dem Weg führt, den er nicht kennt! **Georg Müller und seines Gottes Waisen kamen durch diesen Winter geradeso leicht wie durch irgendeinen anderen seit Beginn des Werkes.**

War es nicht auch ein Zeichen von Gottes besonderer Güte und Barmherzigkeit, daß das Werk nie von seinen Grundpfeilern, auf denen es ruhte, dem Glauben und Gebet, verrückt wurde? Weder Schwierigkeiten und Enttäuschungen noch Erfolge und Triumphe brachten auch nur für eine Stunde eine Abweichung von den göttlichen Grundsätzen zuwege, auf die es gegründet war.

Wir haben von einem Bruder gehört, der von Gott gewürdigt worden war, ein Glaubenswerk anzufangen, daß er später, als das Werk größere Ausdehnung gewonnen hatte, die Sache mehr geschäftsmäßig betrieb.

Bei dem Werk in Bristol dagegen trat nie eine Veränderung der Grundsätze ein; nie wurde nach menschlichem Schutz oder menschlicher Unterstützung ausgeschaut, nie war man abhängig von einem regelmäßigen Einkommen oder von bestimmten Schenkungen.

Wie von Anfang an war es auch durch alle folgenden Jahre hindurch allein der lebendige Gott, unter dessen Leitung und Schutz das Werk stand.

War es nicht Güte und Barmherzigkeit, daß Georg Müller ebenso im Geist des Dankens wie des Glaubens beharrte? Man könnte meinen, daß man nach so vielen Erfahrungen von Gebetserhörungen dafür mehr und mehr abgestumpft würde, wenn diese Erfahrung zur Gewohnheit wurde. Aber bei Georg Müller war dieses keineswegs der Fall. Als im Juni 1853, zu einer Zeit großer Not, der Herr in e i n e m Betrag 6000 Mark schenkte, konnte er seine triumphierende Freude in Gott fast nicht zurückhalten. Lange Zeit ging er in seinem Zimmer auf und ab, indem Herz und Augen überflossen, sein Mund voll Lachens und seine Lippen voll Jauchzens waren und er sich aufs neue dem treuen Meister, dem er diente, übergab. Gottes Segnungen waren ihm immer neu und immer frisch; erhörte Gebete verloren für ihn n i e den Reiz der Neuheit; wie Blumen, die jede Stunde frisch im Garten Gottes gepflückt werden, wurden sie nie welk und verloren ihre Schönheit und ihren himmlischen Wohlgeruch nie.

Was für Güte und Barmherzigkeit war es, daß der Gebetsgeist und die Geduld nie ausgingen, ebensowenig wenn die Erhörungen kamen wie Schneeflocken, als wenn der Himmel verschlossen schien und der Glaube lange zu warten hatte! Jeder Tag brachte neue Anliegen, die ins Gebet trieben. Ja, Georg Müller bezeugt, der einzige Unterschied zwischen den späteren und früheren Zeiten sei der gewesen, daß die Schwierigkeiten mit der Ausdehnung des Werkes wuchsen. Aber, fügt er hinzu, das konnte nicht anders erwartet werden, denn der Herr gibt den Glauben gerade dazu, daß er erprobt werden kann zur Ehre Seines Namens. Durch die Proben allein lernt der Glaube das Geheimnis des Sieges.

Gottes Diener — Güte und Barmherzigkeit — begleiteten Georg Müller und hielten auch einen schützenden Schild über ihn. Von Tausenden von ungeahnten Gefahren wurde manchmal die eine und andere offenbar, und zwar gewöhnlich, wenn sie vorüber war. Als er im Jahr 1847 in Keswick arbeitete, wohnte im gleichen Haus ein

Mann, der an Verfolgungswahn litt und der sich dann erschoß. Erst nachträglich wurde bekannt, daß er in seinem krankhaften Zustand glaubte, Georg Müller hege Absichten gegen sein Leben; wäre ihm dieser begegnet, so hätte er ihn ohne Zweifel niedergeschossen, da er immer eine geladene Pistole bei sich trug.

Der Pfad dieses teuren Gottesmannes führte oft durch tiefe Wasser der Anfechtung; aber Gutes und Barmherzigkeit folgten ihm dennoch und hielten ihn. Im Herbst 1852 kam sein Schwager, A. N. Groves, sehr krank aus Ostindien heim, und im Mai des nächsten Jahres, nachdem er noch ein gesegnetes Zeugnis für Gott abgelegt hatte, entschlief er in Georg Müllers Haus. Das Band zwischen diesen beiden Männern war sehr eng und fest gewesen.

Im Juli des folgenden Jahres erkrankte die damals 20jährige Tochter Lydia; es entwickelte sich ein schwerer Typhus, der sie an den Rand des Grabes brachte. Aber der Glaube behielt den Sieg; die Tochter wurde zum Trost der Eltern, deren Freude sie war, wieder gesund. Auch damals, als Georg Müller den Verlust seines einzigen Kindes vor Augen sah, blieb sein Vertrauen und sein Friede unangefochten. Er konnte nicht umhin, sich an die gegenteilige Erfahrung zu erinnern, wie er bei einer ähnlichen Prüfung vor 21 Jahren unruhig und voll Murrens gewesen war.

Der zweite Band von Georg Müllers „Tagebuch" schließt mit einem förmlichen Protest gegen die Ansicht gewisser Leute, die in ihm einen Wundermann erblickten. Er drückt sein Bedauern darüber aus, daß ein Werk, das allein auf den Verheißungen der Schrift ruhe und in den Linien des Glaubens und Gebets betrieben werde, sofort entweder als ein Wunder oder als schwärmerisch bewertet werde.

Die Urteile über ihn und seine Erfolge, wie man sie gewöhnlich hören konnte, waren im höchsten Grad lächerlich und komisch, wenn sie nicht einen so traurigen Un-

glauben verraten hätten. Die einen sagten: „Herr Müller
ist ein Ausländer; seine Ideen haben um ihrer Neuheit
willen die Aufmerksamkeit auf sich gezogen." Andere
meinten, daß die Jahresberichte das Geld einbrächten;
oder sie vermuteten, daß er einen geheimen Schatz besitze.
Er antwortete ruhig, der Umstand, daß er ein Ausländer
sei, wäre doch eher geeignet, das Vertrauen zu
schwächen, als es zu wecken; der Reiz der Neuheit aber
würde gewiß nicht länger als eine Anzahl Jahre wirken,
und Jahresberichte gäben andere Anstalten auch heraus,
ohne daß immer Fehlbeträge vermieden werden könnten.
Was hingegen den geheimen Schatz anbelange, so fühle er
sich gezwungen, zuzugestehen, daß daran mehr sei, als die
Leute ahnten. Er habe in der Tat einen Schatz, einen unerschöpflichen,
in den Verheißungen eines unwandelbar
treuen Gottes. Er bekennt (schon 1856), daß er im Lauf
von 22 Jahren aus diesem Schatz über 2 260 000 Mark entnommen
habe. Was die Jahresberichte anbelangt, so ist es
bemerkenswert, daß er darin nur einmal in seinem Leben
eine Bitte an das Volk richtete. Er bat nämlich u m m e h r
W a i s e n — eine seltene Art des Bettelns, durch die er
nicht sein Einkommen, sondern seine Ausgaben vergrößern
wollte! Der s i c h t b a r e Schatz war oft so klein,
daß er in nichts zusammenschmolz; aber der unsichtbare
Schatz war Gottes Reichtum, und aus ihm konnte ohne
Aufhören geschöpft werden. Er wußte, daß dieser Fluß
nie austrocknet.

Das Waisenwerk brachte für Georg Müller je länger,
je mehr Erquickungen mit sich. Sein Hauptziel war, für
diese Kinder das Werkzeug ihrer Seelenrettung zu sein.
Aber er hatte auch die Freude zu sehen, wie Gott diese
Heimstätten für ihr äußeres Gedeihen segnete, wie in
nicht wenigen Fällen ihre schwachen und kranken Leiber
vollständig gesundeten. Viele dieser Waisen waren die
Nachkommen von schwindsüchtigen Eltern und waren
daher erblich belastet. Oft wurden Kinder ins Waisenhaus
gebracht, die durch und durch vergiftetes Blut hatten, mit

Krankheitskeimen aller Art behaftet waren, daneben andere, die durch Hunger und Kälte schwer gelitten hatten.

Im Frühling 1855 wurden z. B. vier Kinder aus e i n e r Familie aufgenommen, im Alter von fünf bis neun Jahren, alle aus Mangel an Nahrung und Pflege im elendesten Zustand. Es war ernstlich erwogen worden, ob man sie überhaupt aufnehmen könne, weil die Anstalt doch kein Krankenhaus war und solche Fälle verhältnismäßig viel Opfer an Zeit und Pflege erforderten. Aber es schien doch auch beinahe unmenschlich, solch arme Wesen abzuweisen. So nahm man sie in Gottes Namen auf und pflegte sie. Schon wenige Wochen später erkannte man diese Kinder kaum wieder, so sehr hatten sie sich erholt. Man darf annehmen, daß auf diese Weise unter Gottes Beistand vier Gräber noch nicht gegraben zu werden brauchten.

Die Sorgen und Mühen, die der geistliche Zustand der Kinder mit sich brachte, waren aber noch viel größer. Wenn Kinder sich als unverbesserlich schlecht erwiesen, wurden sie entlassen, damit sie nicht auf die anderen einen verderblichen Einfluß ausübten, denn die Anstalt sollte auch keine Besserungsanstalt sein. Im Jahr 1849 wurde ein Junge entlassen, der noch nicht einmal acht Jahre alt war. Er war ein Lügner und Dieb, der zweimal mit dem Eigentum anderer Kinder fortgelaufen war und sich seines jugendlichen Verbrechertums noch rühmte. Aber auch dieser Junge war mit großer, ja göttlicher Langmut getragen worden. Über fünf Jahre lang war an ihm durch Ermahnungen und Gebet und sonst auf alle Weise gearbeitet worden. Als die Ausweisung unvermeidlich war, wurde er feierlich und mit Gebet vor den Augen aller entlassen. Dies Verfahren sollte, wenn möglich, ihm selbst zur Umkehr und den anderen zur Warnung dienen. Auch nach seiner Entlassung ging man dem jungen Sünder noch mit Liebe nach und suchte ihn zu retten. —

Ende November 1857 entdeckte man, daß der Siedekessel der Zentralheizung im Haus Nr. 1 schadhaft war und eine sofortige Ausbesserung unumgänglich nötig machte. Da er von einer Backsteinmauer umgeben war und vielleicht ganz ersetzt werden mußte, war es eine Arbeit, die Zeit erforderte. Wie konnte man unterdessen 300 Kinder, von denen eine Anzahl noch sehr klein und zart war, vor Kälte schützen?

Wieder wandte sich Georg Müller an den lebendigen Gott und entschied im Vertrauen zu Ihm, daß mit der Ausbesserung sofort begonnen werden sollte. Einen oder zwei Tage, bevor man das Feuer ausgehen lassen mußte, setzte ein kalter Nordwind ein. Die Arbeit ließ sich nicht länger hinausschieben. Und doch bedrohte die vorzeitig eingebrochene Kälte die Gesundheit der Kinder. In kühnem Glaubensmut bat man den Herrn: „Herr, diese Waisen sind D e i n ; laß es Dir gefallen, den Nordwind in einen Südwind zu verwandeln, und gib es den Arbeitsleuten ins Herz, daß sie das Bauen beschleunigen."

Am Abend vorher blies noch der eisige Nordwind; aber am Tag, an dem die Arbeit begonnen wurde, wehte der Südwind, und das Wetter war so mild, daß kein Einheizen nötig war. Und dann, als Georg Müller mit dem Werkführer in den Keller ging, um zu sehen, wie die Arbeit möglichst beschleunigt werden könnte, sagte dieser im Beisein der Arbeiter: „Wir werden bis heute abend spät daran arbeiten und morgen recht früh wieder anfangen." — „Wir können die ganze Nacht arbeiten", erwiderten die Arbeiter. Und so geschah es. In etwa 30 Stunden konnte das Feuer wieder angezündet werden. Der Südwind wehte, bis der Kessel wieder geheizt werden konnte. Güte und Barmherzigkeit folgten dem demütigen Knecht Gottes, und die Schwierigkeiten und Proben ließen diese Güte nur um so sichtbarer werden.

Jedes neue Bedürfnis war Veranlassung zu neuem Gebet und zu neuem Glauben. Im Jahr 1862 sollte eine Anzahl Jungen in die Lehre treten, aber es waren keine Plätze für sie offen. Das Gebet war wieder die einzige Zuflucht; Georg Müller wollte keine Bekanntmachung erlassen, weil dadurch Anerbieten von solchen Meistern hätten einlaufen können, die die Knaben um des eigenen Vorteils willen in die Lehre genommen hätten. Aufs Gebet aber bekam jeder der 18 Jungen einen christlichen Meister, bei dem er im Handwerk gründlich ausgebildet und auch in die Familie aufgenommen wurde.

In der großen Trockenheit des Sommers 1864 waren die 15 großen Zisternen, die neun tiefen Brunnen und eine sehr gute Quelle, die vorher nie versagt hatte, beinahe ganz ausgetrocknet. Und doch betrug der tägliche Wasserbedarf für die Anstalt mehr als 136 Hektoliter. Man rief zu Gott um Regen. Er half, obschon Er die Quellen von oben noch nicht öffnete. Ein Bauer, der in der Nähe wohnte, spendete aus seinen Brunnen, die tiefer waren und darum noch mehr Wasser hatten, die Hälfte des Bedarfs, die andere Hälfte konnte noch aus dem Anstaltsbrunnen von Ashley-Down geschöpft werden. Und als man schließlich immer einen Tag vergehen lassen mußte, bis der Brunnen wieder die halbe Wassermenge für einen Tag ergab, stellte ein anderer Bauer das Wasser eines Bachs zur Verfügung, der durch seine Felder floß. Da hatte man Überfluß an Wasser, bis der Regen wieder die Zisternen und Brunnen füllte. Zwanzig Jahre später haben die Wasserwerkgesellschaften von Bristol eine regelrechte und nie versagende Wasserversorgung eingerichtet.

Drei Jahre lang herrschten Scharlachfieber, Typhus und Blattern in Bristol und der Umgegend. Wiederum wandte man sich an d e n Gott, der ein Herr ist über Tod und Leben und über alle Kräfte der Natur. Während der ganzen Zeit durfte weder Scharlachfieber noch Typhus seinen Weg ins Waisenhaus nehmen. Nur die Blattern fanden Eingang ins kleinste der Häuser. Das Gebet war auch jetzt die einzige Zuflucht. Die Krankheit ging wohl auch später in die anderen Häuser über, so daß schließlich zu gleicher Zeit 15 Kinder krank lagen; aber sie verlief wunderbar gnädig, die Fälle waren leicht.

Im Jahr 1865 suchten furchtbare Stürme Bristol und Umgebung heim. Die Dächer der Waisenhäuser wurden so stark beschädigt, daß sie an wenigstens 20 Stellen offen waren; große Glasscheiben wurden zerbrochen. Es war an einem Samstag, und kein Glaser oder Dachdecker war vor Montag zu bekommen. So wurde der Herr des Windes angefleht, die der Beschädigung ausgesetzten Häuser während der Zwischenzeit zu behüten. Der Wind legte sich, und der Regen wurde aufgehalten bis Mittwoch nachmittags, als die Ausbesserung der Dächer nahezu fertig war. Jetzt kam ein heftiger Regenschauer, der die Dachdecker vom Dach trieb. Eine Öffnung war noch ungedeckt, und es drohte viel Schaden; aber in Antwort auf das Gebet wurde der Regen wieder aufgehalten, und die Arbeit konnte fortgesetzt und vollendet werden. Aber auch der Regen, der vor Beendigung der Arbeit gefallen war, hatte keinen Schaden verursacht, denn die Öffnung war gegen Süden, während der Regen von Norden kam.

Georg Müller hatte alle diese Einzelheiten aufgezeichnet mit seiner üblichen Genauigkeit. Er wollte auch damit von dem lebendigen Gott Zeugnis geben und von der Güte und Barmherzigkeit, die ihn auf Schritt und Tritt begleiteten.

Während des nächsten Jahres 1865/66 brach das Scharlachfieber im Waisenhaus aus. Alles in allem waren 39 Kinder krank, aber alle genasen wieder. Auch der Keuchhusten wurde eingeschleppt; aber obschon er sonst sehr bösartig auftrat, waren in allen drei Häusern nur 17 Keuchhustenkinder, wovon nur eines starb, das von Haus aus eine schwache Brust hatte.

Im gleichen Jahr wirkte der Geist Gottes mächtig unter den Mädchen, wie Er im vorhergehenden Jahr unter den Knaben gewirkt hatte, so daß über 100 ernstlich anfingen, nach dem Heil in Christus zu suchen, und so war auch in der Trübsal die Freude im Herrn überschwenglich. Georg Müller und mit ihm seine Frau und die Gehilfen flehten nun zum Herrn, daß Er das Werk

Seines Geistes vertiefen und mehren möge. Gegen Ende des Jahres wurde eines der Waisenmädchen schwindsüchtig. Obgleich sie schon vier Jahre lang im Waisenhaus wohnte, war sie in ihrer gefährlichen Krankheit dennoch sorglos und gleichgültig, und auch als sie dem Tod immer näher kam, blieb ihr Seelenzustand so hoffnungslos wie zuvor. Man fuhr aber fort, ohne Aufhören für sie zu beten, und es gefiel Gott, ihr plötzlich Jesus als ihren Erlöser zu offenbaren. Nun traten schwere Selbstanklagen an Stelle der früheren Gleichgültigkeit, Sündenbekenntnis an Stelle der vorherigen Verstockung, unaussprechliche Freude im Herrn an Stelle von Gefühllosigkeit und Kälte; das Seelenheil der anderen lag ihr auf dem Herzen. Ihr früherer Leichtsinn war im ganzen Haus so sehr bekannt, daß ihre Bekehrung und ihr Sterben den tiefsten Eindruck auf alle hervorbrachte und das Mittel zu einer großen Erweckung wurde. In einem Haus allein konnte man 350 Kindern den Weg zum Frieden durch den Glauben zeigen. Georg Müller lernte mehr und mehr den Sieg der Gnade an Kindern kennen, die sich schon im zarten Alter von neun und zehn Jahren bekehrten und deren Umwandlung sich bis an ihr Ende als echt erwies.

Im Jahr 1866, als die Cholera in England auftrat, durfte die Seuche die Schwelle des Waisenhauses nicht überschreiten. Im selben Herbst herrschten wieder Keuchhusten und Masern; aber obschon von den letzteren 270 Kinder ergriffen wurden, starb kein einziges, und keines hatte an schlimmen Folgen zu leiden. Von Mai 1866 bis Mai 1867 starben von über 1300 Pflegekindern nur elf, also weniger als ein Prozent.

Daß überhaupt solche herrschenden schweren Krankheiten den Weg in die Waisenhäuser fanden, mag denen seltsam vorkommen, die Gottes Treue bloß nach dem Augenschein und den Äußerlichkeiten beurteilen; aber der Herr entschädigte die Seinen immer reichlich für solche Prüfungen. Auch die Herzen der Kinder wurden durch die Ereignisse näher zu Gott gezogen; Pfleger und Gehilfen der Anstalt wurden dadurch noch tiefer mit Teilnahme und Mitgefühl erfüllt, und das Volk Gottes wurde durch solche Führungen um so mehr zur Anteilnahme und werktätigen Hilfe angeregt.

Beim Rückblick, im Jahr 1865, nachdem das Werk 31 Jahre bestanden hatte, konnte Georg Müller lobend und preisend bezeugen: „Bis hierher hat der Herr geholfen." Das Werk war rasch gewachsen, bis es eine fast riesenhafte Ausdehnung gewonnen, und auch die Hilfe hatte mit dem Wachstum Schritt gehalten.

Im Januar 1866 starb Bruder Craik, der volle 36 Jahre lang Georg Müllers treuer Freund und seit 34 Jahren sein Mitarbeiter in Bristol gewesen war. Er entschlief nach siebenmonatiger Krankheit. Georg Müller und Bruder Craik waren beinahe gleich alt, beide über 60 Jahre, als Bruder Craik starb. Es wäre für den Überlebenden unmöglich gewesen, diesen schweren Verlust geduldig und freudig zu ertragen, wenn er nicht gefühlt hätte, daß ihn die ewigen Arme hielten.

Der Schatten eines großen Leids

Das Jahr 1870 wurde für Georg Müller schmerzlich denkwürdig durch den Heimgang seiner Frau, die gerade so lange gelebt hatte, um das letzte der neuen Waisenhäuser erstehen zu sehen. Von Anfang des Werkes an, also seit November 1835, mehr als 34 Jahre, war seine hingebende Frau auch seine treue Gehilfin gewesen.

Das Eheleben der beiden verwirklichte das Ideal eines glücklichen Ehestandes; sie paßten zueinander, sie waren eins im Glauben und in der Liebe zu des Herrn Werk und hatten so viele Jahre innigste Gebetsgemeinschaft. Bei ihnen hatte die bräutliche Liebe nie aufgehört; ja, statt zu verschwinden, nahm sie, als die Jahre dahineilten, nur zu. Nie war die geliebte „Mary" ihrem Gatten teurer als im Jahr ihres Abscheidens.

Wie glücklich diese Ehe war, davon zeugen Georg Müllers eigene Worte, daß er seine Frau seit dem Tag ihrer Verheiratung nie ansehen konnte, ohne daß ihn immer wieder dankbare Freude ergriff. Beide fanden auch Tag für Tag wenigstens einige Minuten des Beisammenseins, etwa nach Tisch, wo sie Hand in Hand beisammensaßen und austauschten, was ihre Seele bewegte. Sie wußten sich eins im Herrn. Ihre Freude in Gott und aneinander war tief und beständig und nahm mit den Jahren nur noch mehr zu.

Dieses reine Eheglück war nach Georg Müllers eigener fester Überzeugung dem Umstand zu verdanken, daß seine Frau nicht nur ein treues Kind Gottes war, sondern daß auch beide das gemeinsame Lebensziel hatten, a l l e i n und g a n z für Gott zu leben, daß sie immer genug Arbeit für Gott vorfanden und darin herzlichst miteinander verbunden waren, und daß sie sich durch nichts in der Sorge für ihre e i g e n e n S e e l e n und im G e b e t miteinander hindern ließen, vielmehr oft dreimal täglich sich zum gemeinsamen Danken und Bitten Zeit nahmen.

Frau Müller war von Haus aus zart, und mehr als einmal war sie am Rand des Grabes gewesen. Im Oktober 1859 — sie war damals 29 Jahre verheiratet — hatte sie Rheumatismus und mußte fast neun Monate lang hilflos und unter viel Schmerzen daliegen. Aber man erkannte später, daß diese Heimsuchung ein Zeichen besonderer Liebe und Treue Gottes war, weil gerade dieses gezwungene Stilleliegen nach Georg Müllers Urteil dazu diente, ihre Kräfte im allgemeinen zu heben und ihr Leben zu verlängern. Sie blieb dem Werk noch zehn Jahre erhalten. So war eine schwere Prüfung, die beide Ehegatten im Glauben bestanden hatten, in viel Segen für Seele und Leib verwandelt worden. Das Ende dieses Lebens und die letzten Stunden sind fast zu heilig, um darüber zu reden. Schon seit einigen Jahren merkte man, daß Frau Müllers Gesundheit und Lebenskraft im Abnehmen begriffen sei. Nur mit Mühe gelang es aber, sie von der Arbeit zurückzuhalten; selbst wenn ihr Husten noch so quälend wurde, erlaubte sie nur ungern, daß man einen Arzt für sie rief. Ihr Gatte pflegte sie auf das liebevollste. Samstag nachts, den 5. Februar 1870, merkte sie selbst, daß sie das eine Bein nicht mehr bewegen konnte. Man schloß daraus, daß das Ende nahe sei. Ihr Geist war klar und ihr Herz voll Frieden. Sie selbst sagte: „Er wird bald kommen." Tags darauf, den 6. Februar, an einem Sonntag, einige Minuten nach 4 Uhr nachmittags, entschlief sie sanft, um hinfort bei dem Herrn zu sein.

Unter dem Druck eines solchen Schmerzes würden viele Männer in fast hoffnungslose Verzweiflung versunken sein. Aber Georg Müller, der durch Gottes Liebe aufrechterhalten wurde, suchte sofort nach Gründen zur Danksagung. Und er fand sie. Anstatt über seinen Verlust zu trauern, erinnerte er sich dankbar der Güte Gottes, der eine solche heilige Seele von den Banden der Leibesschwachheit und Mühsal befreit hatte. Nun war sie nach ihres Herzens Wunsch bei dem Herrn Jesus, um Ihm zu dienen Tag und Nacht.

Ist nicht oft unsere Trauer weiter nichts als Selbstsucht, die sich so sehr mit dem eigenen Verlust beschäftigt, daß sie ganz vergißt, welchen Gewinn die Heimgegangenen haben, die nun bei dem Herrn sein dürfen allezeit?

Er hatte soeben die verloren. die während so vieler Jahre mit Rat und Tat ihm zur Seite gestanden hatte. Und doch vermochte er am Montagabend in die gewohnte Gebetsstunde in der Salemkapelle zu gehen und die dort Versammelten mit einem Angesicht, das buchstäblich leuchtete, mit folgenden Worten anzureden: „Geliebte Brüder und Schwestern im Herrn, ich bitte euch, euch mit mir zu vereinigen zu herzlichem Lob und Dank gegen meinen gnädigen Herrn, darum, daß Er meine liebe, teure Frau aus Not und Leiden erlöst und zu sich genommen hat. Da ich mich freue über alles, was zu ihrem Glück beiträgt, so kann ich auch jetzt nur danken, wenn ich mir vergegenwärtige, wieviel glücklicher sie jetzt ist als in irgendeinem irdischen Stand. Sie sieht nun den Herrn, den sie so sehr geliebt hat. Ich bitte euch, auch für mich zu beten, daß der Herr mir teil gebe an ihrer Freude, damit mein trauerndes Herz sich mit ihrer Seligkeit beschäftigt statt mit meinem eigenen unbeschreiblichen Verlust." Diese Worte machten auf alle, die zugegen waren, einen tiefen Eindruck.

Die irdische Hülle wurde am 11. Februar unter Anteilnahme vieler tausend trauernder Freunde zur Ruhe bestattet. 1200 Waisen gingen in dem Trauerzug, dazu alle Gehilfen des Werkes, soweit sie loskommen konnten. Der trauernde Gatte, der von dem Arm des allmächtigen Gottes wunderbar getragen wurde, leitete selber die Trauerfeier, sowohl in der Kapelle als auch auf dem Friedhof.

Georg Müller erkrankte nachher ernstlich; aber sobald die wiederkehrende Kraft es erlaubte, hielt er die Gedächtnisrede für seine Frau — auch ein bemerkenswertes

Verhalten. Die übernatürliche Heiterkeit seines Wesens angesichts eines solchen Verlustes veranlaßte seinen Arzt, zu einem Freund zu sagen: „Ich habe noch nie einen so übermenschlichen Mann gesehen." Die Gedächtnisrede war eine Anerkennung der Güte Gottes auch in dieser großen Heimsuchung. Der Text lautete: „Du bist gütig und freundlich" (Ps. 119, 68).

Die Verbindung zwischen Georg Müller und seiner Frau hatte im Gebet ihren Anfang genommen und war durch das Gebet geheiligt bis zuletzt. Frau Müllers Schönheit und Schmuck bestand in den Stücken, die in den Augen Gottes köstlich sind — in dem stillen und sanften Geist. Er schreibt: „Sie war mir eigens von Gott geschenkt und paßte wunderbar zu mir, sogar in ihrem natürlichen Temperament. Tausendmal sagte ich zu ihr: Gott selber hat dich für mich ausgelesen als die passendste Frau, die ich mir nur hätte wünschen können."

Was ihre Bildung betrifft, so hatte sie nicht nur die zum praktischen Leben notwendigen Kenntnisse, sie besaß auch allerlei Fähigkeiten und Fertigkeiten, wie sie Damen gebildeter Stände auszuüben pflegen. Allerdings hatte sie zu ihrer Anwendung als Frau kaum noch Zeit und Lust. Frau Müller war gewandt in Sprachen und in den höheren Wissenschaften, wie z. B. in der Sternkunde, bewandert, ja sogar in der Mathematik. Gerade ihre Ausbildung in der letzteren machte sie für ihren Gatten zu einer unschätzbaren Gehilfin. 34 Jahre lang hat sie Monat für Monat alle Ausgabenbücher und die Hunderte von Rechnungen der Hausmütter der Waisenhäuser geprüft, wobei sie mit dem scharfen Auge eines Sachverständigen den kleinsten Fehler darin entdeckte.

Ihre natürliche Begabung wie ihre ganze Erziehung ließ erkennen, daß sie von Gott für ihren Beruf bestimmt war. Ihre Geschicklichkeit mit der Nadel und ihre Fähigkeit, Stoffe zu beurteilen, setzte sie instand, den Einkauf von Leinen, Kleiderstoffen und dergleichen wie die Anfertigung von Kleidern und Wäsche zu leiten. Wie ein

Engel der Liebe ging sie in den Waisenhäusern umher, und die geringsten Dinge, die sie leisten konnte, erfüllten sie mit selbstloser Freude. Um dessentwillen, der kleine Kinder in Seine Arme nahm und herzte, wurde sie für die Tausende von armen Waisen eine Pflegerin und Mutter.

Kurz nach ihrem Tod kam ein Brief von einem gläubigen Mann, einem ehemaligen Waisenknaben, der sich zugleich im Namen anderer Zöglinge die Erlaubnis erbat, als Ausdruck der Liebe und dankbaren Erinnerung einen Grabstein auf ihr Grab stiften zu dürfen. Da die Zustimmung dazu gegeben wurde, gingen Hunderte von kleinen Gaben ein. Sie kamen von Waisen, die während der vergangenen 25 Jahre unter Frau Müllers mütterlicher Aufsicht gewesen waren.

Ihre Tochter Lydia hatte zwei Jahre vor der Mutter Heimgang in einem ihrer Taschenbücher eine Notiz von ihrer Hand gefunden, die sie ihrem trauernden Vater nun mitteilte. Sie lautete: „Sollte es dem Herrn gefallen, M. M. (Mary Müller) plötzlich wegzunehmen, so möge doch keines der teuren Überlebenden denken, das geschehe zum Gericht für die Hinweigeilende oder die Zurückbleibenden. Sie hat so oft, wenn sie des Herrn Nähe spürte, gedacht, wie köstlich es wäre, gerade jetzt abzuscheiden und bei dem Herrn zu sein allezeit. Nur der Gedanke, welch ein Schlag es für den Gatten und die Tochter wäre, hat das Sehnen gebändigt, aus der Vergänglichkeit zum Herrn zu entfliehen. Süßer Heiland, Dein Wille soll auch darin geschehen, wie in allem, und nicht der ihre!"

Diese Worte waren für Georg Müller ihr letztes Vermächtnis, das ihn mächtig tröstete. Und seine Tochter Lydia tat alles, was eine Tochter tun kann, um die Stelle der Mutter auszufüllen.

Anderthalb Jahre nach dem Heimgang von Frau Müller bat James Wright, der auch seine Lebensgefährtin verloren hatte, um die Hand Lydias. Georg Müller war überrascht; aber da er fühlte, daß er sie keinem anderen Mann lieber anvertraut hätte, ermutigte er selbst seine Tochter, als er merkte, daß sie um des Vaters willen schwankte. Im November 1871 wurden sie vermählt, und auch ihre Ehe, die auf Gebet gegründet war, wurde außerordentlich glücklich und gesegnet.

Schon vor der Verheiratung seiner Tochter fühlte Georg Müller seine eigene Vereinsamung und das Bedürfnis, wieder jemand zu haben, mit dem er Gebet und Arbeit teilen könnte. Er kam zur Überzeugung, es sei nach Gottes Willen, daß er sich wieder verheirate. Nach viel Gebet entschied er sich, Fräulein Susanne Grace Sangar um die Hand zur Ehe zu bitten. Er kannte sie seit mehr als 25 Jahren als eine treue Jüngerin Jesu und hielt sie für tüchtig, seine Gehilfin zu werden. Vierzehn Tage nach der Hochzeit seiner Tochter wurde er mit ihr getraut.

Die zweite Frau von Georg Müller wußte sich, wie er selbst, als Verwalterin über des Herrn Eigentum. Sie kam arm zu ihm, denn was sie früher besessen hatte, hatte sie verloren. Und wäre sie reich gewesen, so hätte Georg Müller ihren Wohlstand als ein Hindernis für seine Ehe mit ihr angesehen. Reichtum oder Wohlstand hätte ihnen zum Fallstrick werden können. Den Rest von 4000 Mark, die sie vor der Hochzeit noch besaß, hatte sie dem Herrn zur Verfügung gestellt und folgte nun ihrem Gatten auf dem Weg freiwilliger Armut. Auch als ihr später verschiedene Vermächtnisse zufielen, blieb sie diesem Grundsatz treu.

Die Frage war oft aufgeworfen worden, was aus dem Werk werden würde, wenn Georg Müller einmal nicht mehr da sei. Wo sollte der Mann gefunden werden, der die Leitung übernehmen könnte, der Mann, der wie der Gründer auf Gott vertrauen und von Ihm allein abhängig sein könnte?

So fragten manchmal zweifelsüchtige und furchtsame Beobachter des großen und vielverzweigten Werks. Georg Müller hatte immer ein und dieselbe Antwort bereit. Seine einzige, langgewohnte Lösung aller sorgenden Fragen und Verlegenheiten war: **der lebendige**

Gott. Er, der die Waisenhäuser erbaut hatte, würde sie auch erhalten; Er, der einen schwachen Mann zum Aufseher des Werkes erwählt hatte, würde gewiß auch für einen würdigen Nachfolger sorgen, wie Josua auf Mose folgte. Ist doch der Herr der Heerscharen in Seinen Hilfsmitteln nicht beschränkt.

Indessen betete man doch viel dafür, daß der Herr den rechten Nachfolger schenken wolle; und er fand sich in der Person von James Wright. Die Wahl fiel nicht etwa auf ihn, weil er der Schwiegersohn von Georg Müller war; denn dazumal war noch keine Rede von einer Verbindung zwischen ihm und Georg Müllers Tochter. Georg Müller kannte James Wright schon als Junge, also seit mehr als 30 Jahren. Er hatte sein geistliches Wachstum beobachten können. Schon seit langem war dieser in den wichtigsten Geschäften seine „rechte Hand" gewesen. Während dieser ganzen Zeit brachten Georg Müller und seine Frau die Sache vor den Herrn, weil sie beide ahnten, daß Wright der von Gott bestimmte Nachfolger sei, den der Herr immer mehr ausrüsten werde zu seinem Beruf.

Als nach dem Tod seiner Frau Georg Müller erkrankte, sprach er sich Bruder Wright gegenüber zum erstenmal über diese Sache aus. Dieser schrak zuerst vor der Verantwortung zurück; und seine erste Frau, die damals noch lebte, fürchtete auch, die Bürde möchte für ihren Mann zu schwer sein. Aber alle Einwände wurden überwunden, als man deutlich erkannte und sah, daß es so Gottes Wille sei.

Vom Mai 1872 an teilte James Wright mit seinem Schwiegervater die Sorge und Verantwortung für die Anstalt zu des ersteren voller Befriedigung und Freude; sie waren beide in allen wichtigen Grundsätzen eines Sinnes.

Im März 1874, etwas über drei Jahre nach ihrer Verheiratung, erkrankte Georg Müllers zweite Frau gefährlich und kam infolge eines Blutsturzes dem Tod nahe. Zwar erholte sie sich wieder, aber es folgten Fieber und hartnäckige Schlaflosigkeit, so daß an ihrem Aufkommen gezweifelt wurde. Noch im April war sie so schwach, daß ein erfahrener Londoner Arzt keine Hoffnung auf Genesung für sie hatte. Doch auch dieses Mal wurden die Gebete erhört, und als Frau Müller im Mai zu ihrer Erholung ans Meer ging, stärkte sie sich zusehends und war bald wieder vollständig hergestellt. Der Herr wollte sie ihrem Mann zur Gefährtin lassen für die Jahre der Missionsreisen, auf denen er in aller Welt von dem Gebete erhörenden Gott Zeugnis ablegen sollte. Im Schatten des Leids fand dieser auserwählte Knecht Gottes immer wieder die göttliche Erquickung, die da ist „wie der Schatten eines großen Felsen im trockenen Land" (Jes. 32, 2).

Die Zeit der Missionsreisen

Gottes Antwort auf unser Gebet scheint oft ein Abschlagen unserer Bitten zu sein. Er hört neben der äußeren Bitte auch deren eigentlichen Inhalt und antwortet mehr nach dem Sinn des Geistes Gottes, der unsere Bitte vertritt, als nach den unvollkommenen und vielleicht unrichtigen Worten, in denen unser Sehnen seinen Ausdruck sucht. Überdies sieht Seine unendliche Weisheit, daß wir oft einen größeren Segen nur dadurch bekommen können, daß Er uns die kleine Gabe, die wir suchen, vorenthält. Darum glaubt der rechte Beter an Gottes Erhörung, nicht nach unserer Weise oder zu unserer Zeit oder nach den von uns ausgedrückten Wünschen, sondern vielmehr nach dem unaussprechlichen Seufzen in uns, das Er besser deuten kann als wir.

Monika, die Mutter Augustins, hielt bei Gott an, daß ihr verlorener Sohn nicht nach Rom gehen möchte, diesem Sitz der Ungerechtigkeit; aber Gott ließ ihn doch gehen, und er kam so in Berührung mit Ambrosius, dem Bischof von Mailand, durch den er bekehrt wurde. Gott erfüllte also den Wunsch der Mutter, indem Er ihre Bitte versagte.

Als sich Georg Müller fünfmal während der ersten acht Jahre nach seiner Bekehrung für die Mission anbot, versperrte ihm Gott den Weg; als 70jähriger durfte er in einer Weise, wie er es sich nie hätte träumen lassen, ein Missionar für die ganze Welt werden. Seit Beginn seines Amtes war er mehr oder weniger ein Wanderer, da er viele Zeit auf Reisen in England oder auf dem Festland zubrachte. Aber nun sollte er in ferne Länder gehen und den größten Teil von 17 Jahren ein Zeuge für den Gebete erhörenden Gott sein.

Diese ausgedehnten Missionsreisen füllten den Abend

von Georg Müllers arbeits- und segensreichem Leben aus, die Zeit von 1875 bis 1892. Sie erstreckten sich über Europa, Amerika, Asien, Afrika und Australien und hätten an sich allein schon ein gewöhnliches Lebenswerk ausgemacht.

Ein besonderer Anlaß bestimmte ihn dazu. Im Jahr 1874 war Georg Müller mit seiner Frau auf der Insel Wight, weil eine Luftveränderung für sie nötig war. Als er dort predigte, sagte ihm der Bruder, für den er gepredigt hatte, ein Mann von großer christlicher Erfahrung, „dies sei der glücklichste Tag seines Lebens gewesen". Diese Bemerkung und ähnliche Äußerungen aus früherer Zeit erweckten in Georg Müller den Eindruck, daß der Herr ihn fortan brauchen wolle, um den Gläubigen außerhalb Bristols zu dienen. Er entschloß sich schließlich, seine Arbeit nicht mehr auf einen einzigen Ort zu beschränken, sondern überall hinzugehen, wo sich eine Tür für ihn öffnen würde. Als er diese Frage erwog, ergaben sich ihm sieben Gründe für diese Missionsreisen.

1. Er wollte das Evangelium in seiner Einfachheit predigen und besonders zeigen, daß die Erlösung nicht auf unser Gefühl oder selbst unseren Glauben, sondern allein auf das vollendete Werk Christi gegründet ist; daß die Rechtfertigung unser ist von dem Augenblick an, wo wir glauben.

2. Er hielt es für nötig, die Gläubigen zur Gewißheit und Freude des Heils und zum Bleiben in Jesus anzuleiten, weil er sah, daß sogar viele Reichgottesarbeiter durchaus keinen wahren Frieden und keine rechte Freude in Christus hatten und darum auch andere nicht dazu führen konnten.

3. Er sah, wie nötig es war, die Gläubigen zum rechten Gebrauch der Schrift zu führen, damit sie deren verborgene Schätze fänden; daß sie an diesem Prüfstein alles beurteilen, daß sie sie täglich mit Sammlung und Gebet vor dem Herrn lesen, um sie dann im Gehorsam auszuleben.

4. Es war ihm ein Anliegen, unter allen wahren Gläubigen die brüderliche Liebe zu fördern; daß sie weniger die nebensächlichen Fragen, in denen Brüder verschiedener Meinung sein können, mehr aber die großen grundlegenden Wahrheiten, in denen alle Gläubigen eins sein sollen, betonen möchten. Er wollte allen, die den e i n e n Herrn lieben und Ihm vertrauen, über engherzige sektiererische Vorurteile hinweghelfen.

5. Es war seine Absicht, den Glauben der Kinder Gottes an die in Seinen unwandelbaren Verheißungen zugesagte Erhörung des Gebets zu stärken.

6. Es lag ihm an, daß die Kinder Gottes zur Scheidung von Welt und Weltwesen und zum Trachten nach himmlischen Dingen angehalten werden möchten. Gleichzeitig wollte er vor schwärmerischen Verirrungen wie z. B. vor der Lehre von der Sündlosigkeit schon im Erdenleben warnen.

7. Endlich sollte es sein Ziel sein, die Hoffnung der Jünger auf die Wiederkunft unseres Herrn Jesus zu richten. In Verbindung damit gedachte er auf die rechte Stellung der Kirche Christi zur Welt in dieser Zeit der Sammlung der Brautgemeinde aufmerksam zu machen.

Von diesen langen und inhaltsreichen Missionsreisen können nur Umrisse gezeichnet und ein allgemeiner Überblick gegeben werden. Der 26. März 1875 war in Georg Müllers Leben ein wichtiges Datum, denn es war der Ausgangspunkt der Missionsreisen.

Die erste Reise dauerte zehn Wochen. Georg Müller sprach siebzigmal in verschiedenen Städten Englands. Auch Spurgeon forderte ihn zu einer Ansprache in seinem Tabernakel auf, zu der sich eine große Zuhörerschaft einfand.

Nach kaum sechs Wochen ging er zum zweitenmal aus, und zwar hauptsächlich, um das Erweckungswerk Moodys und Sankeys zu unterstützen. Da diese auf jedem Platz nur kurze Zeit bleiben konnten, war es ihnen nicht möglich, die Neubekehrten tiefer in Erkenntnis und Gnade hineinzuführen. Und doch war es nötig, solche Gläubige in einem Leben des Gehorsams zu befestigen. Er folgte also diesen Evangelisten auf ihren Evangelisationsreisen in England, Irland und Schottland und blieb an jedem Ort ein bis sechs Wochen. Diese zweite Reise ging im Juli 1876 nach fast elfmonatiger Dauer zu Ende. Die Arbeit war so gesegnet, daß von noch sehr vielen Orten Einladungen kamen, die er nicht mehr annehmen konnte.

Die dritte Reise führte ihn auf das Festland. Sie dauerte beinahe ein Jahr. Er besuchte verschiedene Orte in Frankreich, in der Schweiz, in Holland und Deutschland. Etwa 70 Städte und Dörfer, aus denen er schriftlich eingeladen worden war, hatte er besucht.

Nun wandte er sich nach Amerika. Diese vierte Reise dauerte vom August 1877 bis zum Juni des folgenden Jahres. Schon seit einigen Jahren waren aus den Vereinigten Staaten und aus Kanada immer häufiger Einladungen gekommen. Zuletzt wurden sie so dringlich, daß er darin den Ruf Gottes erkannte, um so mehr, wenn er an die vielen Tausende von Deutschen dachte, die drüben über dem Ozean leben, die, wenn sie ihn in ihrer Muttersprache würden sprechen hören, wohl um so „stiller werden würden" (Apg. 22, 2).

So landeten Georg Müller und seine Frau in Quebeck, von wo sie sich nach den Vereinigten Staaten begaben. Dort fand er während eines zehnmonatigen Aufenthalts ein ungeheures Arbeitsfeld.

Er sprach oft vor großen Versammlungen von Deutschen, in den Südstaaten auch vor Farbigen; aber kein Dienst war ihm so wichtig als Ansprachen an Geistliche, Evangelisten, Pastoren und andere Arbeiter im Weinberg des Herrn sowie Besprechungen mit großen Verbänden von Studenten und Professoren an Hochschulen, theologischen Seminaren und höheren Erziehungsanstalten. Das Salz des Evangeliums in die eigentlichen Quellen zu werfen, aus denen die Einflüsse auf das öffentliche Leben herrühren, schien ihm ein großes, heiliges Vorrecht zu sein. Seine Milde, seine Liebe und Demut zogen selbst solche an, die sonst nicht seiner Meinung waren, und alle christlichen Kreise öffneten ihm ihre Versammlungen.

Nach einem Aufenthalt von etwa zwei Monaten in Bristol traten er und seine Frau am 5. September 1878 die fünfte dieser Missionsreisen an. Diesmal war es wieder das Festland, wohin er seine Schritte lenkte. Er hatte zu sprechen in englischer, deutscher und französischer Sprache. In Spanien und Italien wurden seine Ansprachen übersetzt. Der Herr öffnete ihm viele Türen, nicht nur bei den ärmeren Klassen, sondern auch bei den mittleren und höheren Ständen. In Mentone hatten Spurgeon und er eine gesegnete Zusammenkunft. In Spanien hatte Georg Müller die Freude, die evangelischen Schulen kennenzulernen, die durch die Anstalt der Verbreitung der Schriftkenntnis unterhalten wurden. Er sah da, wie in Hunderten von Fällen sogar römisch-katholische Eltern diese Schulen hochschätzten und, ungeachtet der Drohungen und Überredungen der Priester, fortfuhren, ihre Kinder zu schicken. Er vernahm, daß die Zöglinge oft zu Hause ihren Eltern das Wort Gottes vorlesen und ihnen die geistlichen Lieder vorsingen, die sie in der Schule lernten, so daß der Einfluß, den die Schulen ausüben, weiter reicht, als menschliche Augen zu sehen vermögen.

Das Werk hat mit dem Widerstand von seiten der Regierung zu kämpfen. Als in Madrid ein Saal für evangelische Versammlungen eröffnet worden war, wurde dies auswendig durch einen Maueranschlag bekanntgemacht. Da kam ein Befehl von der Regierung, daß die Anzeige entfernt werden müsse. Der Maler, der die Tafel nicht vergebens gemacht haben und auch Gottes Werk nicht aufgehalten wissen wollte, übermalte den Maueranschlag mit Wasserfarbe. Durch diese schimmerte die Bekanntmachung noch hindurch, und bald genug hatte der Regen die Farbe weggewaschen. Darauf sandte aber die Regierung einen eigenen Arbeiter, der den Anschlag mit dicker Ölfarbe überstrich.

Georg Müller, der auch bereit war, denen zu Rom das Evangelium zu predigen, wurde betrübt, als er die Stadt so voll Götzendienstes sah, nicht heidnischen, aber christlichen Götzendienstes.

Als er in Neapel war, besuchte er den Vesuv. Diese Lavamassen, die von gewaltigerem Umfang erschienen als der Berg selber, machten ihm einen tieferen Eindruck als irgend etwas früher Gesehenes. Als er auf den rauchenden Kegel blickte und an den flüssigen Tod dachte, den er ausgespien hatte, sagte er zu sich selbst: „Was kann Gott nicht tun!" Er hatte wohl immer etwas gefühlt von Seiner Allmacht, die sich in Liebe und Gnade offenbart; nun aber sah er, wie sie sich auch in Gericht und Verderben zeigen kann.

Sein Besuch in den Waldensertälern, wo so viele Märtyrer Verbannung und Gefangenschaft, Verlust der Güter und des Lebens um J e s u willen erduldet hatten, bewegte ihn bis in die Tiefen seiner Seele und weckte auch in ihm den Märtyrersinn.

Nach einer Abwesenheit von über neun Monaten kam er am 18. Juni 1879 wieder in Bristol an. Nach zehnwöchigem Aufenthalt zu Hause schiffte er sich mit seiner Frau abermals nach Amerika ein und landete Anfang September in Neuyork. Diesmal galt sein Besuch den Gegenden zwischen dem Atlantischen Ozean und dem Mississippi und dauerte 272 Tage; doch hielt er 300 Ansprachen in über 40 Städten. Er hielt es für durchaus nötig, wenn möglich jedes Jahr eine Zeitlang in Bristol zu sein, um in enger Verbindung mit dem Werk daheim zu bleiben und um seinen Schwiegersohn Wright und seine Tochter für solange ihrer schweren Verantwortung zu entheben.

Am 15. September 1880 verließen die Reisenden Bristol wieder, um ihre siebente Missionsreise anzutreten, und landeten zehn Tage später in Quebeck. Georg Müller hatte eine natürliche Abneigung gegen das Meer, da er früher auf der Überfahrt über den Kanal stets an Seekrankheit litt. Aber da er diese langen Reisen nicht zu seinem Vergnügen oder um des äußeren Vorteils willen unternahm, sondern ganz allein auf Gottes Geheiß, so sah er es denn auch als ein besonderes Zeichen der fürsorgenden Liebe seines Herrn an, daß er bei all seinen jetzigen Seefahrten nicht das geringste von der Seekrankheit zu leiden hatte und auf dieser Reise sich ganz besonders wohl fühlte.

Diese Reise dauerte nur acht Monate, aber sie war reich gesegnet. Er hatte im ganzen etwa 250mal gesprochen. Seine Frau hatte viel Gelegenheit, mit suchenden Seelen persönlich zu reden und Bücher und Traktate unter Gläubige und Ungläubige zu verteilen. Sie besorgte auch den Briefwechsel, was an sich keine leichte Aufgabe war, da durchschnittlich drei Briefe auf jeden Tag kamen. Am 30. Mai 1881 waren die Reisenden wieder auf britischem Boden.

Die achte große Predigtreise dauerte vom 23. August 1881 bis 30. Mai 1882 und ging wieder nach dem europäischen Festland, wohin Georg Müller in Anbetracht des Tiefstands geistlichen Lebens in der Schweiz und Deutschland sich besonders gezogen fühlte.

Diese Reise sollte sich aber durch des Herrn wunderbare Führung bis nach Palästina erstrecken. Nachdem er in Alexandrien, Kairo und Port Said gesprochen hatte, ging er nach Jaffa und von dort nach Jerusalem. Mit heiliger Ehrfurcht betrat er den Boden, auf dem einst der Sohn Gottes gewandelt hatte, und besuchte die Stätten Gethsemane und Golgatha. Über den Ölberg ging er nach Bethanien, dann nach Bethlehem und zurück nach Jaffa; hierauf besuchte er Haifa und den Berg Karmel. Von da ging es nach Beirut, Smyrna, Ephesus, Konstantinopel, Athen, Brindisi, Rom, Florenz. Wieder waren es Monate, ausgefüllt mit einem Dienst, dessen Früchte erst der Tag des Herrn Jesus offenbaren wird.

Er hielt Ansprachen auf englisch, deutsch und französisch; seine Reden wurden durch Übersetzer wiedergegeben in arabischer, armenischer, türkischer und neugriechischer Sprache. Der Genuß der Sehenswürdigkeiten war selbstverständlich Nebensache gegenüber dem Dienst für den Herrn Jesus.

Während dieser achten Reise, die acht Monate dauerte, sprach Georg Müller einige hundertmal. Die Spuren göttlichen Segens waren, wie früher, so auch jetzt wahrzunehmen.

Die neunte Reise dauerte vom 8. August 1882 bis 1. Juni 1883 und war ausgefüllt mit Arbeit in Deutschland, Österreich-Ungarn und Rußland. Eine besondere Freude war es ihm, in Kroppenstedt, seinem Geburtsort, nach einer Abwesenheit von etwa 64 Jahren, von seinem Gott zeugen zu dürfen. In St. Petersburg war er der Gast der Fürstin Lieven und hatte in ihrer Villa viele Begegnungen und Unterredungen mit Vornehmen. Im Hause des Hauptmanns Paschkoff, der nicht nur Verfolgung, sondern auch Verbannung um des Herrn willen erlitten hatte, fing er auch an, Versammlungen zu halten.

Am 26. September 1883 trat Georg Müller seine zehnte Reise an. Dieses Mal war sein Angesicht wieder nach dem Orient gerichtet. Fast 60 Jahre früher hatte er gewünscht, als Missionar nach Ostindien zu gehen; nun erfüllte ihm der Herr seines Herzens Wunsch auf ganz besondere Weise. Indien war das 23. Land, das er nun berührte. Er bereiste eine Strecke von etwa 34 000 Kilometern und sprach über zweihundertmal vor Missionaren und anderen Reichgottesarbeitern sowie vor Europäern, Hindus, Moslems, auch vor eingeborenen Jungen und Mädchen im Waisenhaus in Colar usw. So stand dieser Knecht Gottes in seinem 79. Jahr noch in voller Arbeit, und Gott segnete sie reichlich.

Nachdem er einige Monate in England, Schottland und Wales gearbeitet hatte, brachen er und seine Frau am 19. November 1885 zum viertenmal nach den Vereinigten Staaten auf. Es war ihre elfte größere Missionsreise. Sie kreuzten dann den Stillen Ozean, kamen nach Sydney,

Neusüdwales, und nach sieben Monaten, die sie in Australien verbrachten, schifften sie sich nach Java ein, von da nach China. In Hongkong kamen sie am 12. September 1886 an. Japan und die Meerenge Malakka wurden ebenfalls berührt. Die Rückreise nach England geschah über Nizza, und am 14. Juni 1887 kehrten sie wohlbehalten nach Hause zurück. Sie waren mehr als ein Jahr und sieben Monate abwesend gewesen.

Nach kaum zwei Monaten befand sich Georg Müller aber wieder an Bord nach Südaustralien, Neuseeland, Ceylon und Indien. Diese zwölfte große Reise beendigte er im März 1890. Die große Hitze zwang ihn, Kalkutta zu verlassen. Auf der Eisenbahnfahrt nach Darjiling fürchtete seine Frau, er werde sterben. Aber er blieb gnädig erhalten.

Es war auf dieser Reise, im Monat Januar 1890, als Georg Müller sich eben in Jubbelpore aufhielt und unter dem starken Beistand des Herrn predigte, als ihm ein Brief mit der Nachricht von dem Tod seiner Tochter Lydia übergeben wurde.

Fast 30 Jahre hatte sie freiwillig am Waisenhaus gedient; 18 Jahre lang war sie ihres Gatten hochgeschätzte Gefährtin gewesen, fast 58 Jahre lang ihres Vaters Kleinod; — sie hinterließ also Lücken, die nie mehr ausgefüllt werden konnten. Aber Georg Müller sowohl als Bruder Wright blieben im Frieden, weil sie zuversichtlich glaubten, daß denen, die Gott lieben, alle Dinge zum Besten dienen, wenn auch Gottes Wege noch so geheimnisvoll sind.

Diese plötzliche Trauer veranlaßte Georg Müller, seine jetzige Reise abzukürzen und nach Bristol zurückzukehren.

Nach zwei Monaten verließ er indessen die Heimat abermals mit seiner Frau. Sie gingen nach dem Festland und waren vom Juli 1890 bis Mai 1892 abwesend. Ein Jahr lang haben sie in Deutschland, Holland, Österreich und Italien zugebracht. Hiermit wurde dieser Reisedienst in Georg Müllers Leben abgeschlossen. Er hatte sich über 17 Jahre erstreckt.

So hatte nun dieser Mann von seinem 70. bis 87. Jahr — in einem Alter, in dem sich sonst die meisten Männer zur Ruhe setzen — 42 Länder und eine Strecke von 322 000 Kilometer bereist, was fast einer achtmaligen Reise um die Welt gleichkommt! Er selber hielt dafür, daß er in diesen 17 Jahren zu drei Millionen Menschen gesprochen habe. Nach den noch vorgefundenen Aufzeichnungen muß er auf diesen Reisen zwischen fünf- und sechstausend Ansprachen gehalten haben.

Im Jahr 1891 hielt er in Berlin eine Ansprache vor christlichen Brüdern und Schwestern, die uns eine Probe davon geben mag, welche lebensvollen Wahrheiten er seinen Zuhörern einzuprägen suchte.

Er setzte zuerst auseinander, daß Gläubige nie, selbst nicht unter den größten Schwierigkeiten, verzagt sein sollten. Dafür führte er viele Schriftgründe an. Dann betonte er, daß das Hauptgeschäft jedes Tages sein müsse, die Ruhe und den Frieden in Gott festzuhalten. Hierauf zeigte er, wie aus dem Wort Gottes alle erlösten Gläubigen ihren wirklichen Glaubensstand in Christus erkennen und wie sie besonders in schwierigen Lagen den Willen Gottes erfahren können. Sodann ermahnte er die Gläubigen, mit ganzem Ernst danach zu streben, Gott kennenzulernen, wie Er sich in der Heiligen Schrift offenbart. Dazu sei die göttliche Gewohnheit regelmäßigen Forschens in der Heiligen Schrift, des Gebets, eines heiligen Wandels und reichlichen Gebens für Seine Sache notwendig. Er bewies, daß Gott allein die Seele befriedigen könne und daß wir den Entschluß fassen müssen, Ihn als den Allgenugsamen besitzen zu wollen. Zum Schluß betonte er noch einmal, daß es das ganze, einzige, tägliche, alles andere verschlingende Trachten unserer Seele sein müsse, Gott zu verherrlichen durch eine völlige Übergabe an Seinen Willen und Dienst.

Auf all diesen Missionsreisen offenbarte sich die Treue

des Herrn sichtbar auch dadurch, daß für alle äußeren Bedürfnisse wunderbar gesorgt wurde. Seefahrten und Eisenbahnfahrten, das Wohnen in Hotels, alles das kostete viel Geld. Georg Müller zog gewöhnlich das Hotel der Gastfreundschaft vor, weil ein Wohnen bei Freunden seine Freiheit zu stark beschränkte. Er mußte ungehindert seine Zeit zum Verkehr mit Gott, zur öffentlichen Arbeit und zur nötigen Ruhe haben. Diese neue Lebensweise, die er um des Herrn willen angenommen hatte, war aber wenigstens dreimal so teuer wie der frühere einfache Haushalt. Aber ohne irgendwelche Inanspruchnahme von Menschen erhielt er von seinem Herrn alles, was er brauchte.

Er war gewohnt, Schritt für Schritt auf solche Zeichen der göttlichen Zustimmung zu achten, aus denen er die Zuversicht schöpfen konnte, auf dem eingeschlagenen Weg weiterzugehen. Als er einmal 2000 Mark für seine persönlichen Bedürfnisse erhielt, nahm er an, Gott wolle ihm dadurch sagen: Ich habe Wohlgefallen an deinem Werk und Dienst auf diesen langen Missionsreisen. Ich will die Ausgaben dafür bezahlen, und Ich habe dir ein Angeld gegeben, daß Ich noch mehr für dich tun will.

Zwei andere Tatsachen hebt Georg Müller in Verbindung mit diesen Reisen hervor. Zuerst erinnert er an Gottes gnädige Führung und Bewahrung des Werkes in Bristol, so daß es durch seine Abwesenheit keinen Schaden litt. Und zweitens betont er, daß diese Reisen nie dazu benützt wurden, um Geldmittel für das Werk zu sammeln oder auch nur die Leute aufmerksam zu machen. Es wurde einmal in den Zeitungen berichtet, daß in Amerika große Summen gesammelt worden seien; aber die Unrichtigkeit solcher Gerüchte tritt klar zutage, wenn man bedenkt, daß auf der ersten Reise nach Amerika im ganzen kaum 1200 Mark eingingen, also nicht mehr als zwei Drittel einer Tagesausgabe für die Waisenhäuser.

Die Missionsreisen wurden übrigens von den Freunden und Ratgebern gar nicht immer gebilligt. Als es im

Jahr 1882 mit dem Waisenhaus durch schwere Zeiten ging und das Geld immer recht knapp war, waren manche, die treu zu der Sache standen, der Meinung, der Knecht Gottes sollte seine langen Abwesenheiten abkürzen. Sie hielten diese für den Hauptgrund der mangelnden Einnahmen. Er war für Rat immer offen, behielt sich aber auch stets eine unabhängige Entscheidung vor. Und nach reiflicher Erwägung stellte er folgende Gründe auf, die ihn dahin führten, zu denken, daß das Gotteswerk zu Hause seiner Gegenwart nicht bedürfe.

1. Er hatte Jahr für Jahr beobachtet, daß unter Bruder Wright und seinen treuen Helfern das Werk so gut gedieh wie in seiner Anwesenheit.

2. Auch abwesend blieb er immer in Verbindung mit den Gehilfen zu Hause und erhielt wenigstens wöchentlich Nachrichten von Bruder Wright; über alle wichtigen Angelegenheiten wurde brieflich sein Rat eingeholt. Das Werk auf betendem Herzen tragen, das konnte er so gut aus der Ferne wie zu Hause. Und da er sich zwischen den einzelnen Reisen immer wieder eine Zeitlang in Bristol aufhielt, blieb er doch in ganz enger Verbindung mit ihm.

3. Er fühlte sich innerlich tief überzeugt, daß die Missionsreisen das Werk seien, das ihm Gott für seinen Lebensabend aufbehalten habe, und viele Zeichen bestärkten ihn in diesem Glauben.

4. Der durchschlagende Grund war jedoch noch ein anderer. Der Gedanke, es sei nötig, daß er zu Hause bleibe, damit die nötigen Mittel eingingen, war ein völliger Widerspruch zu den Grundsätzen, auf denen das ganze Werk ruhte. Wahrer Glaube steht über den Umständen; dies wurde denn auch erprobt. Denn im dritten Jahr der Reisen waren die Gaben, die für die verschiedenen Zweige des Werkes eingingen, zahlreicher und größer als in allen vorhergehenden 44 Jahren ihres Bestehens.

Darum blieb Georg Müller bei seinem Vorhaben, ungeachtet des wohlmeinenden Rats einiger Geber und Freunde. Er tat dies um so mehr, als er gerade beweisen wollte, daß kein Mensch für des Herrn Werk unabkömmlich ist.

„Wer Mich ehrt, den will Ich auch ehren" (1. Sam. 2, 30). Er betrachtete es als die größte Ehre seines Lebens, sein Zeugnis von Gott in der ganzen Welt ablegen zu dürfen.

Der Verfasser dieses Buches hatte das Vorrecht, Georg Müller auf seiner ersten und zweiten amerikanischen Reise persönlich kennenzulernen. Als ich in San Franzisko war, sollte Georg Müller an einem Sonntagnachmittag des Jahres 1878 in Oakland sprechen, gerade auf der anderen Seite der Bucht, an der San Franzisko liegt. Da ich aber nicht gern ohne Not an einem Sonntag reiste, verzichtete ich auf den Besuch der Versammlung, obschon es den Anschein hatte, als ob ich damit die einzige Gelegenheit versäumte, den Mann Gottes zu sehen und zu hören, dessen Leben und Arbeit ich schon über 20 Jahre verfolgt hatte. Er sollte nämlich einige Tage vor mir nach dem Osten abreisen und wahrscheinlich beim Reisen mir immer ein wenig voraus sein. Als ich indessen Ogden erreichte, wo die Zweigbahn vom Salzsee in die Hauptlinie einmündet, stiegen durch Gottes Fügung Herr und Frau Müller in meinen Zug, und wir reisten zusammen bis Chikago. Ich stellte mich selber vor und unterhielt mich täglich mit Georg Müller über göttliche Dinge, hatte auch in Chikago noch häufig Gelegenheit, ihn zu hören.

Ich wurde durch diesen nahen Verkehr reich gesegnet. Auf seiner nächsten Reise kam er selbst nach Detroit in Michigan und sprach in der Presbyterianischen Kirche, deren Pastor ich war.

Georg Müller besuchte mich mehrere Male für eine Stunde in meinem Studierzimmer, wo wir uns über solche Wahrheiten der Heiligen Schrift miteinander besprachen, über die ich mehr Licht zu haben wünschte. Ich brachte auch meine Gegengründe vor, wo ich anderer Meinung war als er. Er hatte aber auf alles das, was ich ihm sagte, nur e i n e Antwort: „Mein geliebter Bruder, ich habe

Ihre Einwände gehört, aber alle haben den gleichen verhängnisvollen Fehler: k e i n e r stützt sich auf das Wort Gottes. Sie werden aber n i e die Wahrheit über irgendeine göttliche Offenbarung finden, bis Sie Ihre Vorurteile beiseite legen und wie ein kleines Kind einfach fragen, was die Heilige Schrift darüber sagt."

Mit Geduld und Weisheit half er mir zurecht, und als er weiterreiste, blieben diese Worte in meinem Gedächtnis eingeprägt.

Es ist die Bitte und die Hoffnung dessen, der dieses Lebensbild geschrieben hat, daß das Lesen dieser Blätter wie eine Begegnung mit dem Mann, von dem sie handeln, wirken möge, daß das Zeugnis Georg Müllers für viele Leser eine Quelle unversiegbaren, lebenslänglichen Segens werde.

Wir dürfen dabei nicht vergessen, daß es v i e l kosten, teuer zu stehen kommen kann, seine Überzeugung in die Tat umzusetzen. Es kann Verzichtleistungen und Trennung aller Art nötig machen, die ein Gefühl von Entbehrung und Einsamkeit hervorrufen. Aber wer wie ein Adler sich hoch hinaufschwingen und im Sonnenschein seines Gottes leben will, muß bereit sein, ein verhältnismäßig einsames Leben zu führen. Kein Vogel lebt so einsam wie der Adler. Adler fliegen nie in Scharen.

Das Leben, das in Gott gelebt wird, genießt aber statt menschlicher Geselligkeit göttliche Gemeinschaft. Ein solches Kind Gottes, das, wie sein Meister, es unternimmt, „allezeit zu tun, was Ihm gefällt", kann sagen wie Er: „Mein Vater läßt mich nicht allein."

Glaube und Geduld im Dienst

Der Wahlspruch des Menschen, dessen Ziel es ist, Gott zu gefallen, wird sein, was man tut, recht zu tun; das ist mehr wert, als: recht viel zu tun. Unser Herr hieß Seine Jünger warten, bis sie angetan seien mit der Kraft aus der Höhe. Nur diese Ausrüstung verleiht allem Zeugnis und aller Arbeit jenen himmlischen Duft echten geistlichen Lebens.

Bevor wir zu den letzten Ereignissen kommen, halten wir einen kurzen Überblick über Georg Müllers Wirken, das in so erfreulicher Weise beides vereinigt. Es ist daran zu zweifeln, ob irgendein anderer Mann seines Jahrhunderts so viel zu Gottes Ehre und der Menschen Wohl vollbrachte wie er. Auf allem, was er tat, lag ein Duft himmlischer Gnade. Das Werk zur Verbreitung der Schriftkenntnis mit seinen verschiedenen Zweigen, die Waisenhäuser, die Schulen, die Missionsarbeit sind uns schon bekannt.

Ein Knecht Gottes aber, der danach dürstet, Seelen für Jesus zu gewinnen, ist nie zufrieden mit dem, was getan worden ist, sondern ist bereit, jede neue Tür zu benützen, die Gott öffnet. Als die Pariser Ausstellung im Jahr 1867 stattfand und sich solch seltene Gelegenheit bot, unter der großen Menge von Fremden, die die französische Hauptstadt besuchten, das Wort Gottes zu verbreiten, benützte Georg Müller zu diesem Dienst zwei sprachenkundige Brüder, von denen der eine drei, der andere acht Sprachen beherrschte. Durch diese wurden beinahe 12 000 Exemplare von Bibeln oder Bibelteilen in 13 verschiedenen Sprachen verteilt. Es ist berechnet worden, daß bei dieser Ausstellung im ganzen über $1^{1}/_{4}$ Million Bibeln in 16 verschiedenen Sprachen unter die Leute kamen. Die meisten wurden dankbar angenommen, sogar von katholischen Priestern. Durch den Dienst derer, die diese „gegebene offene Tür" benützt hatten, wurden innerhalb sechs Monaten mehr Bibeln verbreitet, als unter gewöhnlichen Verhältnissen 10 000 Bibelboten in der 20fachen Zeit hätten verbreiten können.

Bei der Ausstellung in Havre, die im folgenden Jahr stattfand, wurde eine ähnliche Arbeit getan, ebenso in Spanien, als sich dort eine Tür öffnete. In den Straßen von Madrid sah man in jener Zeit zum erstenmal die offene Bibel, und der Absatz war so reißend, daß in der Stunde 250 Exemplare fortgingen und der Vorrat bald nicht mehr ausreichte. Die gleiche Erscheinung trat zutage, als in Italien der Same des Wortes Gottes ausgestreut werden durfte.

Georg Müller achtete, als wachsamer Knecht Gottes, auf die Zeichen der Zeit; während andere schliefen, folgte er dem Ruf seines Herrn zum Vorwärtsgehen.

Es ist interessant, auch die Geschichte der Entwicklung des Traktatwerkes zu verfolgen. Schon im Jahr 1874 wurden mehr als $3^{3}/_{4}$ Millionen Traktate ausgeteilt, und Gott gab die Mittel dazu reichlich. Für Georg Müller war die Welt ein Ackerfeld, das dazu da war, den Samen des Wortes Gottes darauf auszustreuen. Begierig wurde jede Gelegenheit benützt, um die Wahrheit zu verbreiten. Traktate wurden in großen Partien freigebig bei Gottesdiensten im Freien, auf Märkten, bei Pferderennen, auf Dampfschiffen, Eisenbahnen und Straßen verteilt.

Alles das war von Anfang bis zu Ende ein Werk des Glaubens. Wie sehr der Glaube in beständiger und schwerer Übung gehalten wurde, kann man nur recht verstehen, wenn man sich an Georg Müllers Stelle versetzt. Im Jahr 1874 z. B. waren für das ganze Werk ungefähr 880 000 Mark nötig. Er war gezwungen, die Kosten zu berechnen und die Lage ins Auge zu fassen. 2100 Menschen mußten täglich gespeist und gekleidet werden. 189 Missionare brauchten Beistand; 100 Schulen mit etwa 9000 Schülern mußten erhalten werden; vier Millionen Seiten von

Traktaten und Zehntausende von Bibelexemplaren mußten zum Verteilen bereit sein, und neben diesen laufenden mußten unvorhergesehene Ausgaben und Verlegenheiten ins Auge gefaßt werden. Auch mit der menschlichen Möglichkeit und Wahrscheinlichkeit einer leeren Kasse war zu rechnen.

Wie Georg Müller solchen Anforderungen entgegentrat, zeigen uns folgende Worte: „Gott, unser unendlich reicher Schatzmeister, bleibt uns. — Ich sagte zu mir selber: Gott, der dieses Werk durch mich aufgerichtet hat, Gott, der mich Jahr für Jahr dazu geführt hat, es zu vergrößern, Gott, der es nun fast mehr als 40 Jahre durchgebracht hat, wird weiterhelfen und nicht zugeben, daß ich zuschanden werde, weil ich mich auf Ihn verlasse. Ich übergebe das ganze Werk Ihm, und Er wird mir geben, was ich auch in Zukunft brauche, obschon ich nicht weiß, woher die Mittel kommen sollen." So schrieb er in sein Tagebuch am 28. Juli 1874.

Durch all die Zeiten des Mangels hindurch war der treue Gott Georg Müllers Zuflucht; ihn hielten die ewigen Arme. Die Glaubensproben hörten auch bis zuletzt nie auf. Am 18. Juli 1881 finden wir folgende Eintragung in seinem Tagebuch: „Die Einnahmen haben seit einiger Zeit nur etwa ein Drittel der Ausgaben gedeckt. Alles, was wir zum Unterhalt der Waisen haben, ist auch aufgebraucht, und für die anderen Zweige ist fast nichts mehr vorhanden. Es sieht aus, als ob das Werk nicht weitergehen könne. Aber ich g l a u b e , daß der Herr sowohl die Mittel für die Waisen als auch für die anderen Arbeitszweige darreichen wird, so daß wir nicht zuschanden werden und das Werk nicht aufgegeben werden muß. Ich erwarte die Hilfe ganz sicher und habe dies zur Ehre Gottes niedergeschrieben, damit man sich nachher daran erinnere und es den Kindern Gottes zur Glaubensstärkung diene. Die Erhörung wird sichtbar werden. Ich erwarte, daß wir nicht beschämt werden, obschon wir seit Jahren nicht so arm gewesen sind."

Während der Glaube sich auf Gott stützte, wurde das Gebet um so eifriger gepflegt. Sechs-, sieben-, achtmal am Tag gingen er und seine Frau zusammen auf die Knie, schauten nach der Erhörung aus und waren fest überzeugt, daß sie nicht enttäuscht werden würden. Seit diese Eintragung gemacht wurde, haben 29 weitere Jahre es bewiesen, daß ihr Vertrauen nicht umsonst war. Nicht e i n Zweig dieser segensreichen Unternehmungen hat durch das scharfe Messer der Not abgeschnitten werden müssen.

In dieser Zeit der Glaubensproben, ehe eine anhaltende Besserung der Lage eingetreten war, verließ Georg Müller mit seiner Frau Bristol, um seine achte Predigtreise nach dem Festland anzutreten. Er reiste ruhig ab in einem Augenblick, wo dem natürlichen Auge seine Gegenwart eigentlich unentbehrlich vorkommen mußte. Die Reise, die unter Gottes Leiten schon vorbereitet worden war, wurde in der tiefen Überzeugung unternommen, daß Gott denen, die im Gebet auf Ihn warten, in fernen Landen so nah ist wie in Ashley-Down und daß Er keines Menschen persönliche Gegenwart irgendwo oder irgendwann bedarf, um Sein Werk auszuführen.

Es fällt uns immer schwer, unsere Prüfungen, Schwierigkeiten, Verluste und Enttäuschungen ohne Zögern mit vollem Vertrauen auf den Herrn zu werfen. Wohl halten wir uns an das Wort, das der Herr bei der Fußwaschung dem sich sträubenden Petrus sagte: „Was Ich tue, das weißt du jetzt nicht; du wirst es aber hernach erfahren." Wir meinen dabei, daß dieses „hernach" in jener Zukunft liege, von der wir die Lösung aller Rätsel erwarten. Bei Petrus kam das „hernach" sofort nach der Fußwaschung, als der Herr ihre Bedeutung erklärte. Es stärkt unseren Glauben, wenn wir vernehmen, daß Georg Müller den Nutzen und Zweck all der Proben und schweren Erfahrungen seines Lebens ohne auch nur eine einzige Ausnahme schon in d i e s e m Leben einsehen durfte, so daß er Ursache hatte, Gott f ü r a l l e z u d a n k e n. Nicht wenige Kinder Gottes haben schon im Diesseits himmlische Freude geschmeckt für jedes Jahr und jeden Tag der Trübsal, wenn sie ihre Anfechtungen und Widerwärtigkeiten geduldig getragen haben.

Zweier Erfahrungen erinnert sich Georg Müller in diesem Lebensabschnitt mit besonderer Dankbarkeit:

1. „Ungefähr 50 Jahre lang", schreibt er, „bin ich nun durch Seine Gnade auf einen Weg völliger Abhängigkeit von Ihm, dem Ewigen, Treuen, gewandelt, und doch bin ich immer tiefer davon überzeugt, daß ich a l l e i n m i t S e i n e r H i l f e imstande bin, auf diesem Weg fortzugehen; denn wenn ich mir selbst überlassen bliebe, könnte ich auch nach der köstlichen Erfahrung eines so lange fortgesetzten Wandelns in der Gemeinschaft mit Gott noch jetzt in Versuchung kommen, diesen Weg zu verlassen. Zu Seiner Ehre darf ich aber bezeugen, daß ich mehr als ein halbes Jahrhundert lang nie die geringste Neigung dazu verspürt habe."

2. Im Jahr 1880 bis Mai 1881 geschah ein Gnadenwerk des Heiligen Geistes unter den Waisen in Ashley-Down und in manchen Schulen. Während der drei Monate, die Georg Müller daheim zubrachte, ehe er sich im September 1880 nach Amerika einschiffte, war er besonders getrieben worden, für eine solche Erweckung zu beten, und hatte diese Sache auch seinen Mitarbeitern aufs Herz gelegt. Der Herr ist treu. Während der Abwesenheit Seines Knechts erfreute Er sein Herz durch reichliche Erhörung. Noch ehe Georg Müller seine Arbeit in Amerika recht begonnen hatte, kamen Nachrichten von zu Hause, daß eine Erweckung eingesetzt habe. Sie dauerte fast ein Jahr. Man durfte nachher annehmen, daß in den fünf Häusern 512 Waisen Gott, ihren Vater, in Christus gefunden hatten. Fast halb soviel berechtigten zu großen Hoffnungen.

Am 7. Juni 1884 erhielt Georg Müller ein Vermächtnis von über 220 000 Mark, die g r ö ß t e e i n z e l n e Gabe, die er je bekommen hatte. Dieser Betrag war der Erlös für ein verkauftes Gut und war schon sechs Jahre früher der Anstalt vermacht worden. Allerlei Verzögerungen auf der Kanzlei waren schuld daran, daß das Vermächtnis bis jetzt nicht ausbezahlt worden war. Tag für Tag wurde dafür gebetet, daß das Geld verfügbar werde, und nun kam die volle Erhörung gerade im rechten Augenblick; denn zur Zeit waren nur noch 820 Mark in der Kasse, nicht einmal halb soviel, als zur Bestreitung der durchschnittlichen Tagesausgabe nötig war. Ebenso mußten gerade gewisse gesundheitliche Verbesserungen vorgenommen werden, was wieder etwa 40 000 Mark erforderte.

Georg Müller schließt die Erinnerungen an dieses Jahr mit den Worten: „So endete das Jahr 1884, in dem wir hart und auf mancherlei Weise geprüft wurden, immer aber nur zu dem Zweck, daß unser Glaube erprobt werde und daß wir Gott völliger kennenlernten. In diesem Jahr wurde uns aber auch Hilfe und Segen zuteil, und zwar v i e l Hilfe und v i e l Segen. Wir können daher im Frieden in das Jahr 1885 hineingehen, ganz sicher, daß, da wir Gott f ü r u n s u n d m i t u n s haben, a l l e s, a l l e s g u t w e r d e n w i r d."

In den letzten Jahren sind die Waisenhäuser von Ashley-Down weniger besetzt gewesen als früher, und es hätten etwa 400—500 Kinder mehr aufgenommen werden können. Georg Müller sah sich einige Jahre vor seinem Tod veranlaßt, dies öffentlich bekanntzumachen in der Hoffnung, daß noch mehr verlassene Waisen darin ein Heim finden würden.

Vergessen wir jedoch nicht, daß in der Versorgung der Waisen jetzt viel mehr getan wird als früher. Im Jahr 1845 wurden in England nur 3600 Kinder in Anstalten versorgt. Fast doppelt so viele Kleine unter acht Jahren schmachteten in Gefängnissen und Armenhäusern. Dieser Stand der Dinge führte damals Georg Müller zu der raschen Vergrößerung des Werkes, bis 2000 Kinder allein in Ashley-Down untergebracht waren. Gewiß wurden gerade durch das Beispiel Georg Müllers andere zu ähnlichem Vorgehen angespornt, so daß 50 Jahre nach der Gründung seines Werkes wenigstens 100 000 Waisen in England allein in Anstalten versorgt wurden.

In all dem mannigfaltigen Werk, das Georg Müller tat, dachte er n i c h t an sich selbst. Vom Oktober 1830 an, wo er auf jedes feste Einkommen sowohl als Prediger wie als Leiter des Werkes zur Verbreitung der Schriftkenntnis verzichtete, hat er nie mehr ein solches bezogen. Er wollte von Gott allein das Nötige zur Bestreitung seiner Bedürfnisse erwarten. Gott lenkte aber die Herzen Seiner gläubigen Kinder in allen Teilen der Erde, nicht nur für die verschiedenen Zweige des Werkes, sondern auch für seine eigenen Bedürfnisse Geld, Kleider, Nahrung und andere zeitliche Notdurft an Georg Müller zu senden. Nie nahm er einen Pfennig für sich, der nicht irgendwie für seinen persönlichen Gebrauch bestimmt oder dessen Verwendung ihm nicht freigestellt war.

Als seine Tochter Lydia im Alter von 58 Jahren starb, stand Georg Müller im 84. Lebensjahr. Niemand, der nicht Zeuge des innigen Verbundenseins zwischen Vater und Tochter gewesen, kann ermessen, was für ein Schlag das für ihn war. Der Verlust aber, den ihr Gatte erlitt, war noch viel größer, denn diese Ehe war im höchsten Grad glücklich gewesen, und Bruder Wright schien es, ein unzertrennlicher Teil seiner selbst sei von ihm genommen worden. Bei Lydia Wright geb. Müller war Demut der lieblichste Zug ihres Wesens. Der Schmuck eines sanften und stillen Geistes ließ sie allen, die sie kannten, so lieblich erscheinen. Ja, „die Schönheit des Herrn, ihres Gottes, lag auf ihr".

James Wright hatte mit seiner Frau mehr als 18 Jahre in „ungetrübtem Glück" gelebt. Zusammen hatten sie gebetet und geweint vor Gott und alle Last gemeinsam getragen. So schwach Frau Wright auch körperlich war, hatte ihr Mann doch an ihr eine Stütze gehabt. Mit großem Takt und großer Treue wachte sie über die Bedürfnisse der Waisen wie vordem ihre Mutter.

Nach ihrem Heimgang fand Bruder Wright unter anderen Gegenständen ihres Nachlasses folgende von ihrer Hand geschriebenen Worte:

> Jesu Antlitz darf ich schauen,
> hab nun weiter kein Begehr;
> Jesu Stimme darf ich hören,
> nichts verlangt die Seele mehr.

Diese wenigen Worte waren ihm ebenso kostbar und tröstlich, wie für Georg Müller die Zeilen gewesen waren, die die Tochter im Nachlaß ihrer Mutter gefunden hatte. Ihr Wunsch war erfüllt; sie sah das Angesicht dessen, der allein ihre Seele befriedigen konnte, und hörte Seine Stimme.

Im 53. Bericht, der den Zeitraum bis zum 26. Mai 1892 umfaßt, wird festgestellt, daß die Ausgaben für das Waisenwerk die Einnahmen um über 72 000 Mark überstiegen, so daß viele Mitarbeiter, jedoch ohne die leiseste Klage von ihrer Seite, ihren Lohn nicht ausbezahlt bekommen hatten. Nun entstand die Frage, ob es nicht Gottes Wille sei, daß das Werk eher eingeschränkt als noch mehr ausgedehnt werde. Man ging um so mehr ins Gebet, und der Glaube wurde nicht schwach, obschon die Probe wochen- und monatelang dauerte. Die Not wurde dann im März durch den Verkauf von nahezu 69 Hektar Land behoben.

Fünf Jahre nach dem Heimgang seiner Tochter Lydia war Georg Müller wieder Witwer. Seine letzte große Missionsreise hatte er im Jahr 1892 beendigt, und im Jahr 1895, am 13. Januar, ging seine Frau, die auf all diesen großen Reisen seine beständige Begleiterin gewesen war, zu ihrer Ruhe ein. Wieder war er allein gelassen. Aber durch die Gnade Gottes wurde er nicht nur aufrechtgehalten, sondern auch fähig gemacht, die Hand zu küssen, die geschlagen hatte.

Auch die Leichenfeier seiner zweiten Frau leitete er selber. Selten wird ein 90jähriger Greis einer solchen Feier vorstehen. Georg Müller lebte in so enger Verbindung mit der unsichtbaren Welt, daß für ihn der Übergang von einer zur anderen nichts Befremdliches hatte.

Georg Müller äußerte einmal, er habe acht Jahre warten müssen, bis er verstanden habe, warum Gott seine erste Frau, die so unentbehrlich für ihn schien, weggenommen habe.

Als es Gott gefiel, ihm nach 23jähriger Ehe seine zweite Frau wegzunehmen, gab Er ihm doch Gnade, sich an die Verheißung zu halten, daß „denen, die Gott lieben, alle Dinge zum Besten dienen".

Beim Heimgang seiner ersten Frau, mit der er mehr als 39 Jahre in treuer Gemeinschaft verbunden war, beugte er sich unter den Willen Gottes im bestimmten Glauben, daß des Herrn Wege vollkommen sind. Der Verlust schien unersetzlich zu sein. Doch nachher verstand Georg Müller seinen Gott völlig. Er erkannte Gottes Willen darin, daß er seinen Lebensabend dem Missionswerk in fernen Ländern widme. Diese Reisen waren natürlich sehr ermüdend für den äußeren Menschen. Zuweilen mußte eine ganze Woche im Eisenbahnzug zugebracht werden und manchmal vier bis sechs Wochen an Bord eines Schiffes. Seine Begleiterin wurde durch diese Reisen und all das, was sie als seine Mitarbeiterin sonst leistete, ebenfalls sehr angestrengt. Inmitten dieser ermüdenden Reisen, bei denen man ja auch noch dem Wechsel des Klimas ausgesetzt war, ging Georg Müller plötzlich ein Licht darüber auf, daß seine erste Frau, die in ihrem 73. Jahr starb, diese Reisen nie hätte mit ihm machen können. Der Herr hatte ihn also durch ihre Wegnahme für diesen neuen Dienst frei machen wollen. Als er die Reisen begann, wäre sie schon 80 Jahre alt gewesen. Überdies war sie ja immer von zarter Gesundheit. Seine zweite Frau dagegen war zu jener Zeit noch nicht 57 Jahre alt und konnte vermöge ihrer kräftigen Gesundheit die Anstrengungen der Reisen ohne besondere Schwierigkeit ertragen.

Um den Abend wird es licht

Auch der Abschluß dieser schönen und ereignisreichen Lebensgeschichte ist von tiefem und ergreifendem Interesse. Wie auf der Spitze eines hohen Berges die untergehende Sonne im letzten Glanz lagert, so daß der goldene Gipfel in der klaren, wolkenlosen Stille des Abends mehr dem Himmel als der Erde anzugehören scheint, so war es mit dem Lebensabend Georg Müllers.

Von Mai 1892 an, nach Beendigung der letzten Missionsreise, widmete er sich hauptsächlich dem Werk der Verbreitung der Schriftkenntnis und der Predigt in der Bethesdakapelle und wo Gott ihn sonst zu brauchen schien.

Seine Gesundheit war merkwürdig gut, besonders wenn man berücksichtigt, daß er seinerzeit wegen häufiger Krankheit und allgemeiner Körperschwäche vom Militärdienst befreit worden war. Viele hatten ihm einen frühen Tod oder ein langes Siechtum prophezeit. Aber obgleich er tropische Hitze und nordische Kälte, Seestürme und tagelange Eisenbahnfahrten, Plagen von Moskitos und Ratten, den beständigen Wechsel von Klima und Lebensweise ausgehalten hatte und dazu noch fast täglich durch öffentliche Ansprachen die Kräfte Leibes und der Seele hatte anstrengen müssen, hatte doch das alles seiner Gesundheit nicht geschadet.

Dieser Mann, der körperlich nie stark war, konnte in seinem 92. Jahr sagen: „Ich bin imstande, jeden Tag ein volles Tagewerk an Arbeit zu bewältigen und mit solcher Leichtigkeit als nur je seit 70 Jahren."

Die wunderbare Jugendfrische dieses Mannes erinnert uns an Kaleb, der im Alter von 85 Jahren sich in Gott rühmen konnte, daß er noch so kräftig sei wie an dem Tag, da er ausgeschickt wurde, das Land zu erkunden.

Georg Müller führte diese Erhaltung der Lebenskraft auf drei Ursachen zurück: erstens, daß er sich ü b e , e i n u n v e r l e t z t e s G e w i s s e n zu haben vor Gott und den Menschen; zweitens auf die L i e b e z u m W o r t G o t t e s und die beständig v e r j ü n g e n d e K r a f t , d i e d i e s e s a u f s e i n g a n z e s W e s e n a u s ü b e , und drittens auf die S e l i g k e i t , d i e e r i n G o t t u n d S e i n e m W o r t e m p f a n d , die ihn vor allem Grämen und nutzlosem Sorgen bewahrte.

Gegen das Lebensende verminderte er auf ärztlichen Rat seine Arbeit, er predigte gewöhnlich nur noch einmal am Sonntag.

Am Sonntagmorgen, dem 6. März 1898, sprach er in der Kapelle an der Almastraße, und am folgenden Montagabend war er in der Gebetsstunde in der Bethesdakapelle. Bei beiden Gelegenheiten war er so wohl wie immer.

Am Mittwochabend nahm er seinen gewohnten Platz bei der Gebetsstunde im Waisenhaus ein und gab die Lieder an, die gesungen werden sollten.

Als er seinem Schwiegersohn gute Nacht sagte, war kein Anzeichen von abnehmender Kraft wahrzunehmen. Bis zuletzt war er der rüstige alte Mann, den man in ihm kannte. Man hatte gerade davon gesprochen, daß ein Greis in seinen Jahren nachts jemand in der Nähe haben müsse, um so mehr, als doch in letzter Zeit einige Anzeichen von Herzschwäche aufgetreten waren. Dem Drängen der Liebe nachgebend, hatte er eingewilligt, daß man für die folgende Nacht die Vorkehrungen dazu treffen möge. Aber die Zustimmung kam zu spät. Er sollte menschlicher Pflege nicht mehr bedürfen.

Am Donnerstagmorgen, dem 10. März, etwa um 7 Uhr wollte man ihm, wie er es gewünscht hatte, eine Tasse Tee auf sein Zimmer bringen. Auf das Klopfen an der Tür folgte keine Antwort. Als die Pflegerin öffnete, um nachzusehen, fand sie den ehrwürdigen Greis neben seinem Bett tot auf dem Fußboden. Wahrscheinlich war er aufgestanden, um etwas zu sich zu nehmen — ein Glas

Milch und ein Biskuit standen immer für ihn bereit. Wahrscheinlich überfiel ihn dabei eine Ohnmacht, so daß er zu Boden stürzte. Sein Arzt, der schnell herbeigerufen wurde, gab seine Meinung dahin ab, daß Georg Müller etwa ein oder zwei Stunden, bevor ihn die Pflegerin gefunden hatte, an Herzschwäche gestorben sei.

Das Leichenbegängnis, das am darauffolgenden Montag stattfand, war ein allgemeiner Beweis der Liebe, wie er sonst selten dargebracht wird. Zehntausende standen ehrfurchtsvoll auf beiden Seiten der Straße, durch die der einfache Leichenzug ging. Die Männer verließen ihre Werkstätten und Kontore, Damen ihre eleganten Häuser und einfache Frauen ihre Küchen, alle mit dem Wunsch, dem Gottesmann ein letztes Zeichen der Achtung darzubringen. Bristol hatte nie zuvor einen solchen Leichenzug gesehen.

Eine kurze Feier wurde im Waisenhaus Nr. 3 abgehalten, wo über tausend Kinder zusammenkamen, die nun zum zweitenmal einen „Vater" verloren hatten. Vor dem Katheder im großen Eßsaal stand der außerordentlich einfache Sarg — auf Wunsch ohne allen Blumenschmuck — der die sterblichen Überreste Georg Müllers enthielt. Eine Kupferplatte auf dem Sargdeckel trug als Inschrift das Datum seines Todestages und sein Alter.

Bruder James Wright hielt die Ansprache. Er erinnerte daran, daß zu uns allen, auch zu denen, die in der engsten Verbindung mit Gott gelebt haben, der Tod kommt, solange der Herr selbst mit Seiner Wiederkunft verzieht; daß es selig ist, im Herrn zu sterben, und daß den Gläubigen in Christus eine glorreiche Auferstehung bevorsteht. Die Tränen, die über die Kinderbacken liefen, bezeugten mehr als alle Worte, wie sehr die Waisen den Verstorbenen geliebt hatten.

Der Leichenzug bildete sich still. Unter denen, die dem Sarg folgten, waren vier Männer, die noch im ersten Waisenhaus an der Wilsonstraße erzogen worden waren.

Die Trauer der Kinder ergriff auch die Herzen der Zuschauer. Augen, die sonst nicht gewohnt waren zu weinen, wurden an diesem Tag feucht.

Verschiedene Wagen führten die Ärzte, die Bekannten und Freunde von Georg Müller, die Ältesten und Diakone der Kirchen, mit denen er in Verbindung gestanden hatte, und die große Schar der Gehilfen des Werkes in Ashley-Down. Dann folgten 40 oder 50 andere Wagen mit Vertretern von verschiedenen religiösen Körperschaften usw.

In der Bethesdakapelle war jeder Platz besetzt. Hunderte suchten vergebens Einlaß. Man sang das gleiche Lied, das Georg Müller bei der letzten Gebetsversammlung am Abend vor seinem Heimgang hatte singen lassen.

Bruder Wright sprach über Hebräer 13, 7. 8: „Gedenket an eure Lehrer, die euch das Wort Gottes gesagt haben; ihr Ende schauet an und folget ihrem Glauben nach. Jesus Christus gestern und heute und derselbe auch in Ewigkeit."

Er redete von den geistlichen Lehrern und Führern, die Gott über Sein Volk setze, und von dem Vorrecht, ihrem Glauben nachzufolgen. Er hob die beiden Kennzeichen des Glaubens seines Schwiegervaters hervor: erstens, daß er auf den unbeweglichen Fels, Gottes geschriebenes Wort, sich stützte, und zweitens, daß er die Vorschriften und Verheißungen dieses Wortes ins tägliche Leben umsetzte. Er hob besonders hervor, daß Georg Müller die g a n z e S c h r i f t als von Gott eingegeben angenommen habe. Er pflegte zu jungen Gläubigen zu sagen: „Lege deinen Finger auf die Stelle, auf die dein Glaube sich stützt." Er hatte die Bibel wohl fast zweihundertmal durchgelesen. Er nährte sich von dem Wort und war darum stark. In seinen eigenen Augen immer schwach, elend, schlecht, unwürdig des geringsten Segens, verließ er sich einzig auf das Verdienst und die Vermittlung seines großen Hohenpriesters.

Georg Müller legte immer wieder starken Nachdruck auf den Glauben. Er sagte oft zu denen, die ihm in Gebet und Arbeit zur Seite standen: „Laßt nie einen Schatten von Zweifel an der Liebe des Vaterherzens oder an der Macht des väterlichen Armes aufkommen." Er beurteilte sein ganzes Leben in dem Licht, das einst der Tag des Gerichts darauf werfen würde.

Bruder Wright machte in seiner Ansprache noch zwei weitere Stücke namhaft. Er betonte, daß der Geist uns auffordert, nicht die Werke der Menschenfreundlichkeit nachzuahmen, sondern den G l a u b e n. Er nahm dabei Gelegenheit, seine Zuhörer daran zu erinnern, daß nicht menschenfreundliche Bestrebungen Georg Müllers Ziel waren, sondern in erster Linie G o t t z u e h r e n und zu verherrlichen als d e n n o c h l e b e n d e n G o t t, d e r s o g u t w i e v o r t a u s e n d J a h r e n d i e G e b e t e S e i n e r K i n d e r e r h ö r t u n d d e n e n h i l f t, d i e I h m v e r t r a u e n. Er erinnerte in beweglicher Weise an die Demut, mit der Georg Müller die größten Dinge für Gott unternommen hatte, und zeigte, wie Gott die herauswählen und brauchen kann, die willig sind, nur W e r k z e u g e zu sein.

Bruder Wright bemerkte ferner: „Ich bin immer wieder und erst letzthin noch gefragt worden, ob das Waisenwerk fortbestehen werde. Es geht fort. Seit Jahresanfang haben wir zwischen 40 und 50 neue Waisen aufgenommen und erwarten diese Woche noch mehr. Wir glauben, daß die Wege, die uns Gott in der Zukunft führen wird, Seiner würdig sein werden. Mehr wissen wir nicht, und es ist auch nicht nötig. Er weiß, was Er tun will. Ich kann indessen nicht glauben, daß der, der das Werk so lange gesegnet hat, unsere Gebete künftig unerhört lassen wird."

Nach verschiedenen weiteren Ansprachen wurde Georg Müllers Leib zu seiner Ruhestätte nach dem Friedhof von Arno-Vale gebracht und neben den Gräbern seiner ersten und seiner zweiten Gattin eingesenkt. Etwa achtzig Wagen gaben das Geleit zum Friedhof. Alles von Anfang bis zu Ende war so einfach, wie er selbst es gewünscht haben würde.

Am Sonntag vor dem Begräbnis wurde von fast allen Kanzeln der Stadt mehr oder weniger eingehend des Todesfalls Erwähnung getan und des Lebens, Charakters und Werkes des Knechtes Gottes gedacht, der so viele Jahre vor den Augen der Bewohner von Bristol seinen unsträflichen Wandel geführt hatte. Auch die tägliche und wöchentliche Presse brachte ausführliche Nachrufe, in denen seine Frömmigkeit, seine Bedeutung und sein Werk anerkannt wurden.

Bei seiner Beerdigung wurde daran erinnert, daß er erst am letzten Abend, den er auf Erden zubrachte, zugestanden habe, von seiner Arbeit müde zu sein. Wie freundlich ist der Herr mit Seinem Knecht umgegangen, daß kein Gefühl von Erschöpfung über ihn kommen durfte, bis Er den Wagen sandte, der ihn heimholen sollte. Georg Müllers letzte Predigt in der Bethesdakapelle, in der er 66 Jahre seines Amtes gewaltet hatte, handelte über 2. Korinther 5, 1: „Wir wissen: wenn unser irdisch Haus, diese Hütte, zerbrochen wird, so haben wir einen Bau von Gott erbaut, ein Haus, nicht mit Händen gemacht, das ewig ist im Himmel."

Es war, als ob er eine gewisse Vorahnung gehabt hätte, daß in kurzem seine Hütte abgebrochen werden würde. Er sah voraus, daß seine Tage bald ihre Vollzahl erreicht hatten. Sieben Monate vor seinem Heimgang schon hatte er angesichts gewisser Unregelmäßigkeiten des Pulses seinem Arzt gegenüber bemerkt: „Das bedeutet T o d."

Viele der Waisenkinder baten — wie damals, als Georg Müllers erste Frau starb — zu einem Grabstein ihres geliebten Wohltäters ihr Scherflein beisteuern zu dürfen. Schon hatte ein junges Dienstmädchen zu diesem Zweck über 400 Mark gesammelt. Da aber Bruder Wright die Wünsche seines Schwiegervaters kannte und wußte, daß nur der einfachste Stein zur Bezeichnung des Ruheplatzes seiner irdischen Hülle ihm recht sein würde, hielt er es für nötig, den Strom der Gaben zurückzudämmen, da schon schnell die nötige Summe vorhanden war.

Die Inschrift des einfachen Grabsteins lautet in der Übersetzung: Zur liebenden Erinnerung an Georg Müller, Gründer der Waisenhäuser auf Ashley-Down, geb. am 27. September 1805, heimgegangen am 10. März 1898. Er vertraute seinem Gott, „dem kein Ding unmöglich ist", und Seinem geliebten Sohn Jesus Christus, unserem Herrn, der gesagt hat: „Ich gehe zum Vater, und was ihr bitten werdet in Meinem Namen, das will Ich tun, auf daß der Vater geehrt werde in dem Sohn", und Seinem vom Heiligen Geist eingegebenen Wort, das erklärt, daß „alle Dinge möglich sind dem, der da glaubt". Und Gott erfüllte diese Verheißungen in der Erfahrung Seines Knechts, indem Er es ihm möglich machte, für etwa 10 000 arme Waisenkinder zu sorgen. Dieser Gedenkstein wurde aus den freiwilligen Liebesgaben vieler dieser Waisen errichtet.

Von Amerika her wurden dringende Anerbietungen gemacht, ein großes Denkmal oder irgendein sichtbares Andenken für Georg Müller zu errichten. Die Ortsblätter schlossen sich diesem Wunsch an. Zuletzt veranlaßten verschiedene Briefe Bruder Wright, eine öffentliche Erklärung darüber abzugeben, warum er solche Vorschläge zurückweise. Er schrieb:

Sie fragen mich — als der ich so lange und eng mit dem verewigten Herrn Georg Müller verbunden gewesen bin —, was ich als das beste Denkmal ansehen würde, das mit seinen eigenen Wünschen übereinstimmte.

Ich glaube, es wird am besten sein, ihn selber reden zu lassen:

1. Als er das Waisenhaus Nr. 1 baute und die Frage entstand, wie das Haus genannt werden solle, vermied er es absichtlich, seinen eigenen Namen damit in Verbindung zu bringen. Er nannte es nur: „Das neue Waisenhaus auf Ashley-Down." Bis an sein Lebensende hörte er es

sehr ungern, wenn er die Bezeichnung „Müllers Waisenhäuser" hörte oder las. In bezug darauf wiederholte er jahrelang in jedem Jahresbericht die Berichtigung: „Die neuen Waisenhäuser auf Ashley-Down sind nicht m e i n e Waisenhäuser — sie sind Gottes Waisenhäuser."

2. Jahrelang, bis in sein 89. Jahr, erlaubte er nicht, daß irgendein Bild von ihm veröffentlicht wurde. Nur sehr widerstrebend gab er in diesem Punkt zuletzt nach.

3. Im letzten von ihm herausgegebenen Jahresbericht stellt er fest: „Der Hauptzweck, den ich mit diesem Werk im Auge hatte, ist, zu zeigen, daß im 19. Jahrhundert Gott noch der lebendige Gott ist und daß Er jetzt noch so gut wie vor 2000 Jahren auf die Gebete Seiner Kinder hört und denen hilft, die Ihm vertrauen." Es ist daher aus solchen Worten und einer solchen Handlungsweise ersichtlich, daß Georg Müller nur das eine Denkmal wünschte, daß sein Beispiel den Mitmenschen zum Segen sein möchte. Jede Seele, die durch seine Worte oder sein Vorbild zu Gott bekehrt wird, ist ein bleibendes Denkmal für ihn, als ihren Vater in Christus. Jeder Gläubige, der im Glauben gestärkt wird durch seine Worte oder sein Vorbild, ist ein ähnliches Denkmal.

Er wußte, daß Gott nach dem Reichtum Seiner Gnade ihm schon viele solcher Denkmäler gegeben hatte. Er schied aus diesem Leben, wie ich weiß, in der fröhlichen Hoffnung, daß er droben noch Tausende antreffen werde, denen er nach Gottes Wohlgefallen ein Kanal reicher geistlicher Segnungen geworden war.

Georg Müller erhielt oft Briefe, in denen der Schreiber seine äußere Not klagte und um Beistand bat, zuweilen um einen Betrag, der zwei-, drei-, ja zehnmal so groß war als das ganze augenblickliche Barvermögen Georg Müllers. Er pflegte dann zu mir zu sagen: „Ach, diese lieben Leute mißverstehen die Lektion, die ich ihnen nahebringen möchte, ganz und gar; sie kommen, anstatt zu Gott zu gehen, zu mir." Und wenn er auf eine Stunde zu uns zurückkommen und hören könnte, was seine wohlmeinenden, aber irrenden Freunde sich zur Ehrung seines Gedächtnisses vornehmen zu tun, so ist mir, als hörte ich ihn mit einem Seufzer ausrufen: „Ach, diese lieben Freunde mißverstehen gänzlich die Lektion, die ich 70 Jahre lang versuchte ihnen vor Augen zu stellen, daß ein Mensch sich nichts nehmen kann, es werde ihm denn von oben gegeben, und daß daher der große G e b e r und nicht der arme E m p f ä n g e r verherrlicht werden muß."

Ihr getreuer James Wright

Übersicht über das Lebenswerk

Der Tod schließt die Tür für den irdischen Dienst. Es sind Andeutungen dafür vorhanden, daß der Dienst jenseits des Grabes unaufhörlich und mühelos ist. Die selig Heimgegangenen „ruhen zwar von ihrer Arbeit" — ihren zum Teil mühevollen und schwierigen Aufgaben —, „aber ihre W e r k e" — ihre Tätigkeit für Gott — „folgen ihnen nach" dahin, wo Arbeit nicht mehr Mühe ist.

Es sollen hier nun die Ergebnisse des irdischen Lebenswerkes Georg Müllers nochmals zusammengefaßt werden. Ein Satz aus seiner Feder drückt aus, was der Angelpunkt seines ganzen Wesens war: „I c h h a b e m i t F r e u d e n m e i n g a n z e s L e b e n d e m Z w e c k g e w i d m e t , d u r c h m e i n B e i s p i e l z u z e i g e n , w i e v i e l d u r c h G e b e t u n d G l a u b e n a u s g e r i c h t e t w e r d e n k a n n."

Georg Müllers ältester Freund, Robert C. Chapman von Barnstaple, sagt so schön: „Wenn es eines Mannes Hauptanliegen und Hauptgeschäft ist, dem Herrn zu dienen und zu gefallen, müssen alle Umstände ihm dienen." Dies bestätigt sich auch in Georg Müllers Leben.

Der 59. Jahresbericht, der am 26. Mai 1898 herauskam, war der erste nach Georg Müllers Tod. Bruder Wright gibt darin eine kurze, aber übersichtliche Zusammenfassung des ganzen Werkes nicht nur während des verflossenen Jahres, sondern von dessen Anbeginn an. Er verschafft uns auf diese Weise einen klaren Überblick.

Dieser Bericht ist doppelt wertvoll, weil er auch den letzten Beitrag von Georg Müllers eigener Hand zu den „Taten Gottes" enthält. Es ist wahrscheinlich, daß er am Nachmittag des 9. März daran schrieb und dann die Feder niederlegte, ohne zu denken, daß er sie nie wieder aufnehmen werde. Er hatte in doppeltem Sinn seine letzte Eintragung in das Tagebuch seines Lebens gemacht.

Der Nachmittag des Todestages oder — wie ihn die Heiligen der Katakomben nannten — seines „Geburtstags" zum himmlischen Leben fand alle Gehilfen wieder versammelt, um das Werk d e m zu übergeben, „der allein Unsterblichkeit hat" und der inmitten alles Wechsels menschlicher Leitung immer der göttliche Meister bleibt, der nie verlegen ist in der Wahl Seiner Werkzeuge.

Bruder Wright zeigt sich in diesem Bericht als der von Gott erwählte Nachfolger. Gleich aus dem ersten Abschnitt — nach kurzem, aber ergreifendem Rückblick auf seines Schwiegervaters Wirksamkeit — können alle Freunde des Werkes mit Sicherheit erkennen, daß der Mann, dem Georg Müller die Leitung des Werkes übertrug, auch das Geheimnis des erfolgreichen Arbeitens mit Gott gelernt hat.

Bruder Wright sagt:

Es steht geschrieben (Hiob 26, 7): „Er hängt die Erde an nichts", das heißt, sie hat keine s i c h t b a r e Stütze. So freuen wir uns der Tatsache, daß das Werk zur Verbreitung der Schriftkenntnis im In- und Ausland wie immer und nun seit mehr als 64 Jahren an nichts hängt, d. h. an keiner s i c h t b a r e n Stütze. Es stützt sich nicht auf einen menschlichen Schutzherrn, nicht auf ein Kapital, nicht auf eine Schenkung, sondern ganz allein auf das Wohlgefallen des großen Gottes.

Bruder Wright erwähnt in diesem Bericht noch eine Gebetserhörung, die ihm ein sichtbares Zeichen der göttlichen Fürsorge ist, daß ihm nämlich ein Gehilfe zugesellt wurde. Dieser Gehilfe war in jeder Beziehung eines Sinnes mit ihm und daher wohl geeignet, die verantwortungsvolle Aufgabe mit ihm zu teilen.

Er und Georg Müller hatten schon seit drei Jahren den Herrn um eine Hilfe gebeten. Bruder Wright und seine Frau hatten schon seit der Zeit, da Georg Müller seine Missionsreisen begann, dieses Bedürfnis zu einem Gebetsanliegen gemacht. Aber keinem von ihnen hatte ein Name vorgeschwebt, wenigstens hatten sie keinen genannt.

Nach dem Heimgang Georg Müllers wurde es Bruder Wright indessen gewiß, daß sein gütiger Vater ihn nicht lange die große Bürde werde allein tragen lassen, und etwa 14 Tage später wußte er mit Sicherheit, daß er bei Bruder Georg Friedrich Bergin anfragen solle und daß dieser der „treue Gefährte" (Phil. 4, 3) für ihn sein werde, dessen er bedurfte.

Er hatte diesen Bruder schon ein Vierteljahrhundert lang gekannt; er hatte neben ihm in der Gemeinde gearbeitet, und obschon sie in ihrer Naturanlage verschieden waren, hatte doch stets das vollste Einverständnis unter ihnen geherrscht. Bruder Bergin war 17 Jahre jünger als Bruder Wright, und so war es wahrscheinlich, daß er ihn überleben und sein Nachfolger werden könnte; er hatte eine große Liebe zu Kindern und hatte seine eigenen in der „Zucht und Vermahnung zum Herrn" auferzogen. Er war daher geeignet, auch dieser größeren Familie von Waisen vorzustehen.

Bruder Wright legte die Angelegenheit Bruder Bergin vor und war erfreut, aber nicht überrascht, zu sehen, daß Gott auch dessen Herz schon gelenkt hatte. Bruder Bergin hatte den Eindruck gehabt, daß er sich als Gehilfen a n - b i e t e n sollte. Der Geist, der Philippus zu dem Kämmerer führte und zu gleicher Zeit diesen nach Unterweisung verlangend machte; der Geist, der Männer von Kornelius aussandte und, während sie an Simons Haus anklopften, Petrus die Weisung erteilte, mit ihnen zu gehen, derselbe Geist wirkt noch jetzt in geheimnisvoller Weise auf Menschen, die Er zusammenbringen will zur gemeinsamen Arbeit im Dienst der Liebe.

So fand Bruder Wright, nachdem sein geliebter „Vater" heimgegangen war, in dem lebendigen Gott denselben Helfer und Versorger bei jeder Notlage. Er erkannte, daß der Gott Elias beim Überschreiten des Jordans noch da war und die gleichen Wunder tun konnte wie zuvor. —

Georg Müllers eigene Liebesgaben für das Reich Gottes finden in diesem Bericht ihre erste volle Erwähnung. Leser der Jahresberichte bemerkten wohl eine Eintragung, die mit auffallender Regelmäßigkeit durch alle die 30 oder 40 Jahre hindurch wiederkehrte und daher verriet, daß der Geber ein sehr hohes Alter erreichen mußte. Sie lautete: „Von einem Diener des Herrn Jesus, den die Liebe Christi dringt, Schätze im Himmel zu sammeln."

Wenn diese Eintragungen zusammengezählt und noch dazugenommen wird, was Georg Müller sonst für verschiedene Reichgotteswerke beisteuerte, ergibt sich, daß die ganze Summe, die dieser „Diener" seinem Gott wiedergab, bis zum 1. März 1898 1 629 818,65 Mark betrug.

Jetzt, da dieser „Diener des Herrn Jesus" daheim war bei seinem Herrn, glaubte sich Bruder Wright ermächtigt, den Schleier zu lüften.

Solch ein Mann hatte zweifellos ein Recht, andere zum regelmäßigen und gewohnheitsmäßigen Geben zu ermahnen. Er gab, was nicht einer unter Tausenden gibt, nicht den Zehnten noch irgendeinen bestimmten Teil des jährlichen Einkommens, sondern a l l e s , was bei der sparsamsten Lebensweise ü b r i g b l i e b.

Georg Müller konnte von sich sagen: „Es handelte sich bei mir nie darum, wieviel ich bekommen, sondern vielmehr darum, wieviel ich geben könnte."

Er hielt sich beständig vor Augen, daß er nur der Verwalter von Gottes Eigentum sei. Er suchte einen möglichst großen Gewinn aus dem einen kurzen Leben auf Erden herauszuwirtschaften. Er wollte den besten und reichlichsten Gebrauch machen von dem ihm anvertrauten Gut. Für ihn waren die göttlichen Dinge Wirklichkeiten. Und da er jede Handlung, jeden Entschluß und Beweggrund im Licht des Richterstuhls Christi betrachtete und sich immer fragte, wie ihm alles einst von da aus erscheinen werde, verlor das Zeitliche für ihn allen trügerischen Schein. So suchte er unter viel Gebet und gewissenhafter Selbstprüfung in Arbeit und Selbstverleugnung im Dienst

Gottes und der Mitmenschen so zu wandeln, daß er vor Ihm bei Seiner Zukunft nicht zuschanden werden möchte.

Dies alles geschah nicht im Geist der Furcht; denn wenn irgendein Mann seines Zeitalters die völlige Liebe kannte, so war es Georg Müller. Er fühlte, daß Gott die Liebe ist und daß die Liebe von Gott ist. Er sah, daß die Liebe sich in der größten der Gaben offenbarte — in dem einen geliebten Sohn auf Golgatha. Er kannte die Liebe, die Gott zu uns hat, und glaubte an sie; sie kam in sein eigenes Herz hinein und bekam mehr und mehr die Herrschaft über ihn, bis sie vollkommen wurde, alle quälende Angst austrieb und ihn mit heiligem Vertrauen und heiliger Freude erfüllte.

Unter den Bibelstellen, die Georg Müllers Geben sehr beeinflußten, war Lukas 6, 38: „Gebt, so wird euch gegeben. Ein voll, gedrückt, gerüttelt und überfließend Maß wird man in euren Schoß geben." Er glaubte an diese Verheißung und erfuhr deren Wahrheit.

Und wieder las er: „Geben ist seliger als nehmen." An alles, was er im Wort Gottes fand, glaubte er und suchte durch Gottes Gnade demgemäß zu handeln. Er selber bezeugt, daß er dadurch überschwenglich gesegnet wurde und Friede und Freude im Heiligen Geist bei ihm je mehr und mehr zunahmen.

Es wird daher niemand überraschen, daß Georg Müllers Nachlassenschaft äußerst klein war.

Die letztwillige Verfügung Georg Müllers enthält eine Bemerkung, die hier des Schlußsatzes wegen nicht vergessen werden soll. Es ist gewissermaßen sein letztes Zeugnis, sein Testament von jenseits des Grabes. Es heißt: „Ich kann nicht anders als staunen über die wunderbare Gnade Gottes, die mich den Herrn Jesus hat finden lassen zu einer Zeit, da ich noch ein leichtsinniger und gedankenloser junger Mensch war, und daß Er mich in Seiner Furcht und Wahrheit erhalten hat und mir die große Ehre hat zuteil werden lassen, Ihm so lange zu dienen." —

Was auch Georg Müllers Überzeugungstreue auf der einen Seite kostete, er hatte auf der anderen Seite wunderbare Erfolge zu verzeichnen. Schon zu seinen Lebzeiten erreichte die Gesamtsumme, die während 60 Jahren für die von ihm gegründeten Reichgotteswerke ausgegeben wurde, die überraschende Höhe von 30 Millionen Mark.

Solch ein Leben und solch ein Werk sind das Ergebnis vor allem e i n e r Gewohnheit — des täglichen und beständigen Verkehrs mit Gott. Wir wissen, wie unermüdlich Georg Müller im Anhalten und Fürbitten war, wie bei jeder neuen Not und Entscheidung das Glaubensgebet seine einzige Zuflucht gewesen ist. In jeder Notlage überzeugte er sich zuerst, ob er auf dem Weg der Pflicht sei. Dann richtete er sein Gemüt auf das unwandelbare Wort der Verheißung. Und hierauf brachte er mit der Kühnheit eines Bittstellers, der im Namen Jesu vor Gottes Gnadenthron kommt, jedes Anliegen vor. Kein Verziehen der Verheißung konnte ihn entmutigen.

Man sieht dies besonders in den Fällen, in denen er um die Bekehrung von Menschenseelen betete. Auf seiner Gebetsliste standen die Namen von solchen, für die er schon ein, zwei, drei, vier, sechs, zehn Jahre täglich gebetet hatte, ehe er Erhörung fand.

Gerade ein Jahr vor seinem Heimgang erzählte er dem Verfasser dieses Buches von zwei Fällen, in denen er um die Rettung einer Seele über 60 Jahre Tag für Tag gebetet hatte, ohne daß die Betreffenden sich seines Wissens bis jetzt bekehrt hätten. Er fügte aber bedeutungsvoll hinzu: „Ich hege keinen Zweifel, daß ich ihnen beiden im Himmel begegnen werde, denn mein himmlischer Vater würde sie mir nicht als Gebetsbürde mehr als 60 Jahre aufs Herz gelegt haben, wenn Er über sie nicht Gnadenabsichten hätte."

Es kann hier mitgeteilt werden, daß eine der beiden Seelen, für die er so lange betete, im Glauben gestorben ist, nachdem sie sich die Verheißungen noch aneignen und Jesus als ihren Erlöser erfassen konnte.

Wenn Georg Müller noch mit uns sprechen könnte, würde er die Warnung wiederholen, die man so oft in seinem Tagebuch und in den Jahresberichten findet, man möge doch ihn nicht etwa für einen Wundertäter ansehen, so wunderbar seine Erfahrungen auch seien. Geduldig wiederholte er immer wieder, daß solche Erfahrungen das Vorrecht aller Gläubigen seien. Gott beruft Seine Jünger zu verschiedenen Arten des D i e n s t e s , aber alle zu demselben G l a u b e n. Es ist also unrichtig und ungläubig, zu sagen: „Da ich nicht berufen bin, Waisenhäuser zu bauen usw., so habe ich kein Recht, Gebetserhörungen zu erwarten, wie Georg Müller sie erfuhr." Jedes Kind Gottes — das hielt er fest — muß in die richtige Stellung zu Gott kommen und darin volles Vertrauen üben, ja vom Glauben an Gottes sicheres Verheißungswort leben.

Durch alle die Tausende von Seiten des Tagebuchs hindurch, die seine Feder schrieben, finden wir immer wieder den Grundsatz aufgestellt, daß jede Erfahrung von Gottes Treue eine Belohnung ist für bewiesenen Glauben und wiederum eine Vorbereitung für ein größeres Werk und einen gründlicheren Dienst.

Das Werk Georg Müllers kann nur der begreifen, der die übernatürliche Macht Gottes darin erkennt. Georg Müller selbst hielt von Anfang bis zu Ende fest, daß dieser Faktor der Schlüssel zu dem ganzen Werk sei. Ohne diesen wäre es ihm selber ein Rätsel gewesen. Oft verglich er sich und sein Werk mit dem „brennenden Busch in der Wüste", der, immer brennend und anscheinend von Zerstörung bedroht, doch nicht verzehrt wird.

Das Gleichnis vom brennenden Busch ist um so zutreffender, wenn wir das schnelle Wachstum des Werkes berücksichtigen. Aus dem kleinen Anfang in dem gemieteten Haus, in dem man 30 Waisen aufnehmen konnte, wurden fünf ungeheuer große Gebäude, bis darin 300, 700, 1150 und zuletzt 2050 Waisen Obdach finden konnten.

Wie selten hat die Welt eine solch schnelle Ausdehnung eines Werkes gesehen! Das gleiche Verhältnis fand statt mit der Ausgabe. Zuerst die kleine Ausgabe von vielleicht 10 000 Mark für die Anstalt der Verbreitung der Schriftkenntnis und von 10 000 Mark für das erste Jahr des Waisenwerkes und im letzten Jahr Georg Müllers eine Auslage von über 550 000 Mark für die verschiedenen Zweige des Werkes.

Die Kosten der Häuser, die auf Ashley-Down gebaut wurden, hätten einen Kapitalisten erschrecken können; aber dieser arme Mann schrie nur zu Gott, und der half ihm. Das erste Haus kostete 300 000 Mark, das zweite über 420 000, das dritte über 460 000 und das vierte und fünfte zwischen 1 000 000 und 1 200 000 Mark; die Gesamtkosten beliefen sich auf 2 300 000 Mark. Daneben betrug die jährliche Auslage allein für die Waisen etwa 500 000 Mark, abgesehen davon, was gesundheitliche Verbesserungen kosteten, deren eine einzige unter anderen sich auf über 40 000 Mark belief.

Da ist wirklich ein brennender Busch, der beständig in Gefahr zu sein scheint, verzehrt zu werden, und der doch immer noch auf Ashley-Down steht und bewahrt bleibt, weil die Gegenwart Gottes in ihm brennt. Nicht ein Zweig dieses vielseitigen Werkes ist zugrunde gegangen. Der Busch ist eine Aufforderung an die Ungläubigen, stillzustehen und bei dem großartigen Anblick die Schuhe von ihren Füßen auszuziehen, weil auf diesem heiligen Boden Gott sich offenbart.

Georg Müllers Predigttätigkeit umfaßte die ganze Zeit von 1826 bis zu seinem Ende im Jahr 1898, also über 70 Jahre. Von 1830 an, als er nach Teignmouth ging, erlitt sie keine Unterbrechung mehr, ausgenommen etwa durch Krankheit. Durchschnittlich fielen drei Predigten auf die Woche, das macht für seine ganze Lebenszeit über 10 000 aus.

Das kirchliche Leben, das seiner Leitung unterstellt war, war ebenfalls sehr gesegnet. Er erlebte auch darin sichtbare und greifbare Erfolge. Während der ersten zweieinhalb Jahre der Arbeit in Bristol wurden 227 Glieder hinzugetan, wovon etwa die Hälfte Neubekehrte waren. Wahrscheinlich würde, wenn alle gezählt werden könnten, die durch seine Predigt zur Erkenntnis Christi geführt wurden, die Zahl in die Tausende reichen, auch wenn man die bekehrten Waisen von Ashley-Down nicht dazu rechnen würde. Ziehen wir aber noch die große Anzahl derer in Betracht, vor denen er in allen Teilen der Welt auf seinen Missionsreisen Zeugnis ablegte, und die noch viel größere Zahl, die sein Tagebuch, seine Schriften und Traktate lasen oder auf andere Weise die Macht seines Beispiels und Lebens zu spüren bekamen, so können wir etwa ahnen, wie außerordentlich groß der Einfluß war, den er durch sein Wort, seine Feder, seine Arbeiten und seinen Wandel ausübte.

Das Beste seines Einflusses kann natürlich nicht in zahlenmäßigen Aufstellungen zusammengefaßt werden; es ist wie der Geruch der Nardenflasche, der das ganze Haus erfüllte. Das liegt auf einem Gebiet, in das man mit Zahlen und Berechnungen nicht eindringen kann. Aber Gott sieht, kennt und belohnt es.

Das kirchliche Leben und sein Wachstum

Der Gründer der Waisenhäuser begann und endete seine öffentliche Laufbahn als Prediger. Über 60 Jahre lang war er mit einer Gemeinschaft von Gläubigen aufs engste verbunden. Eine Darstellung seines Lebens würde darum unvollständig sein, wenn wir nicht auch von der Kirche in Bristol erzählen wollten, die Georg Müller als einen ihrer ersten Leiter gehabt hat, der ihr dazu auch von allen ihren Predigern am längsten gedient hat.

Als Georg Müller und Bruder Craik ihr gemeinsames Werk in Bristol begannen, mußte das ganze kirchliche Leben erneuert werden. Sie warteten auf Gott, daß Er ihnen Weisheit gebe, es Seinem Wort und Seinem Willen gemäß umzugestalten. Zu Anfang ihres Amts schrieben diese Brüder sorgfältig die Grundsätze nieder, auf welchen ihr Dienst am Wort beruhen sollte.

Es wurde ihnen klar, daß man folgende Züge in der Gemeinde Christi finden müsse: Apostolische Einfachheit der Anbetung, evangelische Lehre, Darbietung des Evangeliums an Fernstehende, Trennung von der Welt, wohlgeordnetes Geben und Abhängigkeit von Gott allein. Der Heilige Geist sollte die eine leitende und regierende Macht in allen kirchlichen Versammlungen sein. Allen Gläubigen sollte die Ausübung des geistlichen Priestertums nach Maßgabe der geistlichen Gaben ermöglicht sein.

Wie früher erwähnt, hatten sich im Jahr 1832 sieben Personen, mit Einschluß dieser beiden Prediger, vereinigt, um eine Kirche zu gründen. Von da an war die Bethesdakapelle eine Versammlung von Gläubigen, die das Neue Testament als einzige Grundlage des kirchlichen Lebens festzuhalten suchten.

Im Jahr 1834 wurden alle nicht bekehrten Sonntagsschullehrer entlassen. Zu dem Dorkasverein, in dem man Kleider für die Armen anfertigte, wurden nur gläubige Schwestern zugelassen. Man hielt es für unweise und ungeziemend, Gläubige und Ungläubige zu vermischen. Eine solche Vermischung erschien ihnen für beide Teile als nachteilig. Es lag nahe, daß auf diese Weise die Ungläubigen in falsche Sicherheit gewiegt wurden. Sie konnten so auf den Gedanken kommen, als wäre ein Mithelfen an einem christlichen Werk ein Ersatz dafür, daß sie sich bekehrten und den Herrn Jesus annähmen; als könnte dieses Mitarbeiten ihnen bei Gott Gunst erwerben und eine offene Tür in den Himmel sichern. Unwiedergeborene Personen sind geneigt zu glauben, daß in ihrer Vermischung mit Gläubigen und christlichen Arbeitern ein Verdienst liege. Besonders suchen sie ein Verdienst in den Gaben, die sie für das Evangelium und Gottes Sache opfern. Georg Müller und Bruder Craik hatten die tiefe Überzeugung, daß diese Gefahr vorlag, und daß auch in untergeordneten Dingen um aller Beteiligten willen eine Trennung sein müsse.

In jeder kirchlichen Angelegenheit waren Gebet und Forschen in der Schrift die einzigen Mittel, um Klarheit zu bekommen. Als im Frühling 1838 über schwierige Gegenstände allerlei Fragen entstanden, zogen sich Georg Müller und Bruder Craik einfach für zwei Wochen in die Stille zurück, um im Gebet und Nachdenken die Weisung ihres Gottes zu erwarten. Sie empfingen denn auch für sich selber völlige Klarheit von oben, und die Brüder kamen zu einem einmütigen Urteil über die vorliegenden Fragen. Schließlich gab Gott ihnen Weisheit, so zu handeln, daß Überzeugungsmut mit dem stillen und sanften Geist Christi gepaart war. Alle Wolken zogen vorüber, und der Friede war wiederhergestellt.

Etwa acht Jahre lang waren in der Gideon- und in der Bethesdakapelle Gottesdienste gehalten worden. Von 1840 an wirkten Georg Müller und Bruder Craik nur noch an der letzteren. Sie verließen die Gideonkapelle, weil sich in der dortigen Gemeinde eine größere Anzahl von Gläubigen befand, die der Durchführung der von Georg Müller und Bruder Craik als schriftgemäß erkannten Grundsätze hindernd im Weg standen.

Mit der Bethesdakapelle blieb Georg Müller viele Jahre hindurch aufs innigste verbunden. Er war ihr Ältester im Dienst am Wort — primus inter pares, d. h. der Leiter unter Gleichberechtigten.

Es lag Georg Müller immer am Herzen, seinen Brüdern im Amt und in der Seelsorge mit den Wahrheiten zu dienen, die der Herr ihm selbst klargemacht hatte.

Auf seinen Missionsreisen in der ganzen Welt ergriff er freudig jede Gelegenheit, mit vielen oder wenigen zusammenzukommen, denen er seine eigene tiefe Überzeugung von dem Geheimnis eines erfolgreichen Dienstes auf der Kanzel und in der Seelsorge mitteilen konnte. Solche Versammlungen mit Brüdern im Amt hielt er wohl Hunderte, vielleicht Tausende im Lauf seines langen Lebens. Ein Beispiel wird genügen, um die Art seines Wirkens nach dieser Seite hin zu kennzeichnen. Auf einer seiner amerikanischen Reisen hielt er eine solche nachher veröffentlichte Ansprache, die im Auszug hier folgen soll.

Vor allem legte Georg Müller großen Nachdruck auf die Notwendigkeit der Bekehrung. Ein Mann, der nicht wahrhaft zu Gott bekehrt und seiner Umwandlung sicher ist, ist nicht fähig, andere zu bekehren. Das Priesteramt ist nicht ein menschlicher Erwerbszweig, sondern ein göttlicher Beruf. Der wahre Prediger ist sowohl ein Bote als ein Zeuge und muß daher seine Botschaft des Heils durch sein persönliches Zeugnis der Erfahrung unterstützen.

Aber auch die Bekehrung allein ist nicht genug: ein rechter Prediger muß auch den Herrn Jesus genau kennen. Er muß erfahren haben, wie der Herr sich der Seele naht, und muß durch stündlichen Umgang mit Ihm Freude und Stärke empfangen haben. Der Diener Christi muß unbedingt in diese enge Verbindung mit dem Herrn kommen, koste es, was es wolle; sie ist ein dringendes Erfordernis, wenn er Frieden und Macht haben soll.

Sodann betonte er die Notwendigkeit **des Wachstums in der Freude und in der Liebe**. In diesem Stück sind der Erfahrung keine Grenzen gesetzt, wenn ein Gläubiger sich Gott völlig übergibt, Liebe zum Wort Gottes hegt und im innigen Umgang mit Gott steht. Das erste Geschäft an jedem Morgen sollte darum sein, sich in Gott zu freuen.

Wer andere speisen will, muß sorgfältig **seine eigene Seele nähren**. Tägliches Lesen und Studieren der Heiligen Schrift mit viel Gebet, besonders in den frühen Morgenstunden, wurde dringend gefordert. Man soll vor Gott stille werden. Das Gemüt muß ruhig und frei von Zerstreuung sein. Fortwährendes Lesen des Worts im Zusammenhang wird Licht auf dessen Lehren werfen, Gottes Gedanken in ihrer Mannigfaltigkeit und in ihrer Übereinstimmung offenbaren und irrtümliche Ansichten berichtigen.

Heiligkeit des Lebens muß oberster Grundsatz sein: schneller Gehorsam gegen jede erkannte Wahrheit, ein einfältiges Auge im Dienst Gottes und Eifer für Seine Ehre. Manches Leben ist mehr oder weniger verfehlt gewesen, weil Gott wohlgefällige Lebensgewohnheiten vernachlässigt wurden. Die Krone aller Tugenden ist unbewußte Demut. Alles Menschenlob beraubt Gott Seiner Ehre. Laßt uns also **demütig** sein und unseren Blick ganz auf Gott richten!

Wenn unsere Botschaft Macht haben soll, müssen wir sie von Gott empfangen. „Bitte Gott darum", sagte Georg Müller, „und sei nicht zufrieden, bis das Herz seiner Sache gewiß ist. Wenn du den Text hast, bitte um weitere Leitung im Nachdenken darüber. Bleibe in beständiger Gemeinschaft mit Gott, um Seine Gedanken zu vernehmen und dann auch Seinen Beistand zu erfahren, wenn du diese Gedanken den Zuhörern übermittelst. Ist die Arbeit getan, so bitte viel um Segen, wie am Anfang so auch am Ende." Georg Müller erzählte dann noch einige Beispiele davon, wie Samen, den er schon vor Jahren ausgestreut, erst jetzt als Antwort auf das Gebet aufgegangen sei.

Besonderen Nachdruck legte er auf das A u s l e g e n. Wer Gottes Wort treu predigt, wird finden, daß es nicht leer zu Ihm zurückkehren wird. Predige einfach! Luthers Regel war, so zu sprechen, daß ein unwissendes Dienstmädchen ihm folgen konnte. Versteht ein solches die Predigt, so wird der gelehrte Professor gewiß auch etwas davon haben, während dies umgekehrt nicht der Fall ist.

Fast immer gab Georg Müller bei derartigen Gelegenheiten auch Ratschläge über die Gestaltung des kirchlichen Lebens: er nannte manche Hindernisse mit Namen, wie z. B. unbekehrte Sänger und Chöre, die weltliche Art und Weise, Geld aufzubringen, Vermietung von Kirchenstühlen und Standesunterschiede im Gotteshaus usw. Anderseits empfahl er Ausspracheversammlungen, Hausbesuche und vor allem bestimmtes und dringendes Bitten. Er bemerkte, daß der Satan sich nichts daraus machte, wenn wir einige Tage, Wochen oder selbst Monate im Gebet bleiben, wenn er uns nur zuletzt noch mutlos machen kann, daß wir aufhören zu beten, weil wir meinen, es nütze doch nichts.

Er sagte einmal dem Schreiber dieses Buches, wie er beim Bitten nicht nur v o r w ä r t s , sondern auch r ü c k - w ä r t s schaue. Er war gewohnt, Gott zu bitten, daß es Ihm gefallen möge, den Samen zu segnen, der schon lange ausgesät worden und anscheinend unfruchtbar geblieben sei. Er erzählte mir, daß er als Antwort auf sein Gebet bis auf den heutigen Tag sichtbare Proben davon habe, wie Gott seiner Glaubensarbeit aus früheren Jahren liebend gedenke. Er durfte erfahren, daß seine Botschaft von Gott, verteilte Traktate und andere Mittel des Dienstes nach fünf, zehn, zwanzig und sogar nach sechzig Jahren noch eine Ernte gezeigt hatten. Daher konnte er seine Mitarbeiter nicht genug ermahnen, ohne **Aufhören** zu beten, daß Gott mächtig in den Herzen derer wirken wolle, die früher einmal unter ihrer Pflege gewesen, und ihnen die Wahrheit abermals nahebringen wolle, die ihnen ehedem gesagt worden sei.

Die Demut, die Georg Müller anderen empfahl, übte er selber. Er war wirklich immer nur der K n e c h t des Herrn.

Spurgeon beschreibt in einer seiner Predigten den Eindruck, den es auf ihn gemacht habe, als er auf der Londonbrücke eines Abends beobachtete, wie eine Lampe um die andere angezündet wurde, ohne daß er in der Dunkelheit den Mann, der dieses Geschäft verrichtete, sehen konnte. Georg Müller setzte manches Licht in Brand, während er selber gern ungesehen, unbemerkt und unbekannt blieb. Er suchte aufrichtig nicht seine eigene Ehre. Er hatte den stillen, sanften Geist, der einem Diener Jesu Christi so wohl ansteht.

Nach dem Tod Bruder Craiks lag eine doppelte Bürde der Verantwortung auf Georg Müller. Aber als er von einem Bruder gefragt wurde: „Was wollen Sie nun tun, damit die Gemeinde zusammenbleibt?" antwortete er ruhig: „Mein geliebter Bruder, wir werden tun, was wir immer getan haben, a l l e i n a u f d e n H e r r n s c h a u e n."

Dieser Gott blieb der beständige Helfer. Während der 17 Jahre seiner Missionsreisen von 1875 bis 1892 verweilte er immer nur kurze Zeit in Bristol. Infolgedessen zog er sich fast ganz von der Arbeit in der Gemeinde zurück. Um so mehr war die Gemeinde der Gläubigen abhängig von dem großen Hirten und Bischof der Seelen. Von der Zeit an, wo jene sieben Kinder Gottes sich im Jahr 1832 zusammengeschlossen hatten, war die Gleichstellung der Gläubigen sowohl als Vorrecht wie als Pflicht nach den Begriffen des Neuen Testaments dort aufrechterhalten worden. Der eine oberste Leiter war der Heilige Geist und unter Ihm diejenigen, die Er berufen und ausrüstet. Es verhält sich mit dem Leib Christi wie mit dem menschlichen Körper: das Auge ist gemacht zum Sehen und das Ohr zum Hören, die Hand und der Fuß zum Greifen und Wandeln, und diese Ausrüstung zeigt sowohl ihren Zweck als den Platz, den sie im Körper einzunehmen haben. So hat während mehr als sechs Jahrzehnten der Heilige Geist sich in dieser Gemeinde bewiesen, indem Er alle nötigen Lehrer, Gehilfen und Leiter in der Versammlung ausgerüstet hat. Es war für die verschiedenen Arten des Dienstes immer eine beträchtliche Zahl von Brüdern und Schwestern vorhanden, die durch den Geist dazu berufen und ausgerüstet waren.

Um eine richtige Vorstellung zu gewinnen, was diese Wortverkündigung und diese Art kirchlichen Lebens an Früchten hervorgebracht hat, muß man einmal am Montagabend an einer Gebetsversammlung in der Bethesdakapelle teilnehmen. Es herrscht da ursprüngliche, apostolische Einfachheit. Niemand leitet diese als der Geist Gottes. Ein Lied wird von einem Bruder vorgeschlagen. Dann werden Gebetsanliegen vorgelesen, gewöhnlich mit bestimmter Namensnennung derer, für die Fürbitte verlangt wird. Dann folgt Gebet, Lesen des Wortes Gottes und Ansprache, ohne daß vorher irgendwie besprochen wurde, welche Person etwa die Ansprache oder die Schriftverlesung übernehmen sollte. Die vollste Freiheit herrscht unter der Leitung des Geistes. Die Tatsache solcher Leitung ist oft deutlich erkennbar. Es tritt oft eine merkwürdige Übereinstimmung des Gebets und Gesangs, der verlesenen Schriftstelle und der daran sich anschließenden Bemerkungen zutage. Eine geistliche Übereinstimmung ist spürbar. Nach mehr als einem halben Jahrhundert sind diese Montagabendgebetsstunden noch immer ein geheiligter Mittelpunkt der Anbetung und Fürbitte.

Die ursprüngliche Versammlung hat sich als ein Baum erwiesen, der seinen Samen in sich selber hat nach seiner Art. Zur Zeit von Georg Müllers Heimgang waren nahezu 66 Jahre seit dem denkwürdigen Abend verflossen, an dem jene sieben Gläubigen zusammenkamen, um eine Kirche zu bilden. Aus dieser einen Gemeinde wurden zehn; davon sind sechs unabhängig von der Mutterkirche. Die übrigen vier sind in einem Verband geblieben, obschon in vier Kapellen Versammlungen gehalten werden. Zu diesen vier verbundenen Gemeinden gehörten zur Zeit von Georg Müllers Abscheiden mehr als 1200 Seelen.

Diese Kirche war immer eine Missionskirche. Als im Jahr 1836 Herr und Frau Groves mit zehn Gehilfen Bristol verließen, um ein Missionswerk in Ostindien zu begründen, war dies ein Anstoß für Georg Müller, zu beten, daß seine Gemeinde eigene Arbeiter aus ihrem Schoß aussenden möchte auf den großen Acker der Welt. Dieses Gebets wurde vor Gott gedacht. Es ist über alles Bitten und Verstehen reichlich erhört worden. Seit jener Zeit sind etwa 60 Missionare ausgegangen. Bei Georg Müllers Lebzeiten standen wenigstens 20 in verschiedenen Teilen der Welt in der Arbeit. Sie wurden durch die freiwilligen Gaben ihrer Brüder in Bristol unterstützt.

Als Georg Müller im Jahr 1874 den dritten Band seiner „Erzählungen der Taten Gottes" schloß, erinnerte er an die interessante Tatsache, daß von den vielen Pfarrern der freien Kirche, die in Bristol waren, als er selber vor mehr als 42 Jahren sein Amt angetreten hatte, nicht einer mehr da war. Die einen starben, die anderen zogen fort. Von allen Geistlichen der evangelischen Landeskirche aus jener Zeit lebte nur noch einer. Georg Müller dagegen war kräftig und gesund, konnte predigen und arbeiten und war nur selten durch Krankheit behindert. Über tausend Gläubige, die sich in drei verschiedenen Kapellen versammelten, waren unter seiner Seelenpflege.

Der Schreiber des Buches genoß den Vorzug, Georg Müller noch am 22. März 1896 in der Bethesdakapelle sprechen zu hören. Er stand damals in seinem 91. Lebensjahr. Aber seine Predigt atmete eine Frische, Kraft und Klarheit, die wirklich noch keine Altersschwäche verriet.

Es schien, als habe er nie besser die Gedanken Gottes zum Ausdruck bringen und eindrücklich machen können.

Sein Text war der 77. Psalm. Dieser lieferte ihm reichlichen Stoff für seinen Lieblingsgegenstand, das Gebet. Er legte den Psalm Vers für Vers klar und deutlich aus. Die Hauptgedanken gruben sich tief in des Schreibers Gedächtnis ein, so daß er sie hier wiedergeben kann.

„Ich schreie mit meiner Stimme zu Gott." Das Gebet braucht eine Stimme, um sich in Worten auszudrücken. Wenn wir unsere Wünsche in Worte fassen, erhalten sie Bestimmtheit. Dadurch wird die Aufmerksamkeit auf den Gebetsgegenstand gerichtet.

„In der Zeit meiner Not." Der Psalmist war in der Not; er litt vielleicht an Leib und Seele, und es lag Tag und Nacht ein Druck auf ihm.

„Meine Seele will sich nicht trösten lassen. Meine Hand ist des Nachts ausgereckt", das will sagen: im Gebet. Aber der Unglaube triumphiert. Seine Seele verweigert alle Annahme von Trost — auch den Trost der göttlichen Verheißungen. Seine Trübsal bedeckt seinen Glauben wie ein Schatten und verbirgt ihm auch den Anblick Gottes.

„Ich denke an Gott und bin betrübt." Sogar der Gedanke an Gott brachte ihm anstatt Frieden Traurigkeit. Er wurde nicht durch den Gedanken an Gott getröstet, seine Klagen wurden nur noch lauter; sein Geist wurde von Traurigkeit überwältigt. Alles das waren sichere Zeichen von Unglauben. Wenn im Leiden Gottes Verheißungen keine Erleichterung bringen, wird die Bürde dadurch nur noch erschwert.

„Meine Augen hältst Du, daß sie wachen." Er fand keinen Schlaf, weil sein Herz keine Ruhe und keinen Frieden hatte. Die Sorgen rauben den Schlaf. Sein Herz glaubte nicht und lehnte sich daher auf. Er wollte Gott nicht bei Seinem Wort nehmen.

„Ich denke der alten Zeit, der vorigen Jahre." Nun fängt die Erinnerung an zu arbeiten. Er ruft sich frühere Erfahrungen von Verlegenheiten und wie ihm da geholfen wurde ins Gedächtnis zurück. Er hatte Gott oft gesucht und hatte Erhörung und Hilfe gefunden, warum denn jetzt nicht? Und als er nun fleißig forschte und Gottes deutliches und mannigfaltiges Eingreifen aus früheren Zeiten ihm vor die Seele trat, begann er zu fragen, ob Gott denn unbeständig sein könne, ob denn Seine Barmherzigkeit erschöpft sei, ob Er Seine Verheißung zurückgezogen, Seinen Gnadenbund vergessen und Seine Liebesquelle verschlossen habe.

So folgen wir dem Psalmisten durch sechs Stufen des Unglaubens:

1. Der Gedanke an Gott ist ihm eine Last statt ein Segen.

2. Das Klagen gegen Gott nimmt zu statt ab.

3. Sein Gemüt wird unruhiger anstatt stiller.

4. Er verliert den Schlaf, und seine Angst macht die Ruhe des Herzens unmöglich.

5. Die Trübsal wird nur größer, und Gott scheint fern zu sein.

6. Das Gedächtnis erinnert an Gottes Barmherzigkeiten, aber nur um das Mißtrauen zu erwecken.

Endlich kommt der Wendepunkt in dem Psalm: er fragt sich, als er die früheren Erfahrungen an seinen Augen vorüberziehen läßt: Wo ist der Unterschied? Liegt die Veränderung in Gott oder in mir? „Sela", die Pause zeigt den Wendepunkt an.

„Aber doch sprach ich: Das ist meine Unbeständigkeit." Mit anderen Worten: „Ich bin ein Tor gewesen." Gott ist treu. Er wirft nicht weg. Seine Kinder sind Ihm immer teuer. Seine Gnade ist unerschöpflich und Seine Verheißung unfehlbar. Anstatt nun weiter seine Not anzusehen, richtet er sein ganzes Gemüt auf Gott.

Was ist das Endergebnis, die praktische Lehre von dem allem?

Der Unglaube ist Torheit. Er klagt Gott törichterweise an. Die Schwäche und das Zukurzkommen sind auf der Seite des Menschen, n i e auf Gottes Seite. Es kann mangeln an meinem Glauben, aber n i e an Seiner Macht. Die Erinnerung und das Nachdenken, wenn sie rechter Art sind, weisen den Unglauben zurecht. Gott hat sich selber als groß bewiesen. Er hat immer Wunder getan. Er führte sogar ein ungläubiges und murrendes Volk aus Ägypten und 40 Jahre durch die Wüste, und die Wunder Seiner Macht und Liebe waren zahllos.

Der Psalm enthält eine ernste Lehre. Trübsal ist unvermeidlich. Aber unsere Sache ist es, den Vater nicht aus den Augen zu verlieren, der Seine Kinder nie verlassen wird. Wir sollen unsere Last auf Ihn legen und geduldig warten, dann ist die Errettung sicher. Hinter dem Schleier, der Ihn für uns verhüllt, führt Er Seinen Liebesplan mit uns hinaus; Er vergißt uns n i e , Er sorgt stets für Sein Eigentum. Wir können oft Seinen Plan nicht verstehen und Seinen Weg nicht verfolgen, denn Seine Tritte gehen durch tiefe Wasser, die wir nicht kennen. Aber Er führt sicher, und Seine Liebe ist unwandelbar. Laßt uns darum keine Toren sein, sondern im G l a u b e n zu einem so t r e u e n Gott beten.

Ein Blick auf die Gaben und die Geber

Auch heute noch sitzt einer beim Gotteskasten und überwacht die Gaben, die hineingeworfen werden. Er wiegt ihren Wert ohne Ansehen der Person ab. Er schätzt des reichen Mannes Millionen und der Witwe Scherflein nicht nach der Höhe des Betrags, sondern nach den Gründen, die zum Geben treiben, und nach der Größe des Opfers, das um des Herrn willen gebracht wird.

Die reichen Gaben, die in Georg Müllers Hände ausgeschüttet wurden, kamen zum Teil von solchen, die Überfluß an irdischem Reichtum hatten, zum Teil von anderen, deren einziger Überfluß große Armut war. Aber die Bächlein sowohl als die Ströme kamen von Gott. Es bildet einen besonderen Reiz in dieser Lebensgeschichte, zu beobachten, wie die Liebesgaben für des Herrn Werk von den verschiedensten Personen an den verschiedensten Orten unter den verschiedensten Umständen beigesteuert wurden. Ebenso interessant ist es, die genaue Anpassung der Hilfe an die vorhandene Notlage zu beobachten, daß zur rechten Zeit die richtige Summe kam. Einige Beispiele davon sind schon früher mitgeteilt worden. Aber um ein vollständiges Bild zu haben und den vollen Segen daraus für uns zu gewinnen, ist es von Wert, die merkwürdigsten zusammenzustellen. Die geheime Geschichte dieser Gaben enthält köstliche Winke über die Kunst des Gebens.

In vielen Fällen sind die näheren Umstände erst viel später bekannt geworden. Aber auch dann, wenn man sie kannte, konnte man sie nicht veröffentlichen, weil die Beteiligten noch lebten. Kam dann der Augenblick, wo diese verborgenen Dinge ans Licht gebracht werden konnten, so tat man dies zur Ehre Gottes und zum Nutzen des Nächsten. Nun leuchten sie auf diesen Blättern der Erinnerung wie Sterne am Himmel.

Paulus freute sich der freiwilligen Gaben der Philipper, nicht weil er das Geschenk suchte, sondern die Frucht, daß sie überfließend in ihrer Rechnung sei. Eine solche Freude erfüllte Georg Müllers Herz beständig. Tag für Tag erhielt er viele Beweise, daß die eingesandten Gaben zuerst durch Gebet und Selbstverleugnung geheiligt worden waren. Das machte ihn fröhlich. Mehr als sechs Jahrzehnte hindurch war es ihm vergönnt, an der Freude teilzunehmen, die der Herr an den freiwilligen, oft kostbaren Gaben der Liebe Seines Volkes hatte. Er lebte und atmete diese lange Zeit den süßen Geruch der Opfer ein, der als Weihrauch zum Himmel stieg. Seine eigene Selbstverleugnung fand ihre Belohnung, indem er für seinen Herrn diese Gelder einnehmen und verwalten durfte. Er sagte: „Der Herr hat es mir von Anfang an eindrücklich gemacht, daß die Waisenhäuser S e i n   W e r k seien, n i c h t das meine."

Manche köstliche Nardenflasche, die über den Füßen Jesu zerbrochen wurde, erfüllte das Haus mit ihrem Geruch. So lebten die Bewohner immer in einer geheiligten Luft.

Eine der ersten Gaben war, wie früher schon erwähnt wurde, die einer armen Näherin, die zu Georg Müllers Erstaunen 2000 Mark brachte. Sie verdiente durchschnittlich 3,50 Mark in der Woche und war außerdem von schwächlichem Körperbau. Es war ihr ein kleines Erbe von weniger als 10 000 Mark aus der Hinterlassenschaft ihrer Großmutter zugefallen. Ihr Vater war als Trunkenbold und bankrott gestorben. Ihre Brüder und Schwestern hatten mit den Gläubigern des Vaters ein Abkommen getroffen, daß sie den vierten Teil der Schulden ihres Vaters bezahlen wollten. Mit dieser Abmachung war das Gewissen der Näherin nicht einverstanden. Obschon die Gläubiger keine gesetzliche Forderung an sie hatten, zahlte sie doch von sich aus die anderen drei Viertel der Schuld. Ihr unbekehrter Bruder und ihre zwei Schwestern gaben ihrer verwitweten Mutter je 1000 Mark, sie selber hielt sich als Christin für verpflichtet, der Mutter das Doppelte zukommen zu lassen. So war ihr Erbschaftsanteil sehr zusammengeschmolzen. Trotzdem gab sie noch die Summe von 2000 Mark für das Waisenwerk.

Da es Georg Müllers entschiedener Grundsatz war, nie gierig nach einer Gabe zu greifen, wie dringend auch die Not oder wie groß der Betrag sein mochte, so hatte er auch erst eine lange Besprechung mit dieser Frau, ehe er das Geld annahm. Er fürchtete, der Entschluß könnte aus einem unheiligen Beweggrund oder in ungeistlicher Hast gefaßt worden sein. In einem solchen Fall hätte er, wie er fühlte, durch Annahme der Gabe seinen Meister verunehrt. Es wäre gewesen, als wenn Gott dieser Gaben dringend bedurft hätte. Aber auch sorgfältige Untersuchung brachte keine unlauteren Beweggründe zutage. Ruhig und mit Überlegung hatte die Näherin ihren Entschluß gefaßt. „Der Herr Jesus", sagte sie, „hat Seinen letzten Blutstropfen für mich gegeben, und ich sollte Ihm diese 2000 Mark nicht opfern?"

Die Geschichte dieser ersten Gabe verlieh den Anfängen des Waisenwerkes eine besondere Weihe, zumal wenn wir das weitere Ergehen dieser Näherin verfolgen. Sie war immer eine Geberin gewesen, aber so sehr im verborgenen, daß zu ihren Lebzeiten wenige Leute weder von der Erbschaft noch von deren Verwendung wußten. Nachher aber kam es ans Licht, daß sie ganz im stillen vielen Armen Lebensmittel, Kleider und ähnliche Unterstützungen hatte zukommen lassen. Ihre Gaben standen so außer allem Verhältnis zu ihren Mitteln, daß ihr kleines Kapital rasch zusammenschmolz. Es ist darum wohl begreiflich, daß Georg Müller mit der Annahme der 2000 Mark zögerte, bis er sich überzeugt hatte, daß die Liebe Christi sie drang. Dann aber konnte er nicht anders, als ihre Gabe in seines Meisters Namen in Empfang zu nehmen, während er wie dieser ausrief: „O Weib, dein Glaube ist groß!"

Der Verdienst dieser Magd Christi zählte nach Mark

und Pfennigen, ihre Gaben aber bestanden in Banknoten im Wert von 100 Mark und hier sogar von 2000 Mark. Sie hinterließ kein Geld mehr, als sie heimgerufen wurde. Aber der treue Gott hat ihr Sein Versprechen: „Ich will dich nicht verlassen noch versäumen", gehalten. Nie litt sie Mangel, selbst als körperliche Schwäche ihr nicht mehr erlaubte, mit der Nadel zu arbeiten; nie bat sie Menschen um Hilfe. In jeder Angelegenheit ging sie allein zu Gott und mußte nichts entbehren. Inmitten ihrer körperlichen Leiden war ihr Mund fortwährend voll Lobgesangs.

Das Tagebuch Georg Müllers erzählt auch vom ersten Vermächtnis, das er erhielt. Es stammte von einem Jungen, der im Glauben starb. Während seiner letzten Krankheit hatte er einige Silbermünzen geschenkt bekommen. Er wollte, daß diese, als sein einziger Schatz an Geld, den Waisen gesandt würden. Georg Müller fügt bei, daß dieses kostbare kleine Erbe von 6.54 Mark, das er am 15. September 1837 erhielt, sein Herz mit inniger Freude erfüllt habe.

Wer die Gaben nach dem Geldwert bemißt, kann freilich nicht verstehen, daß ein solches Vermächtnis, das von einem der Kleinen Christi herrührte, für Georg Müller einen so unschätzbaren Wert hatte.

Im Mai 1842 erhielt er eine goldene Uhr samt Kette. Der Geber schrieb: „Ein Pilger braucht nicht eine Uhr wie diese, um glücklich zu sein; eine geringere wird genügen, ihm zu zeigen, wie schnell die Zeit dahinfliegt und wie schnell er dem Kanaan entgegeneilt, wo es keine Zeit mehr gibt; so können Sie damit tun, was Sie gut dünkt. Es ist das letzte Stück irdischer Eitelkeit; möge ich, solange ich im Leib walle, vor allem Götzendienst bewahrt bleiben!"

Im März 1884 kam ein ähnliches Geschenk in Georg Müllers Hände. Die betreffende Person hatte gemäß 1. Petrus 3, 3 einige Juwelen verkauft. Das setzte sie nun instand, eine größere Gabe als je zuvor darzureichen.

Wieviel überflüssiger Schmuck, den die Jünger Jesu noch tragen, könnte mit Segen für den Herrn geopfert werden! Der einzige Schmuck, der in Seinen Augen von großem Wert ist, würde um so heller leuchten, wenn wir ihn allein tragen würden.

Ein anderes Beispiel davon, wie alles sollte für den Herrn nutzbar gemacht werden, lieferte eine Gabe, die eine seltsame Geschichte hatte. Sie bestand aus einem Kästchen, das vier alte Kronen im Wert von 20 Mark enthielt. Es war dies das Hochzeitsgeschenk eines Bräutigams an seine Braut gewesen. Diese hatte es dann in der Folge nie übers Herz bringen können, ihres Mannes erstes Geschenk anzugreifen. So bewahrte sie es auf, bis sie es vier Enkelkindern als Familienandenken vermachte. Nun wurden die Geldmünzen endlich wieder in Umlauf gesetzt und kamen den Waisen zugute, nachdem sie so lange, dem „Rost" ausgesetzt, unnütz dagelegen.

Einmal bestand eine Gabe aus einer neuen seidenen Jacke. Diese Sendung bedeutete für die Geberin einen Wendepunkt in ihrem Leben, da sie sich entschlossen hatte, fortan für Kleider nur das Nötige auszugeben und des Herrn Geld nicht mehr für Luxus und Kleiderpracht zu verschwenden.

Kinder Gottes, die Licht von oben haben, betrachten alle diese Dinge als Gottes Eigentum. Wenn sie ihr Geld nicht in selbstsüchtiger Weise nur für sich ausgeben, sondern es in den Gotteskasten legen, wissen sie doch, daß sie ihrem Gott nur das Seine zurückgeben.

Eine Gabe von 40 000 Mark, die am 29. Januar 1872 einging, war von dem Geständnis begleitet, daß sein Vermögen dem Eigentümer viel Gemütsunruhe verursacht habe. Er habe die Überzeugung, daß er nach Gottes Willen nicht so viel für sich behalten solle. Sein Besitz sei ihm mehr zum Fluch als zum Segen geworden.

Liebe zum Besitz birgt immer einen Fluch in sich. Äußerer Reichtum wird auf diese Weise eine Quelle innerer Armut. Es ist zweifelhaft, ob es irgendein Kind Gottes gibt, das ohne Seelenschaden Reichtümer aufhäufen kann. Die Habsucht ist eines der niedrigsten und verderblichsten Laster und macht zuletzt den Menschen dem Mammon ähnlich, den er anbetet: hart, kalt, gefühllos.

Gott bewertet, was wir geben, nach dem, was wir behalten; denn es ist möglich, große Summen zu geben und doch noch um so viel größere zurückzubehalten, so daß keine Selbstverleugnung dabei nötig ist. Ein solches Geben **kostet uns nichts**.

Die Gründe, die manche Gaben veranlaßten, geben uns reichlich Stoff zum Nachdenken. Im Oktober 1857 kam eine Gabe von einem christlichen Kaufmann, der einen schweren Vermögensverlust erlitten hatte und **den nun durch eine Gabe für des Herrn Werk heiligen wollte**.

Kurz nachher ging eine andere Gabe ein von einem jungen Mann. Dieser erinnerte sich dankbar daran, daß vor 25 Jahren, da er noch ein Kind war, Georg Müller um seine Bekehrung gebetet habe.

Eine andere Gabe von 70 000 Mark wurde Georg Müller zugesandt mit der Mitteilung, daß der Geber den Plan gehabt habe, das Waisenwerk zu seinem Haupterben einzusetzen; er habe aber nun eingesehen, daß es viel besser sei, wenn er zu seinen Lebzeiten als sein eigener Testamentsvollstrecker handle.

Welch ein Vorteil wäre es für die Geber sowohl als für die Reichgotteswerke, denen sie dienen wollen, wenn dieser Grundsatz allgemein angenommen würde!

Viele Gaben waren Dankopfer für **Bewahrung in Not oder deren Abwendung**. So ging z. B. eine Gabe ein, weil ein krankes Pferd, das der Tierarzt bereits aufgegeben hatte, auf das Gebet hin wieder genas. Ein anderer Geber, der seinen linken Arm brach, sandte ein Dankopfer dafür, daß es nicht der rechte gewesen war oder daß er nicht den Hals gebrochen hatte.

Die Gaben für die verschiedenen Zweige des Werkes waren doppelt kostbar, weil sie ein Beweis der unendlichen Treue Gottes waren, der immer wieder die Herzen von Tausenden zum Geben willig machte. Im Jahr 1859 waren die Auslagen für das Werk so groß, daß jeden Tag 1000 Mark erforderlich waren. Aber auf überraschende Weise und auf zahllosen Wegen von nicht weniger zahlreichen und verschiedenen Personen und Orten strömten die Gaben zusammen. Nicht einer von 20 Gebern war Georg Müller persönlich bekannt. Keiner von allen war je um eine Gabe angegangen worden. Und doch waren bis zum November 1858 schon über 12 Millionen Mark eingegangen in Beträgen, die sich zwischen 162 000 Mark und einem einzigen Pfennig bewegten. Die merkwürdigsten Umstände waren oft mit den Gaben verknüpft.

Im August 1884 kam ein christlicher Bruder aus den Vereinigten Staaten zu Georg Müller. Er war durch das Lesen der von ihm veröffentlichten Zeugnisse von Gottes Treue gesegnet worden. Da er durch den Tod einer Schwester in den Besitz eines kleinen Vermögens kam, war er übers Weltmeer gereist, um die Waisenhäuser zu sehen und ihren Gründer kennenzulernen und ihm für des Herrn Werk das ganze Erbe von etwa 14 000 Mark zu übermitteln.

Nur 17 Tage später kam wieder ein Brief als Begleitschreiben zu einer Gabe, der Georg Müllers Herz mit neuer Freude erfüllte. Er war vom Mann eines früheren Waisenmädchens, das in seinem 17. Jahr die Anstalt verlassen und dem Georg Müller selber beim Austritt die zwei ersten Bände der Jahresberichte geschenkt hatte. Ihr Mann hatte diese gelesen und dabei, wie er schrieb, mehr Segen gehabt als je von einem Buch, mit Ausnahme der Bibel. Sein Glaube war dadurch sehr gestärkt worden. Da er ein Laienprediger in der Methodistenfreikirche war, erweckten die gesegneten Eindrücke, die er selber empfangen hatte, unter dem Segen Gottes einen ähnlichen Geist der Selbstübergabe in der Klasse, die unter seiner Aufsicht stand.

Das sind einige Beispiele von unzähligen ermutigenden

Erfahrungen, die Georg Müller immer wieder veranlaßten, Gott zu preisen.

Ein gläubiger Arzt legte einem Brief 200 Mark bei. Als großer Liebhaber von Blumen habe er mehrere Gewächshäuser eingerichtet. Die Blumenkultur war sein Steckenpferd und eine schöne Sammlung von seltenen Pflanzen sein Stolz. Jetzt aber verkaufte er eines seiner Gewächshäuser und schickte den Erlös Georg Müller „als den Preis für den Götzen, den Gottes Macht niedergeworfen habe".

Im Juli 1877 erhielt Georg Müller von ungenannter Seite 200 Mark und dabei einen Brief, der wieder für uns eine Lehre enthält. Jahre vorher hatte der Schreiber vor Gott den Entschluß gefaßt, eine zweifelhafte Gewohnheit aufzugeben und das Geld, das sie gekostet hätte, der Anstalt zu schicken. Das Gelübde wurde in einer Zeit der Heimsuchung abgelegt, aber nicht gehalten. Da rief ihm eine neue Trübsal seine Sünde ins Gedächtnis, und der Heilige Geist mahnte ihn ernstlich durch das Wort: „Betrübet nicht den Heiligen Geist Gottes!" Er bekam den Sieg über die Gewohnheit; und da sie ihn jährlich etwa 26 Mark kostete, schickte er den vollen Betrag für die ganze Zeitdauer, in der er sein Gelübde nicht gehalten hatte, und versprach weitere Gaben als Erfüllung seines Gelübdes.

Viele Liebhabereien, die weder für Gesundheit noch sonstwie ein Vorteil sind, würden, wenn man sie dem Herrn opferte, Seine Schatzkammer überfließen machen.

Ein Geber befolgte einen Grundsatz, der gerade das Gegenstück zu dem bildet, was die Welt sonst tut. Da seine eigene Familie anwuchs, gab er, statt die bisher gegebene Summe zu vermindern, für jedes Kind, das ihm von Gott geschenkt wurde, den durchschnittlichen Kostenpreis für ein Waisenkind, bis er, da er sieben Kinder hatte, sieben Waisenkinder unterhielt.

Ein Geber schrieb: „Ich meinte, daß ein Mann erst dann an die Bedürfnisse der anderen denken müsse, wenn er genug für sich selber habe. Folglich hatte ich nie genug. Jetzt sehe ich klar, daß Gott von uns erwartet, daß wir geben von dem, was wir haben, und daß wir das Weitere Ihm überlassen. Ich will daher im Glauben geben, da ich weiß, daß, wenn ich zuerst nach dem Reich Gottes und nach Seiner Gerechtigkeit trachte, mir alle anderen Dinge hinzugegeben werden."

Regelmäßige Geber bezeugten gewöhnlich, welch ein Segen in dieser planmäßigen Ausübung des Gebens liege. Viele, die vielleicht anfangs in gesetzlichem Geist den Zehnten gaben, fühlten sich durch wachsende Freude am Mitteilen veranlaßt, den Betrag zu vergrößern und fortan ein Fünftel, ein Viertel, ein Drittel und sogar die Hälfte ihres Gewinns zu geben. Einige kehrten sogar das anfängliche Verhältnis ganz um; zuerst hatten sie den Zehnten gegeben für des Herrn Gebrauch und neun Zehntel für sich selber zurückbehalten, nun endeten sie damit, daß sie neun Zehntel für den Herrn gaben und ein Zehntel für sich behielten. Wer den tiefen Sinn von Jesu Worten erfaßt: „Geben ist seliger als nehmen", findet eine solche Freude daran, alles zu Seiner Verfügung zu stellen, daß auch die Auslagen für persönliche Bedürfnisse einer gewissenhaften Prüfung unterworfen werden.

Die Liebesgaben wurden von Georg Müller nur insoweit geschätzt, als sie ehrlich erworben und in gottgefälliger Weise gegeben wurden. Bis zuletzt ging er bei der Annahme der angebotenen Gaben sehr vorsichtig und gewissenhaft vor, selbst in der größten Notlage.

Im Oktober 1842 fühlte er sich getrieben, einer Schwester beizustehen, die in großer Bedrängnis und Armut zu sein schien. Er bot ihr an, wenn nötig, sowohl sein Haus als seine Kasse mit ihr zu teilen. Dieses Anerbieten bewog sie zu dem Geständnis, daß sie noch etwa 10 000 Mark besitze. Es zeigte sich im Verlauf des Gesprächs, daß sie dieses Geld als einen Notpfennig aufbewahren wollte und daß sie sich darauf anstatt auf Gott verließ. Georg Müller sagte nicht viel zu ihr; aber als sie fort war, bat er den

Herrn, Er möge ihr den unerschöpflichen Reichtum, den sie in Christus besitze, und ihre himmlische Berufung so wesenhaft vor Augen stellen, daß sie gezwungen sei, die ganze Summe, die auf diese Weise nur ein Hindernis ihres Glaubens und ein Götze für ihr Herz ist, zu Seinen Füßen niederzulegen. Nach vier Wochen kam die Schwester wieder und bat um eine Aussprache. Sie erzählte Georg Müller, wie sie Tag für Tag den Willen Gottes in bezug auf ihr erspartes Geld zu erforschen gesucht habe und daß sie zu der klaren und bestimmten Überzeugung gelangt sei, sie müsse es gänzlich auf Seinen Altar legen. — Es war gerade eine Zeit großer Not. Georg Müller hätte nur die Hand nach den 10 000 Mark auszustrecken brauchen. Aber anstatt das dazu nötige Wort zu sagen, ermahnte er sie ernstlich, jetzt nicht über das Geld zu verfügen, sondern die Kosten zu überschlagen. Es könne sie hernach gereuen, wenn sie zu rasch handle. Sie solle daher mindestens noch 14 Tage warten, ehe sie sich endgültig entschließe. Als dann zuletzt die Schenkung erfolgt war, traten unerwartete Hindernisse ein, die es unmöglich machten, die Summe zu erheben. So gingen mehr als vier Monate vorbei, ehe sie ausgezahlt wurde. Aber weder Ungeduld noch Mißtrauen regte sich in ihm. Er korrespondierte auch nicht weiter mit der Schwester darüber. Zur Ehre Gottes soll noch beigefügt werden, daß sie später immer freudig bekannte, sie habe es nie einen Augenblick bereut, die ganze Summe für Seinen Dienst hergegeben und so ihr Vertrauen vom Geld weg auf ihren Meister gewandt zu haben.

Im Oktober 1867 schickte jemand eine kleine Summe, die er vor Jahren entwendet hatte. Er meinte, damit sein Unrecht wiedergutmachen zu können, um so mehr, da er glaubte, daß der Herr, dem er das Geld genommen, mit einem solchen Vorgehen einverstanden sein werde. Obschon es nur ein kleiner Betrag war, schickte ihn Georg Müller sofort mit der Bemerkung zurück, daß das Geld dem zurückerstattet werden müsse, dem es seinerzeit entwendet wurde, und daß es ihm überlassen bleiben müsse, darüber zu verfügen. Da es dem Geber nicht rechtmäßig zugehöre, sei er auch nicht ermächtigt, es für einen anderen wegzugeben.

Während einer Zeit großer Verlegenheit erhielt Georg Müller ein versiegeltes Geldpaket. Er wußte, von wem es kam, daß nämlich die Absenderin eine Frau war, die in Schulden steckte und ihre Gläubiger nicht bezahlte. Es war also klar, daß dieses Geld ihr nicht gehörte und sie es folglich nicht verschenken konnte. Ohne das Paket zu öffnen, schickte er es zurück — und das zu einer Zeit, wo nicht so viel in der Kasse war, um auch nur die Ausgaben des laufenden Tages zu decken.

Geld, das als Ertrag eines musikalischen Abends zugunsten der Waisen eingesandt wurde, schlug er höflich aus. Er zweifelte nicht an der freundlichen Absicht derer, die die Sache ins Werk gesetzt hatten, aber er fühlte, daß das Geld für das Werk Gottes nicht auf diese Weise gewonnen werden sollte.

Freunde, die gern gewußt hätten, ob ihre Gaben gerade zur gelegenen Zeit gekommen seien, wurden auf den nächsten Jahresbericht verwiesen. Das Geständnis, daß die Hilfe sehr erwünscht gekommen sei, wäre eine indirekte Enthüllung der Notlage gewesen. Das hätte als eine Aufforderung zu weiterer Hilfe aufgefaßt werden können — da ja doch ein Beitrag, der so dringend nötig war, auch nicht lange vorhalten konnte. Obschon die Notlage eigentlich fortwährend dauerte und ein Bedürfnis nur das andere ablöste, fand Georg Müller doch nicht, daß er ein prüfungsvolles Leben habe, und wurde solchen Lebens nie müde.

Im Mai 1846 kam ein Brief von einem Bruder, der die folgende Stelle enthielt: „Was den Besitz anbelangt, sehe ich meinen Weg noch nicht klar vor mir. Ich hoffe, es sei wirklich alles zur Verfügung des Herrn, und wenn Sie mich wissen lassen wollen, daß Sie irgendein Bedürfnis haben, so könnte jede beliebige Summe unter 4000 Mark in Wochenfrist zu Ihrer Verfügung stehen."

Die Not war zu der Zeit gerade sehr drückend. Wie leicht und natürlich wäre es gewesen, zurückzuschreiben, daß das Waisenwerk der Hilfe bedürftig sei. Da Georg Müller gerade zu seiner Erholung von Bristol fort mußte, wäre es für ihn eine besondere Beruhigung gewesen, wenn der Schreiber ihm etwa 3800 Mark geschickt hätte. Es ging ihm aber darum, es allein mit dem Herrn zu tun zu haben, sowohl zur Stärkung des eigenen Glaubens wie als Zeugnis für die Gemeinde und die Welt. Er erkannte darum sofort die Versuchung als eine Schlinge des Feindes und antwortete, daß nur dem Herrn das Bedürfnis irgendeines Teiles des Werkes anvertraut werden könne.

Immer schlug er es aus, Geld als Notpfennig für alte Tage oder Krankheitszeiten oder Familienereignisse, die Geld erforderten, anzulegen. Solch eine Schenkung von 2000 Mark erhielt er am 12. Oktober 1856, begleitet von so freundlichen und christlichen Worten, daß die feine Versuchung, sich selbst irdische Schätze zu sammeln, über jeden den Sieg davongetragen hätte, dessen Herz nicht so unwandelbar wie das seine in dem heiligen Entschluß befestigt gewesen wäre, in keiner Weise von solchen menschlichen Mitteln abzuhängen. Er hatte die Sache ein für allemal dahin erledigt, daß er von einem Tag zum anderen von des Herrn Güte leben wollte. Seine einzige Methode, Geld anzulegen, bestand darin, alles, was er erübrigen konnte, für die Armen hinzugeben und dann von Gott zu erwarten, daß Er zur Stunde der Not auch für ihn sorgen werde nach der Verheißung: „Wer sich des Armen erbarmt, der leiht dem Herrn; der wird ihm wieder Gutes vergelten" (Spr. 19, 17).

Gott bekannte sich auch sofort zu dem Entschluß Georg Müllers und lenkte des Gebers Herz dahin, daß er nicht nur die 2000 Mark für das Waisenhaus gab, sondern noch weitere 4000 Mark hinzufügte.

Gottes Zeugnis für das Werk

Das elfte Kapitel im Hebräerbrief — in dem die Heiligen des Alten Testaments ihre Denkmäler vor Gott haben — deutet auf eine besondere Belohnung hin, die der Glaube schon in diesem Leben als einen Vorschmack der endlichen Vergeltung bekommt.

„In solchem Glauben haben die Alten Zeugnis empfangen", das heißt, sie hatten ein Zeugnis, das ihnen Gott dafür gab, daß sie f ü r I h n Zeugnis abgelegt hatten. Alle hier angeführten Beispiele weisen dieses doppelte Zeugnis auf. Abel bezeugte seinen Glauben an Gottes Lamm, das der Welt Sünde trägt, und Gott bekannte sich zu seinen Gaben. Henoch legte Zeugnis ab für den unsichtbaren Gott durch seinen heiligen Wandel mit Ihm, und Gott zeugte für Henoch durch seine Hinwegnahme, ja, vorher schon hatte er das Zeugnis, daß er Gott gefalle. Noahs Glaube war ein Zeugnis für Gottes Wort, da er die Arche baute und Gerechtigkeit predigte, und Gott bezeugte sich an ihm, indem Er eine Flut über die gottlose Erde brachte und ihn und seine Familie in der Arche rettete.

Georg Müllers langes Leben war ein Zeugnis für den Gebete erhörenden Gott, und Gott wiederum bezeugte sich an ihm, daß Er seine Gebete erhört und sein Werk angenommen habe. Die Blätter seines Tagebuchs sind voll auffallender Beispiele dieses Zeugnisses. Sie waren für Georg Müller Unterpfand und zugleich Vorschmack der vollkommenen Belohnung bei des Herrn Kommen.

Nicht erst an jenem Tag, wo wir vor dem Richterstuhl Christi erscheinen müssen, vergilt der Meister Seinen Dienern, was sie in Seinem Namen getan haben. Hier schon gibt Er ihnen etwas davon zu schmecken. So gut wie

„etlicher Menschen Sünden offenbar sind, daß man sie zuvor richten kann" (1. Tim. 5, 24), so hat auch der Same, der für Gott ausgestreut wird, eine Ernte zur Folge, die „zuvor" offenbar wird und die wir freudig erwarten dürfen. Gottes Vaterliebe bekannte sich denn auch bei Georg Müller durch unerwartete Zeichen des Segens gnädig und reichlich zu diesen vielen Jahren selbstvergessener Hingabe für Ihn und Seine Notleidenden. Seine Mühsale und Prüfungen, Tränen und Gebete waren auch schon für das Diesseits nicht vergeblich gewesen.

Um dies durch Beispiele zu zeigen, wenden wir uns natürlich zuerst zu dem Waisenwerk. Zehntausend elternlose Kinder haben in der von Georg Müller gegründeten Anstalt ein Heim und zarte elterliche Pflege gefunden. Seine Anstrengungen, ihren körperlichen, sittlichen und geistlichen Zustand zu heben, waren offenkundig von Gott gesegnet. Darin fand er eine beständige und reichliche Belohnung. In seinem Tagebuch kommt seine glühende Dankbarkeit für diese Gnadenerweisung von Zeit zu Zeit zum Ausdruck.

Wenn man nur die zeitlichen Erfolge in Berechnung ziehen wollte, so dürfte man sagen, daß Georg Müller reichlich auf die Kosten gekommen ist. Obschon die Kinder teilweise von kranken Eltern abstammten, gab es doch wenig Krankheitsfälle, und diese wenigen verliefen mild. Die Sterblichkeitsziffer war sehr klein.

Das aber war nicht das einzige Gebiet, auf dem die „Belohnung überschwenglich" gewesen ist. Unwissenheit ist die Begleiterin der Armut. Man hat darum große Sorgfalt auf die geistige Ausbildung der Kinder verwendet. Mit welchem Erfolg das geschah und wie gut der Unterricht der Kinder gewesen ist, geht zur Genüge aus den Berichten des Schulinspektors hervor. Jahr für Jahr sind die Zöglinge in Religion, Lesen, Schreiben, Rechnen und Diktat, Geographie, Geschichte, Sprachlehre, Aufsatz und Singen geprüft worden und haben die höchsten Noten erhalten.

Die reichste Belohnung aber war doch der Erfolg, der im sittlichen und geistlichen Zustand der Waisen zutage trat. Das höchste Streben Georg Müllers und seines ganzen Stabes von Helfern — vom ersten bis zum letzten — war, diese Kinder zu retten und sie aufzuerziehen in der Zucht und Vermahnung zum Herrn. Es gab viele und zum Teil furchtbar große Hindernisse. Wenn schon die Mitgift leiblicher Krankheit etwas Furchtbares ist, was will man erst sagen angesichts des schrecklichen Erbes von Sünde und Verbrechen! Viele dieser Kleinen hatten bis zu dem Tag, an dem sie in die Anstalt eintraten, keinerlei Erziehung genossen. Nicht wenige hatten in der Schule des Satans Anleitung gehabt, wo sie bereits Trunksucht und andere Fleischesgelüste kennengelernt hatten.

Ungeachtet aller dieser Hemmnisse konnte Georg Müller mit Beugung und Dankbarkeit feststellen, daß das Betragen der Waisen im ganzen außerordentlich gut war. Das fiel sogar den Beobachtern auf. Georg Müller sagt darüber: Der Herr hielt die Kinder in Zucht.

Aber noch mehr; solange die Anstalt bestanden hat, haben eine große Anzahl der Kinder Merkmale eines wirklich wiedergeborenen Herzens an den Tag gelegt. Sie haben sich nachher als ernste Christen bewiesen. In manchen Fällen sind sie ein lebendiges Zeugnis der Gnade Gottes gewesen, sowohl durch ihre eigene vollständige Umwandlung als durch den guten Einfluß, den sie ausübten.

Im August 1858 starb ein Waisenmädchen namens Martha Pinell, das schon mehr als zwölf Jahre unter Georg Müllers Obhut gestanden hatte. Lange Zeit war sie schwindsüchtig gewesen. 2½ Jahre vor ihrem Heimgang hatte sie den Herrn gefunden, und die Veränderung, die von da an in ihrem Charakter eintrat, war gründlich. Aus einem außerordentlich ungehorsamen und störrigen Kind war sie ein gehorsames und bescheidenes Mädchen geworden, das für guten Einfluß sehr offen war. In ihren unbekehrten Tagen hatte sie erklärt, wenn sie sich einmal bekehren würde, wolle sie eine ganze Christin werden; und so war es denn auch wirklich. Ihr Glück in Gott, ihr Forschen in Seinem Wort, ihre tiefe Erkenntnis des Herrn Jesus, ihr heißes Verlangen, Seelen zu retten, schienen bei einer so jungen Neubekehrten fast unglaublich. Georg Müller hat in sein Tagebuch vier köstliche Briefe aufgenommen, die sie an andere Insassen der Waisenhäuser geschrieben hatte.

Zuzeiten und zu verschiedenen Malen entstanden unter den Kindern ausgedehnte Erweckungen, in denen Hunderte den Herrn gefunden haben. Das Jahr 1857/58 war in dieser Hinsicht besonders bemerkenswert. Veranlaßt durch den sehr friedlichen Heimgang eines Waisenmädchens, Karoline Bailey, wurden im Lauf weniger Tage mehr als 50 von den 140 Mädchen des Waisenhauses Nr. 1 von ihren Sünden überzeugt. Die Erweckung dehnte sich auch auf die anderen Abteilungen aus, bis über 60 in kurzer Zeit zum Glauben kamen.

Auch im Juli 1859 wurden in einer Schule von 120 Mädchen mehr als die Hälfte erweckt. Nach Jahresfrist bemerkte Georg Müller in seinem Tagebuch, daß sich das neue Leben an den Erweckten als echt erwiesen habe. Im Januar und Februar 1860 ging wieder ein mächtiger Zug des Heiligen Geistes durch die Anstalt. Er begann bei den kleinen Mädchen zwischen sechs und neun Jahren, erstreckte sich dann auf die älteren und später auf die Knaben, bis innerhalb zehn Tagen über 200 nach Frieden verlangten. Viele von diesen fanden auch alsbald Frieden. Die jungen Neubekehrten baten um die Erlaubnis, Gebetsstunden unter sich halten zu dürfen. Das wurde ihnen gewährt. Viele begannen auch für andere zu beten und an ihnen zu arbeiten. Von den 700 Waisen, die damals im Haus waren, konnten 260 als bekehrt oder als zu großen Hoffnungen berechtigend angesehen werden.

Im Jahr 1872 wirkte der Heilige Geist am ersten Tag der Gebetswoche, und zwar ohne jede ungewöhnliche Veranlassung, in einer Weise an den Kinderherzen, daß Hunderte sich bekehrten. Beständiges Beten und Anhalten für die Seelen der Kinder machte die Waisenhäuser zu einem geheiligten Aufenthaltsort.

Weitaus die Mehrzahl der Waisen hatten bei ihrem Austritt den Herrn kennengelernt. Selbst bei vielen von denen, die die Anstalt unbekehrt verließen, bewies das spätere Leben, daß die dort erhaltene Erziehung es ihnen unmöglich machte, ein Leben in der Sünde zu führen.

Köstliche Ernten oft erst in späteren Jahren haben gezeigt, daß „Gott nicht ungerecht ist und nicht vergißt des Glaubens und der Arbeit der Liebe" noch der Geduld in der Hoffnung.

Im April 1874 kam ein Brief von einem früheren Waisenmädchen, das seinen Dank für den ausgezeichneten Religionsunterricht aussprach, der seine Früchte erst Jahre nachher gebracht hatte. Sie war so sorgfältig im Heilsweg unterwiesen worden, daß sie, selber noch unbekehrt, Gottes Werkzeug hatte werden können, um ein anderes Mädchen, das lange Frieden gesucht hatte, zum Herrn zu führen.

Eine andere Waise schrieb im Jahr 1876, daß ihr oft der Gedanke an den sechsjährigen Aufenthalt in Ashley-Down wie ein Sonnenstrahl ins Herz dringe, der alle Versuchung zum Unglauben verscheuche. Sie erinnerte sich, wie die Kleider, die man dort trug, die Speise, die man aß, das Bett, in dem man schlief, ja die Wände selbst, die einen umgaben, sichtbare Antworten auf das gläubige Gebet waren. Die Erinnerung daran erwies sich als eine mächtige Hilfe und ein Heilmittel gegen die Zweifel, als ein Schild gegen die feurigen Pfeile Satans.

Man weiß, daß während der 30 Jahre zwischen 1865 und 1895 2566 Waisen die Anstalt als Gläubige verlassen haben; das macht durchschnittlich für das Jahr 85 aus. Gegen Ende 1895 waren noch fast 600 in Ashley-Down, die glaubwürdige Zeichen eines wiedergeborenen Zustandes aufwiesen.

Georg Müller erfuhr ferner, daß viele seiner Waisen nicht nur leiblich gesegnet, zu Gott bekehrt und nützliche christliche Bürger wurden, sehr viele wurden auch Väter und Mütter christlicher Haushaltungen.

Nur ein Beispiel von vielen mag hier angeführt werden. Ein Mann und eine Frau, die früher beide im Waisenhaus gewesen waren, hatten einander geheiratet. Gott hatte ihnen acht Kinder geschenkt, die alle ernste Christen wurden; ein Sohn der Familie ging als Missionar nach Afrika.

Von Anfang an setzte Gott Sein Siegel auf das, was in geistlicher Beziehung an den Kindern im Waisenhaus getan wurde. Die beiden ersten Kinder, die im Haus Nr. 1 aufgenommen worden waren, wurden treue Christen und eifrige Reichgottesarbeiter, einer ein Laienprediger, der andere ein Pfarrer. Beide wurden von Gott viel gebraucht, Seelen zu gewinnen.

Dieses alles sind aber nur ganz vereinzelte Beispiele. Könnte die ganze Geschichte von alledem, was durch die Waisenhäuser an Segen gewirkt ist, geschrieben werden, was für ein dickes Buch müßte das geben!

Auf seinen großen Missionsreisen durfte Georg Müller noch viele weitzerstreute Früchte des Werkes von Ashley-Down finden. Als er im September 1877 in Brooklyn predigte, erfuhr er, daß in Philadelphia ein Vermächtnis von 20 000 Mark auf ihn warte. Das war der Betrag einer Lebensversicherung, die ein ehemaliger Zögling dem Waisenwerk zugedacht hatte. Fast in jeder Stadt erlebte er die Freude, Männer und Frauen zu finden, die einst in der Anstalt erzogen worden waren.

Ausführlich berichtet er selber von einem früheren Waisenknaben namens Wilkinson, dem er in San Franzisko begegnete. Dieser Mann hatte schon in großem Segen gewirkt. Im amerikanischen Bürgerkrieg war durch ihn unter den Marinesoldaten eine Erweckung entstanden. Zwanzig Monate lang wurden jeden Abend an Bord Gebetsstunden gehalten. Tagsüber nahmen er und seine bekehrten Kameraden sich der Farbigen auf dem Schiff an, lehrten sie lesen, schreiben usw. Man behauptete, Bruder

Wilkinson sei geradezu ein Abbild Georg Müllers in seinem Glauben, seinem ruhigen Vertrauen auf Gott, seiner ganzen Lebensführung, seiner Festigkeit und seiner Geistesmacht. Als Wilkinson einmal mit zwei Matrosen wegen der Reparatur des Schiffes auf der Werft sein mußte, ertrug er 14 Tage lang stillschweigend ihre leichtfertigen und gottlosen Reden. Sein ganzes Benehmen aber und eine einzige Bemerkung aus seinem Mund brachten diese rohen und gottlosen Seeleute zur Bekehrung. Einer von ihnen las die ganze Bibel von Anfang bis zu Ende in drei Monaten durch.

Wo Georg Müller nur hinkam, traf er bekehrte ehemalige Waisen oder hörte von ihrem Wandel und ihrem Werk, oft in den entlegensten Winkeln der Erde. Oft warteten in großen Städten zehn oder fünfzehn am Schluß der Versammlung, um ihrem „Vater" die Hand zu schütteln und ihm ihre Dankbarkeit und Liebe auszudrücken. Er fand sie in jeder nur denkbaren Dienst- und Lebensstellung. Viele von ihnen hatten Familien, in welchen die Grundsätze, in denen sie selber erzogen worden waren, nun auch geübt wurden. Er fand seine Waisen ebenso in höheren Berufsarten wie in bescheidenen Verhältnissen.

Gott gab Seinem Knecht auch die Belohnung, daß er etwas von dem großen Segen sehen durfte, der aus den Alltagsschulen erwuchs, die er unterstützt hatte.

Ein Lehrer schrieb ihm von einem Jungen, der an rheumatischem Fieber schwer erkrankt war. Sein Heim war erbärmlich und seine Umgebung Feinde der Wahrheit. Zum Skelett abgemagert, lag er in seinem Bett, als der Lehrer ihn besuchte. Die Angst seiner Seele war groß. Als aber der Lehrer ihn auf den Herrn Jesus hinwies, der gesagt hat: „Kommet her zu Mir alle, Ich will euch erquicken", war es, als ob plötzlich eine neue Welt sich vor ihm auftäte. Der kranke Junge fing an, Bibelverse herzusagen, wie: „Lasset die Kindlein zu Mir kommen", und begann das Lied zu singen: „Jesus liebt mich ganz gewiß, denn die Bibel sagt mir dies." Er schien wie verklärt und sagte Vers um Vers her und sang eins ums andere von den Liedern, die er in der Schule gelernt hatte. Kein Wunder, wenn der Lehrer eine Freude empfand ähnlich wie die Engel im Himmel. War ihm dies doch ein Beweis, daß seine Arbeit in dem Herrn nicht vergeblich sei.

Die Berichte der Missionare, die unterstützt wurden, würden allein einen dicken Band füllen. Zwei oder drei Beispiele ihrer Arbeit mögen hier folgen.

Aus Madrid wurde von einem bekehrten Polizeidiener berichtet, der infolge seines kühnen Zeugnisses für Christus von Ort zu Ort gejagt, grausam mißhandelt und mit Verbannung bedroht wurde. Ein anderer bekehrter Katholik hatte eine kleine Versammlung gründen wollen und war deswegen vor den Statthalter gefordert worden. Dieser nahm ihn ins Verhör, das an die Art erinnert, wie römische Statthalter die ersten Christen ausfragten.

„Wer bezahlt Euch dafür?"
„Niemand."
„Was verdient Ihr damit?"
„Nichts."
„Wovon lebt Ihr?"
„Ich arbeite mit meinen Händen in einem Bergwerk."
„Warum haltet Ihr Versammlungen?"
„Weil Gott meine Seele gesegnet hat, und weil ich wünsche, daß auch andere gesegnet werden."
„Ihr? Ihr seid ja nur ein elender Tagelöhner; ich verbiete die Versammlungen."
„Ich weiche der Gewalt", war die ruhige Antwort, „aber solange ich einen Mund habe, werde ich für Christus zeugen."

Wie sehr erinnert dies an die ersten Jünger mit ihrem: „Man muß Gott mehr gehorchen als den Menschen. Richtet ihr selbst, ob es vor Gott recht sei, daß wir euch mehr gehorchen als Gott. Wir können's ja nicht lassen, daß wir nicht reden sollten von dem, was wir gesehen und gehört haben" (Apg. 5, 29; 4, 19. 20).

Ein Missionsarbeiter berichtet aus Indien von drei

brahmanischen Priestern und vielen Hindus, die zusammen mit vier europäischen Christen zum Tisch des Herrn gingen. Sie alle waren Früchte seiner Wirksamkeit.

Von den vielen Seiten seines Tagebuches sind etwa ein Fünftel Auszüge aus den Briefen von Missionaren, Lehrern und Helfern, die ihn über den Fortschritt des Werkes daheim und in anderen Ländern auf dem laufenden hielten. Bibelwagen, Straßenpredigten, christliche Schulen, Traktatverteilung und verschiedene andere Formen der Arbeit für das Reich Gottes waren Zweige des Segensbaumes, der auf Ashley-Down gepflanzt war.

Eine andere Ermutigung und Belohnung, die Georg Müller schon in diesem Leben zuteil wurde, war die, daß er erfahren durfte, wie sein Beispiel andere Gläubige ermutigt hatte, ein ähnliches Werk für Gott auf gleicher Grundlage anzufangen. Er selbst sah es als den größten Segen an, der aus seinem Lebenswerk entsprungen sei, daß Hunderte und Tausende von Kindern Gottes in allen Teilen der Welt zu einfältigerem Glauben geführt worden waren. Und wenn solcher Glaube nun dadurch seinen Ausdruck fand, daß ähnliche Waisenhäuser entstanden, so schien ihm das die Erfüllung aller seiner Hoffnungen zu sein. Denn damit war der Beweis geliefert, daß das Werk seinen Samen in sich selbst trug, daß es ein Baum war, den der Herr selbst zu Seiner Ehre gepflanzt hatte.

Im Dezember 1876 erfuhr Georg Müller zum Beispiel, daß ein christlicher Evangelist in Nimwegen in Holland nur durch das Lesen seiner Berichte dazu gekommen war, für Waisenkinder zu sorgen. Er hatte in Abhängigkeit vom Herrn allein mit drei Waisen angefangen. 14 Jahre später hatte er deren 450. Georg Müller durfte mit seiner Frau selber diese Anstalten besuchen. Er bezeugte, daß „in fast unzählbaren Fällen" der Herr es ihm schenkte, ähnliche Früchte seines Werkes zu sehen.

Bei seinem ersten Besuch in Tokio berichtete Georg Müller von seinen Waisenhäusern. Dadurch wurde ein bekehrter Japaner veranlaßt, nach denselben Grundsätzen ein Waisenhaus anzufangen. Als Georg Müller zum zweitenmal in das japanische Inselreich kam, fand er dieses Waisenhaus in fröhlichem Gedeihen begriffen.

Der ganze volle Segen, der für die Kirche und für die Welt von dem Werk auf Ashley-Down ausging, wird freilich hienieden nie bekannt werden. Er ist unberechenbar.

Ein Mann, der in der Nähe von Ashley-Down, gerade gegenüber den Anstaltsgebäuden, wohnte, hat gesagt, wenn ihm je Zweifel an dem lebendigen Gott gekommen seien, so sei er aufgestanden und habe nach den vielen erleuchteten Fenstern hinübergeschaut. Die wären ihm vorgekommen wie Sterne, die in die Nacht hinausstrahlen. Dadurch sei sein Glaube wunderbar gestärkt worden.

Es war das Zeugnis Georg Müllers von einem Gebete erhörenden Gott, das Hudson Taylor im Jahr 1863 ermutigte, die China-Inland-Mission zu gründen. Man hat gesagt, und gewiß nicht mit Unrecht, daß mehr oder weniger jedes „Glaubenswerk", das seither unternommen wurde, entweder auf das Beispiel August Hermann Franckes in Halle oder Georg Müllers in Bristol zurückgeführt werden könne.

Georg Müller hat diese lange Geschichte von Segnungen in zwei Hauptpunkte zusammengefaßt.

Erstens, daß es dem Herrn gefallen habe, ihm viel mehr zu geben und ihn mehr wirken zu lassen, als er je erwartet hatte; und zweitens, daß er gewiß wisse, was er hienieden gesehen und erfahren, sei nicht der tausendste Teil dessen, was er bei der Wiederkunft des Herrn sehen und erfahren werde, „wenn Er kommt und Sein Lohn mit Ihm, um jedem zu geben nach seinen Werken".

Noch einmal sei erwähnt, welch ein Mittel des Segens Georg Müllers Tagebuch wurde.

Im November 1856 hatte sich James McQuilkin, ein junger Irländer, bekehrt. Im folgenden Jahr las er die beiden ersten Bände des Tagebuchs. Er sagte zu sich selber: „Georg Müller erhält dies alles einfach auf sein Gebet hin; warum sollte ich nicht in gleicher Weise gesegnet werden können?" So begann er zu beten. Zuerst erhielt er von dem Herrn einen geistlichen Gefährten, später kamen noch zwei hinzu. Diese vier Männer begannen zusammen regelmäßige Gebetszusammenkünfte in einem kleinen Schulhaus. Am Neujahrstag des Jahres 1858 wurde auf ihr Gebet ein Bauernknecht in sehr merkwürdiger Weise bekehrt. Nun schlossen sich die fünf zum Gebet zusammen. Bald nachher wurde ein sechster junger Mann ihrer Zahl beigefügt. So wuchs die kleine Gesellschaft betender Seelen langsam an. Nur Gläubige wurden zu den einfachen Versammlungen zugelassen.

Um Weihnachten des Jahres 1858 hielt McQuilkin mit den zwei ersten Brüdern auf Verlangen eine Versammlung in Ahoghill. Zuerst spotteten die Leute. Dann begann der Geist Gottes mächtig zu arbeiten, und es gab nun zahlreiche Bekehrungen. Einige der Bekehrten trugen die brennenden Kohlen vom Altar nach auswärts. An vielen Orten begannen nun die Feuer der Erweckung aufzulodern.

Es war dies in der Tat der Ausgangspunkt einer der weitverbreitetsten und denkwürdigsten Erweckungen, die im vergangenen Jahrhundert vorkamen. Sie ging im folgenden Jahr nach England, Wales und Schottland über. Tausende fanden den Heiland und wandelten in einem neuen Leben. Noch nach 40 Jahren waren die Folgen dieser Lebensbewegung zu sehen.

Schon im Jahr 1868 war das Tagebuch Georg Müllers von einem dankbaren Leser ins Schwedische übersetzt worden. Wieviel es in Deutschland gelesen wurde, haben wir früher gesehen. In vielen anderen Sprachen ist es wenigstens im Auszug erschienen.

Georg Müller erfuhr von einem zehnjährigen Jungen aus einer ungläubigen Familie, der einen Jahresbericht in die Hände bekam und nun anfing zu beten: „Gott, lehre mich beten wie Georg Müller und erhöre mich, wie Du Georg Müller erhörst." Er sprach dann seinen Wunsch aus, Prediger zu werden. Aber seine Mutter, eine Witwe, legte dagegen strenge Verwahrung ein. Sie behauptete, der Junge sei nicht begabt genug, eine höhere Schule zu besuchen. Er blieb aber dabei: „Ich will lernen und beten, und Gott wird mir durchhelfen, wie Er es bei Georg Müller getan hat." Bald konnte der Junge zur Verwunderung aller sein Examen bestehen und wurde in die Schule aufgenommen.

Ein Geber schrieb am 20. September 1879, daß das Lesen des Buches sein inneres Leben vollständig in ein Leben vollkommenen Vertrauens zu Gott umgewandelt habe. Er fing an, wenigstens den Zehnten von seinem Verdienst für des Herrn Sache zu geben, und spürte bald, wieviel seliger es ist, zu geben als zu nehmen. Ferner fühlte er sich veranlaßt, ein Exemplar des Buches in eine Leihbibliothek der Stadt zu geben, wo es 3000 Lesern zur Verfügung stand.

Eine Frau, die vorher ungläubig war, schrieb an Georg Müller, „er sei der erste Mensch, durch dessen Beispiel sie gelernt habe, daß es Leute gebe, die aus dem Glauben leben. Aus diesem Grund habe sie ihm alles vermacht, was sie besitze".

Ein anderer Leser fand, diese Berichte seien glaubensstärkender und seelenerfrischender als viele Predigten zusammengenommen. Dieser Eindruck sei um so stärker gewesen, als er sich vor dem Lesen des Müllerschen Buches gerade durch den Vortrag eines französischen Ungläubigen mühsam, wie durch einen Sumpf, hindurchgearbeitet hatte. Dieser habe kühn die Behauptung aufgestellt, daß von den Millionen von Gebeten, die täglich zum Himmel aufsteigen, nicht eines erhört werde.

Wir möchten hören, was ein vorurteilsfreier Ungläubiger angesichts der einfachen Darstellung der Glaubenserfahrungen Georg Müllers für seinen Unglauben noch vorbringen kann. Wir möchten sehen, wie er mit seinen „Zufälligkeiten" und „Vermutungen" die Tausende und Zehntausende von Gebetserhörungen erklären will. Tatsache ist, daß der Unglaube seine Wurzel einesteils in der

Unehrlichkeit hat und anderenteils in der Unkenntnis der täglichen Beweise, „daß Gott denen, die Ihn suchen, ein Vergelter ist".

Vom ersten Erscheinen des Buches an hatte Georg Müller die Überzeugung gewonnen, daß es von Gott in besonderer Weise als ein Zeugnis Seiner Treue werde benutzt werden. Schon im Jahr 1842 wurde es ihm aufs Herz gelegt, jedem gläubigen Pfarrer in England ein Exemplar seines Jahresberichts unentgeltlich zuzusenden. Der Herr half ihm den Vorsatz auszuführen. Es war nicht seine Absicht, damit Gaben herbeizuziehen oder auch nur das Interesse für das Werk zu wecken, sondern vielmehr den Glauben und den Gebetsgeist zu wecken.

26 Jahre später, im Jahr 1868, war es schon deutlich zu sehen, daß die „Erzählungen der Taten Gottes" dazu dienen durften, die Kinder Gottes weiterzuführen und zu erbauen, Sünder zu bekehren und Ungläubige zu überzeugen. Georg Müller sah darin den **größten geistlichen Segen**, der aus seiner Arbeit für Gott hervorgegangen war.

Seitdem sind wieder Jahrzehnte vorübergegangen. Während dieser ganzen Zeit haben Briefe von Tausenden den Beweis geliefert, daß, obschon Elia hinaufgenommen worden ist, der Gott Elias noch immer Seine Wunder tut.

So hat denn in allen Teilen seiner Arbeit im Reich Gottes der Gott, für den er zeugte, Seinerseits ihm wieder Zeugnis gegeben und ihm schon jetzt durch eine überfließende Freude ein Pfand für seinen endlichen Lohn gegeben.

Letzte Ausblicke vorwärts und rückwärts

Der Bergsteiger, der bei Sonnenuntergang sich anschickt, wieder ins Tal hinabzusteigen, wirft ganz natürlich noch einen letzten zögernden Blick auf die Landschaft, die er von seiner luftigen Höhe aus beherrscht.

Auch wir sehen, ehe wir dieses Buch schließen, noch einmal auf dieses heilige und fruchtbare Leben zurück, um aus dessen Schönheit neuen Antrieb zu schöpfen, selbst heilig zu leben und selbstlos zu dienen.

Georg Müller war für sein Werk göttlich ausgerüstet. Er hatte sowohl von Natur wie durch die Gnade besondere Fähigkeiten für den Dienst, zu dem er berufen war. Drei Eigenschaften fallen an ihm besonders in die Augen: W a h r h a f t i g k e i t, G l a u b e u n d L i e b e. Diese drei Züge waren bei Georg Müller in sonderlich hohem Grad vorhanden. Das ist der Grund seiner Fruchtbarkeit im Dienst Gottes und der Menschen.

W a h r h a f t i g k e i t ist der Pfeiler aller Tugend. Von der Stunde seiner Bekehrung an kam sie bei Georg Müller immer mehr zur Herrschaft. Seine Gewissenhaftigkeit in der Mitteilung kommt uns oft geradezu übertrieben groß vor. Man lächelt über die fast peinliche Genauigkeit, mit der er die Tatsachen wiedergibt. Er nennt das Jahr, den Tag und die Stunde, wo er anfing, für einen Gegenstand zu beten. Er zeichnet jede Mark und jeden Pfennig der Summe auf, die für einen gewissen Zweck gebraucht wurde. Wir finden in seinem Tagebuch überall die gleiche peinliche Genauigkeit. Oft ist nicht einmal der Wortlaut verändert.

Und doch ist auch das von großer Bedeutung, denn es flößt volles Zutrauen zu den Aufzeichnungen der Taten Gottes ein. Man sieht, daß der Schreiber sich selbst in strenger Zucht hält.

Eine unrichtige Darstellung ist nicht immer eine absichtliche Lüge, sondern oft eine unbeabsichtigte Ungenauigkeit. Drei Dinge beeinflussen mächtig unsere Wahrhaftigkeit: unser G e d ä c h t n i s , unsere E i n b i l d u n g s k r a f t und unser G e w i s s e n.

Wo das Gewissen nicht zart ist, wird das Gedächtnis und die Einbildungskraft so verworren, daß mitunter Tatsachen und Einbildungen nicht mehr auseinandergehalten werden können. Die Einbildungskraft überkleidet dann die Ereignisse und Erfahrungen entweder mit einem rosigen Schein oder mit einer Wolke von Vorurteil. Der Erzähler teilt nicht mehr das mit, was er klar in dem Buch der Erinnerung geschrieben sieht, sondern was auf die Leinwand seiner Einbildung gemalt ist. Halb unbewußt wird die genaue Wahrheit der eigenen Erfindung geopfert. Man übertreibt oder vermindert, wie gerade der Herzenstrieb leitet. So kann ein Mensch, der nicht mit Absicht und Bewußtsein lügt, dennoch unwahr sein und kein Vertrauen verdienen. Man kann dann nicht sagen, wie sich die Sache eigentlich verhält. Oft weiß ein solcher Mensch es selbst nicht mehr. Bei solchen Darstellungen kann man schwer sagen, wie sich die Sache ansieht, wenn die purpurnen und goldenen oder die düsteren Wolken verschwunden sind und nur der nackte Felsen dasteht.

Georg Müller erkannte die ungeheure Wichtigkeit genauer Darstellung. Er nahm sich selbst in Zucht. Das Gewissen hielt Wache bei der Abfassung seiner Erzählung der Taten Gottes und verlangte, daß alle anderen Rücksichten unbarmherzig der Wahrheit aufgeopfert würden. Aber noch mehr als das; Gott machte ihn gewissermaßen zu einem M a n n o h n e E i n b i l d u n g s k r a f t — einem Menschen, der verhältnismäßig frei war von den Versuchungen der Begeisterung. Er war eher ein Rechner als ein Dichter, eher ein Handwerker als ein Künstler. Er sah die Dinge durchaus, wie sie waren. Er war bedächtig, nicht hastig, ruhig und nicht erregbar. Er wog jedes Wort ab, ehe er sprach, und prüfte genau jede Mitteilung, die er in Wort oder Schrift zu machen gedachte.

Darum machen die gleichen Eigenschaften, die seine Aufzeichnungen langweilig, reizlos, abstoßend und trokken erscheinen lassen, sie auf der anderen Seite zu dem gewissenhaften, ungeschminkten, vertrauenswürdigen Zeugnis, das sie in Wahrheit sind. Hätte ein mehr dichterisch angelegter Mann dieses Tagebuch geschrieben, so würde der Leser des Verfassers Begeisterung in Abrechnung gebracht haben. Er würde unter dem Eindruck stehen, die Dinge seien zu rosig gemalt. Die Erzählung wäre vielleicht kurzweiliger gewesen, aber sie hätte nicht gleicherweise Vertrauen eingeflößt. In der Geschichte von des Herrn Taten war aber gerade die g e n a u e W a h r h e i t unentbehrlich.

Der Herr rüstete darum den Mann, der diese Lebensgeschichte schrieb und dieses Leben des Glaubens und Gebets lebte, in besonderer Weise dazu aus, daß er Vertrauen einflößen könne. Auch der Zweifler und Ungläubige sollte fühlen, daß, was er liest, nicht ein Roman oder eine Dichtung, sondern G e s c h i c h t e — W a h r h e i t ist.

Der G l a u b e , der zweite Charakterzug Georg Müllers, war ausschließlich durch die Gnade Gottes gewirkt.

In der ersten großen Unterweisung über den Glauben, die uns die Schrift gibt, wird von Abraham erzählt (1. Mose 15, 6), daß er G o t t g l a u b t e — wörtlich: „Amen sagte zu Gott". Das Wort Amen bedeutet nicht: „Es mag wohl sein", sondern vielmehr: „Es wird geschehen."

Paulus scheint Abrahams Glauben nachzuahmen, als er bei dem Schiffbruch vor der Insel Malta sagte: „Ich glaube Gott, es wird also geschehen, wie mir gesagt ist" (Apg. 27, 25). Das ist Glaube in seiner einfachsten Gestalt, und das war Georg Müllers Glaube. Er fand in seiner Bibel für jede neue Schwierigkeit, für jede Not ein Wort des Herrn; dann legte er seinen Finger auf das Wort, schaute auf zu Gott und sagte: „Du hast's gesagt. Ich glaube."

Im Verlauf des Lebenswerkes dieses Gottesmannes, das sich über 65 Jahre erstreckte, ist nichts so bemerkenswert als die Beständigkeit seines Glaubens und die Festigkeit, die diese seinem ganzen Charakter gab. Ein Wort Gottes zu haben, war ihm genug. Er baute darauf; und wenn dann „ein Platzregen fiel und die Wasser kamen und wehten die Winde und stießen an das Haus", wie hätte es fallen können? Er war nie verwirrt; nie war er genötigt, den Rückzug anzutreten. Wenn auch ein Erdbeben Himmel und Erde erschüttert, so bleibt doch der wahre Gläubige der Erbe eines Königreichs, das nicht bewegt werden kann.

Wenn Georg Müller **eine** große bedeutungsvolle Aufgabe hatte, so war es nicht so sehr die Gründung großer Reichgotteswerke, so segensreich seine Bibel- und Traktatverteilung, seine Waisenhäuser, seine christlichen Schulen und die Missionstätigkeit auch waren. Vielmehr war seine Hauptaufgabe, die Menschen zu lehren, **daß man sicher auf Gottes Wort trauen darf**, daß das Gebet des Glaubens, das sich auf Gottes Verheißung und die Mittlerschaft Seines geliebten Sohnes stützt, nie vergeblich sein kann; daß das Leben im Glauben ein Wandeln mit Gott ist, ein Leben unmittelbar an der Pforte des Himmels.

Die **Liebe**, die dritte dieser Gnadengaben, war das weitere große Geheimnis seines Lebens. Was ist Liebe? Nicht nur eine Neigung, die sich darin gefällt, zu lieben, was liebenswürdig ist. Das ist oft nur ein halb selbstsüchtiges Wohlgefallen an der Gesellschaft und Freundschaft derer, die uns lieben. Die Liebe ist das Ergebnis der Selbstentäußerung; die Liebe sucht nicht das Ihre; sie zieht des Nächsten Nutzen dem eigenen vor; sie kommt dem undankbaren und unliebenswürdigen Bruder entgegen, damit er dadurch auf eine höhere Stufe gehoben werde.

Solche Liebe verdient eigentlich eher den Namen
B a r m h e r z i g k e i t , und daher ist sie von Gott, denn
Er liebt den Undankbaren und Bösen. „Wer liebhat, der
ist von Gott geboren und kennt Gott." Solche Liebe ist
Gehorsam und macht die Selbstentäußerung zu etwas
Selbstverständlichem, Natürlichem. Während Satans
Grundsatz ist: „Schone deiner selbst", ist es Jesu Art:
„Verleugne dich selbst!" Der schärfste Vorwurf, den unser
Herr je aussprach, galt Petrus, als er dadurch ein Teufel
wurde, daß er seinem Meister riet, den Grundsatz Satans
zu Seinem eigenen zu machen.

Paulus ermahnt uns: „Halt im Gedächtnis Jesus Christus" (2. Tim. 2, 8) und Petrus: „Ihr sollt nachfolgen
Seinen Fußstapfen" (1. Petr. 2, 21).

Wenn wir in den tiefsten Sinn dieser beiden Verse eindringen, so ergibt sich, daß wir Seiner gedenken sollen, indem wir uns im Glaubensgehorsam und in der Selbstübergabe an Gott üben; und daß wir Seinen Fußstapfen
nachfolgen sollen, indem wir durch die Liebe uns selbst
für die Mitmenschen hingeben. Der Spott: „Anderen hat
Er geholfen und kann sich selber nicht helfen", war merkwürdig wahr: weil Er anderen half, konnte Er sich selber
nicht helfen. Der Same muß sein eigenes Leben aufgeben
zugunsten der Frucht. Wer ein Lebensvermittler für andere
sein will, muß darein willigen, zu sterben.

Das ist der wahre Sinn des Gebots: „Der verleugne sich
selbst und nehme sein Kreuz auf sich." Selbstentäußerung
besteht nicht darin, daß man hie und da eine Neigung,
eine Schwachheit aufgibt, sondern darin, daß man die Axt
an die Wurzel des Baumes des eigenen Ich legt, an dem
alle Schwächen nur größere oder kleinere Zweige sind.
Selbstgerechtigkeit und Selbstvertrauen, das Suchen der
eigenen Ehre, des eigenen Genusses, Selbstgefälligkeit,
Eigenwille, Selbstverteidigung, Eigenruhm, — das sind
ein paar von der großen Menge von Zweigen dieses tiefgewurzelten Baumes. Was hilft es, wenn einer oder mehrere dieser Äste abgeschnitten werden, wenn dafür der

Saft des Eigenwillens nur um so kräftiger in die übrigen fließt?

Was ist K r e u z t r a g e n ? Wir sprechen von unseren „Kreuzen". Aber die Schrift kennt dieses Wort nicht in der Mehrzahl. Es gibt nur e i n Kreuz, — das Kreuz, an dem unser Eigenleben gekreuzigt ist, das Kreuz freiwilliger Selbstentäußerung. Wie kam Jesus zu dem Kreuz? Der Philipperbrief gibt uns Aufschluß über die sieben Stufen Seines Niedersteigens vom Himmel bis nach Golgatha. Er hatte ja alles, was dem Sohn Gottes kostbar sein konnte, da Er G o t t g l e i c h w a r. Und doch, was tat Er um der Menschen willen? „Er entäußerte sich selbst und nahm Knechtsgestalt an, ward gleich wie ein anderer Mensch und an Gebärden als ein Mensch erfunden. Er erniedrigte sich selbst und ward gehorsam bis zum Tode, ja zum Tode am Kreuz" (Phil. 2, 7. 8). Jeder Schritt ging tiefer hinunter, bis Er, dem vorher die Engel gedient hatten, von Verbrechern geschmäht wurde und die Ehrenkrone der Dornenkrone Platz machte. Das war S e i n Kreuz! Und Er sagt: „Will Mir jemand nachfolgen, der verleugne sich selbst und nehme sein Kreuz auf sich und folge Mir" (Matth. 16, 24). Dieses Kreuz wird uns nicht aufgezwungen, wie es bei vielen kleinen und großen Anfechtungen und Prüfungen der Fall ist, die wir „unsere Kreuze" nennen. Wir nehmen es f r e i w i l l i g auf uns um Seinetwillen. Wir verlieren unser Leben, damit wir es wiederfinden im Dienst für andere.

Das ist die selige Selbstverleugnung der Liebe. Georg Müller hat diese in seinem Leben zur Darstellung gebracht. Von der Stunde an, in der er begann, dem Gekreuzigten zu dienen, trat er mehr und mehr in die Gemeinschaft Seiner Leiden ein, daß er „Seinem Tod gleichgestaltet werde". Er verzichtete darauf, nach Vermögen und Ehre zu streben; er verzichtete auf die Welt mit ihren Freuden; er gab alle zweifelhaften Dinge auf und richtete sich in allen Dingen nach dem Vorbild des Wortes Gottes. Jeder neue Schritt war eine neue Verzichtleistung des eigenen Ich, er folgte

I h m. Er erwählte die Armut, damit andere durch seine Armut reich würden, und freiwilligen Verlust, damit andere daraus Gewinn ziehen möchten. Sein ganzes Leben war ein einziges langes Bemühen, anderen Segen zu übermitteln, der Kanal für Gottes Wahrheit, Liebe und Gnade zu sein. Wie Paulus freute er sich in seinen Leiden für andere, weil er so „erstattete an seinem Fleisch, was noch mangelte an den Trübsalen Christi, Seinem Leibe zugut, welcher ist die Gemeinde" (Kol. 1, 24).

Die Rechtschaffenheit der Wahrheit, der Gehorsam des Glaubens, das Opfer der Liebe, — das ist der dreifache Schlüssel, ohne den Georg Müllers Leben ein Rätsel bleiben würde. Dieser Schlüssel vermag ein Leben mit all seinen Kammern für Gott zu öffnen. Georg Müller hatte kein Alleinrecht für Heiligkeit des Lebens und Dienstes. Er folgte seinem Herrn in der Übergabe an Seinen Willen und in der Aufopferung des eigenen „Ich" zum Segen der Menschen; darin liegt das ganze Geheimnis.

Als ihn jemand um dieses Geheimnis fragte, antwortete er: „Es gab einen Tag, an dem ich starb, g ä n z l i c h starb." Er bückte sich dabei immer tiefer und fuhr fort: „Ich starb Georg Müller, seinen Meinungen, seinen Liebhabereien, seinem Geschmack und Willen; ich starb der Welt, ihrem Beifall oder ihrem Urteil; ich starb sogar dem Beifall oder Tadel der Brüder und Freunde; und seit der Zeit habe ich nach nichts mehr gestrebt, als daß Gott mein Tun billige."

Der göttliche Wandel dieses großen und treuen Mannes verhinderte aber nicht, daß er nichtsdestoweniger ganz und gar ein Mensch war. Seine Stellungnahme für Gott zog keine unnatürliche Vereinsamung unter den Mitmenschen nach sich. Er konnte in Wahrheit sagen: „Ich bin ein Mensch, und nichts Menschliches ist mir fremd."

Um ihn recht kennenzulernen, mußte man Georg Müller in seinem einfachen häuslichen Alltagsleben beobachten. Es war des Verfassers Vorrecht, ihn oft in seinem eigenen Zimmer im Waisenhaus Nr. 3 zu besuchen und zu sehen

Dieses Zimmer war von mittlerer Größe, hübsch, aber einfach möbliert, mit einem Tisch und Stühlen, Sofa, Schreibpult usw. Seine Bibel lag fast immer offen; sie war das Buch, zu dem er fortwährend seine Zuflucht nahm.

Er war groß und schlank von Wuchs und hielt sich sehr aufrecht. Sein Anzug war immer ordentlich und sein Schritt fest und sicher. Sein Gesicht hätte in der Ruhe einen Ausdruck der Strenge gehabt, wenn nicht das Lächeln gewesen wäre, das so oft in seinen Augen aufleuchtete und über seine Züge flog und seine Spuren darauf zurückließ.

Seine Art sich zu geben war höflich, ungekünstelt und würdevoll. Es wäre unmöglich gewesen, in seiner Gegenwart sich mit Nichtigkeiten zu beschäftigen. Er übte unbewußt eine Herrschaft über die Gemüter aus und hatte in seinem Wesen eine gewisse Majestät, als ob er ein Fürst von Geblüt gewesen wäre. Und doch hatte er dabei wieder eine so köstliche Kindlichkeit und Einfachheit, daß auch Kinder sich in seiner Nähe wohl fühlten. Er verlor seine deutsche Aussprache nie völlig und sprach immer langsam und abgemessen, wie wenn eine doppelte Wache an der Tür seiner Lippen gestanden hätte. Bei ihm war „das unruhige Glied, die Zunge", durch den Heiligen Geist gezähmt. Er hatte das Merkmal, das nach Jakobus den „vollkommenen Mann" ausmacht, der „auch den ganzen Leib im Zaum halten kann".

Er war weder ein Einsiedler noch so ernst und streng, daß er nicht auch für das Heitere, ja für das Drollige Sinn gehabt hätte.

Er konnte sich im Gegenteil über eine heitere Geschichte freuen, vorausgesetzt, daß nichts Unreines, Ungöttliches oder Boshaftes dabei mit unterlief. Seinen Nächsten und Liebsten gegenüber gab er sich in heiteren Stimmungen ganz, wie er war.

Seine enge Verbindung mit seinem göttlichen Meister beeinträchtigte menschliche Natürlichkeit nicht. Das wäre in der Tat eine mangelhafte Frömmigkeit, die einen Wall machte zwischen einer heiligen Seele und allem dem, was menschlich ist. Der, der uns aus der Welt erwählte, sandte uns in diese zurück, damit wir in ihr unseren Arbeitsplatz fänden. Um dieses Dienstes willen müssen wir in lebendigem und engem Zusammenhang mit dem menschlichen Geschlecht bleiben, wie es unser göttlicher Herr selber tat.

Die Arbeit für Gott war Georg Müllers Lebenselement. Als er im Mai 1897 sich in Huntly etwas ausruhen sollte, war seine erste Frage bei der Ankunft, was es hier für den Herrn zu tun gäbe.

Auf den Einwand, daß er ja aus angestrengter Arbeit herauskomme, um sich hier zu erholen, antwortete er, es sei genug Erholung, von der g e w ö h n l i c h e n Arbeit für eine Weile befreit zu sein. Er habe das Bedürfnis, in irgendeiner Art d e m zu dienen, der das Ziel und der Zweck seines Lebens sei. So wurden Versammlungen in der betreffenden Ortschaft und in dem benachbarten Teignmouth eingerichtet.

Über seinem ganzen Leben sehen wir in großen Buchstaben die Worte geschrieben: „S i e g d e s G e b e t s." Dieser Mann war von Gott erwählt, um uns die M a c h t d e s G e b e t s zu verkörpern.

Der Spruch, den Georg Müllers Lebenslauf beleuchtete, findet sich im Brief des Jakobus, Kapitel 5, 16: „Des Gerechten Gebet vermag viel, wenn es ernstlich ist." Keine Übersetzung hat ja dieser Stelle Genüge getan. Sie will sagen, daß ein solches Gebet übernatürliche Kraft habe. Die Stelle wird am besten deutlich, wenn wir sie im Zusammenhang lesen:

„Elia war ein schwacher Mensch wie wir; und er betete ein Gebet, daß es nicht regnen sollte, und es regnete nicht auf Erden drei Jahre und sechs Monate. Und er betete abermals, und der Himmel gab Regen, und die Erde brachte ihre Frucht."

Zwei Dinge werden uns da vor Augen gehalten. Erstens, daß Elia von Natur war wie alle anderen Menschen, den gleichen menschlichen Schwachheiten und Fehlern unterworfen, und daß zweitens dieser Mann eine solche Macht hatte, weil er ein Mann des G e b e t s war; er betete anhaltend und dringend.

Diesen Eindruck bekommt man beim Lesen seiner kurzen Lebensgeschichte. Also nicht deswegen, weil er ü b e r den menschlichen Torheiten und Schwachheiten gestanden hätte, sondern weil er ihnen im Gegenteil unterworfen war, wird er uns als ermutigendes Beispiel von der Macht des Gebets vor Augen gestellt. Er hielt den Arm des Allmächtigen fest, weil er selber schwach war, und ließ ihn nicht los, weil er sonst in seiner menschlichen Unfähigkeit verloren gewesen wäre. Dieser Mann schloß allein durch sein Gebet die „Schleusen des Himmels" 3½ Jahre und öffnete sie dann wieder mit derselben Macht. Gott unterstellte die Kräfte der Natur zeitweilig dem Zepter dieses Mannes — ein zerbrechlicher, schwacher, törichter Sterblicher ließ die Wasserbrunnen versiegen und wieder hervorquellen, weil er Gottes Schlüssel dazu in Händen hielt.

Georg Müller war ein zweiter Elia. Wie dieser war er menschlichen Schwachheiten unterworfen, hatte seine Augenblicke der Entmutigung, Glaubensschwäche, Gedrücktheit; aber er betete und hielt aus im Gebet. Er wies es, wie schon mehrfach betont, durchaus von sich ab, ein Wundertäter oder ein besonders begünstigter Heiliger zu sein. Aber in einem gewissen Sinn war er doch ein Wundertäter. Er verrichtete Wunder, die dem natürlich und fleischlich Gesinnten unmöglich sind. Bei Gott sind alle Dinge möglich und auch bei dem, der glaubt. Gottes Absicht war, daß Georg Müller eine fortwährende Widerlegung des gewöhnlichen kraftlosen Durchschnittschristentums sei.

Wenn die Menschen fragen, ob das Gebet noch die gleichen Wunder wirken könne wie vor alters, so ist hier ein Mann, der die Frage durch den unwiderstehlichen Beweis der Tatsachen beantwortet. Machtlosigkeit ist immer die Folge von Gebetslosigkeit. Es ist für uns nicht nötig, vollkommen sündlos oder zu einer besonderen Stufe der Würdigung erhoben zu sein, um diese mächtige Waffe führen zu können. Wir müssen nur Leute des Gebets sein, wir müssen das regelmäßige, gläubige, ernstliche Gebet üben.

Für Georg Müller war nichts zu klein und geringfügig, um einen Gebetsgegenstand daraus zu machen. Gott ist ja auch nichts zu unbedeutend, um dafür zu sorgen. Wenn Er unsere Haare zählt und es beachtet, wenn ein Sperling auf die Erde fällt, wenn Er das Gras auf dem Feld kleidet, dann ist Ihm auch sicherlich nichts, was Seine Kinder angeht, zu unbedeutend. In jeder Verlegenheit war Georg Müllers einzige Zuflucht, sein Bedürfnis vor seinen Vater zu bringen.

Im Jahr 1858 war ein Vermächtnis von 10 000 Mark, das schon 14 Monate bei den Behörden lag, noch immer nicht ausbezahlt. Georg Müller bat den Herrn, daß doch das Geld in seine Hände gelangen möchte. Er betete es buchstäblich aus der Kanzlei heraus; es wurde sogar mit vier Prozent Zins ausbezahlt.

Wenn große Gaben einliefen oder angeboten wurden, wurde um Weisheit gebetet, daß man erkenne, ob sie anzunehmen oder abzulehnen seien. Er betete um Gnade, daß sie in der richtigen Weise abgelehnt werden möchten, falls dies um der Ehre Gottes willen nötig war. Die Ablehnung sollte nicht verletzen. Die freundliche, demütige und doch feste Art seiner Zurückweisung sollte erkennen lassen, daß er nicht um seinetwillen, sondern als ein Diener eines höheren Meisters so handle.

Das waren große Anliegen, für die Hilfe und Leitung von oben zu suchen selbstverständlich war. Aber Georg Müller blieb dabei nicht stehen. Auch in kleinen Dingen, ja in den allerkleinsten suchte er und fand Hilfe. Sein ältester Freund, Robert C. Chapman von Barnstaple, erzählt den folgenden Vorfall:

In der Zeit der ersten Liebe zum Herrn besuchte Georg Müller einen Freund, der eben im Begriff war, eine Feder zu schneiden. „Bruder H., betest du, wenn du deine Feder schneidest?" fragte er ihn.

„Es wäre vielleicht gut", erwiderte dieser, „aber ich kann nicht behaupten, daß ich es tue."

„Ich tue dies immer", sagte Georg Müller, „und dabei schneide ich meine Feder viel besser." —

Sieben Eigenschaften machten diesen Gottesmann zu dem, was er war: Makellose Ehrlichkeit, kindliche Einfalt, kaufmännische Genauigkeit, Zähigkeit des Vorsatzes, Glaubenskühnheit, Gebetsgewohnheit und fröhliche Selbstübergabe. Sein heiliger Wandel war die notwendige Vorbedingung für seinen reichgesegneten Dienst.

Wir wollen nicht schließen, ohne vorwärtszuschauen. Es gibt zwei Aussprüche unseres Heilands, die sich gegenseitig ergänzen. Sie lauten:

„Will Mir jemand nachfolgen, der verleugne sich selbst und nehme sein Kreuz auf sich und folge Mir" (Matth. 16, 24) und:

„Wer Mir dienen will, der folge Mir nach; und wo Ich bin, da soll Mein Diener auch sein. Und wer Mir dienen wird, den wird Mein Vater ehren" (Joh. 12, 26).

Der eine von diesen Sprüchen stellt uns das Kreuz vor die Augen, der andere die Krone, der eine die Verzichtleistung, der andere die Belohnung. In beiden Fällen heißt es: „er folge Mir"; aber im zweiten geht die Nachfolge weiter als bis ans Kreuz auf Golgatha; sie geht bis zur Gemeinschaft an Seinem endlichen Reich der Herrlichkeit.

Zwei Arten der Belohnung werden besonders hervorgehoben: erstens **das ewige Bleiben bei dem Herrn** und zweitens **die überströmende Ehre, die man beim Vater** finden wird.

Wir sehen oft zu sehr allein auf das Kreuz und das Sterben und denken nur an unsere Vereinigung mit dem Herrn in Seinem Leiden und Dienen. Wir sollten aber auch darüber hinausblicken auf unsere Vereinigung mit Ihm in der Herrlichkeit.

Durch die Selbstverleugnung verlieren wir nichts; wir

opfern zwar ein zeitliches Gut, aber wir gewinnen damit ein zukünftiges und größeres. Auch unser Heiland wurde durch die Freude, die Ihn erwartete, und die Herrlichkeit Seines endlichen Sieges gestärkt, das Kreuz zu erdulden und der Schande nicht zu achten. Er, der hinuntergefahren ist, ist auch derselbe, der aufgefahren ist über die Himmel, auf daß Er alles erfüllte.

Georg Müller hielt alles für Verlust, was sonst die Menschen für Gewinn halten, ja für Kot, damit er Christus gewinne und in Ihm erfunden werden möchte. Sein Ziel war, „Ihn zu erkennen und die Kraft Seiner Auferstehung und die Gemeinschaft Seiner Leiden, daß er Seinem Tod gleichgestaltet werde, damit er gelange zur Auferstehung von den Toten. Wie viele nun unter uns vollkommen sind, die lasset uns so gesinnt sein" (Phil. 3, 10. 11. 15).

Als der Herr Jesus auf Erden war, gab es einen Jünger, den Er liebte, der an Seiner Brust lag und den bevorzugten Platz einnahm, den nur einer haben konnte. Aber jetzt, da Er hinaufgenommen ist, kann jeder Jünger der geliebte sein und den bevorzugten Platz haben und an Seiner Brust ruhen. Es gibt keinen Alleinbesitz der Bevorzugung und des Segens. Wer Ihm folgt und in Ihm bleibt, wer dem Lamm nachfolgt, wo immer es hingeht, der darf den vertrauten Umgang mit Ihm pflegen. Gottes Knechte üben sich in der Selbstverleugnung und wissen dabei, daß sie auf dem Weg zur Vollendung sind. Dann sind sie daheim bei Ihm und mit Ehre gekrönt.

„Und es wird kein Verbanntes mehr sein. Und der Stuhl Gottes und des Lammes wird darin sein; und Seine Knechte werden Ihm dienen und sehen Sein Angesicht; und Sein Name wird an ihren Stirnen sein. Und wird keine Nacht da sein ... und sie werden regieren von Ewigkeit zu Ewigkeit" (Offb. 22, 3—5).

60 Jahre danach

Seit dem Heimgang von Georg Müller sind 60 Jahre ins Land gegangen. Zwei Kriege haben die Welt erschüttert. Die Waisenhäuser von Ashley-Down sind davon nicht unberührt geblieben. Nöte und Schwierigkeiten, ganz anderer Art als die bisherigen, haben sich eingestellt; aber das Werk wurde durch all diese Jahre fortgeführt, indem man einfach auf Gott vertraute. Georg Müller hat einst am Ende eines Jahres folgende Worte niedergeschrieben: „Der Glaube steht über den Umständen. Kein Krieg, kein Feuer, kein Wasser, keine geschäftliche Krise, kein Verlust von Freunden, kein Tod kann hieran rühren. Der Glaube geht seinen eigenen stetigen Weg. Er triumphiert über alle Schwierigkeiten. Die Menschen, die wirklich ihr Vertrauen auf Gott setzen, weil sie um die Macht Seines Arms wissen und um Seine herzliche Liebe, wie diese sich am deutlichsten durch den Tod und die Auferstehung Seines einzigen Sohnes gezeigt hat, die erfahren Hilfe, was auch immer ihre Anfechtungen und Nöte sein mögen." Diese Worte des Gründers haben sich auch im späteren Verlauf der Geschichte des Werkes stets als Wahrheit erwiesen.

Während des zweiten Weltkrieges waren es große Vermächtnisse, die es der Leitung des Werkes ermöglichten, die Probleme zu bewältigen, die durch die Bombardierungen und Rationierungen entstanden. Obgleich in der Nähe der Heime Bomben fielen, traf während der vielen Luftangriffe auf die Stadt Bristol keine der „großen Familien" ein Leid. Im Mai 1958 wurde eine nichtexplodierte Brandbombe aus dem Grundstück eines der Häuser ausgegraben, in dem sich zu jener Zeit 80 Kinder aufhielten. So hütete und beschützte die bewahrende Hand Gottes.

Der Krieg fegte viele Dinge hinweg, gute und schlechte. Die Zeit nach seiner Beendigung brachte in sozialer und wirtschaftlicher Hinsicht tiefgehende Änderungen mit sich. Wenn es auch einerseits stimmt, daß ein gewisser Notstand fast völlig verschwunden war, so bleibt eben doch die nüchterne Tatsache, daß Kinder immer noch der Pflege und Sorge bedürfen, oft auf Grund des elterlichen Versagens. Doch Georg Müllers Methoden, die vor einem Jahrhundert so gut waren, erwiesen sich in der modernen Entwicklung als nicht ausreichend. Die alten Wege der Kindererziehung gehören der Vergangenheit an. Das erkannten auch die Leiter der Heime und stellten dementsprechende neue Pläne auf. Sie verfügten über große Waisenhäuser, die während eines Jahrhunderts einer Welt des Unglaubens gegenüber als Denkmäler des lebendigen Gottes dastanden. Nach den neuen Erkenntnissen waren aber kleinere Häuser erforderlich, um die heimat- und elternlosen Kinder mehr familiengemäß unterzubringen. Die alten Waisenhäuser sehen heute grau und für den flüchtigen Beobachter wenig einladend aus. Als Georg Müller das Gebiet auf Ashley-Down wählte, war dieser Platz außerhalb der Stadt und von grünen Feldern umgeben. Während der vergangenen 100 Jahre hat sich aber die Stadt so vergrößert, daß sich die Gebäude der Anstalt nun innerhalb des Stadtgebietes befinden, und die weiten grünen Felder, auf die damals Georg Müller und die Waisen blickten, sind jetzt mit Häuserreihen, mit Kaufläden und Fabriken überbaut.

Die großen Waisenhäuser sind aus der Mode gekommen und stehen zum Teil unbewohnt da. Sie hätten für ihre Verwalter zu einer schweren Last werden können. Auch dieses Anliegen wurde Gott unterbreitet, und es zeigte sich, daß die Schulbehörden gerade nach solchen Gebäuden suchten, die sie in diesem Gebiet für Schulen und Universitäten verwenden konnten. Das aus diesem Verkauf erlöste Geld war gerade die Summe, die notwendig war, um die Kinder in zerstreut liegenden Heimen in Minehead, Weston-super-Mare, Uphill, Clevedon und Bristol unterzubringen.

So war die Zeit nach dem zweiten Weltkrieg eine Zeit des Umzugs. Es ist nicht daran zu zweifeln, daß auch Georg Müller, der selbst ein Pionier war, sich diesen äußeren Verhältnissen der Entwicklung angepaßt hätte. Die Grundsätze, die für die Führung und Leitung der Waisenhäuser von Georg Müller auf Grund der Heiligen Schrift aufgestellt wurden, gelten aber heute noch, — denn unser Gott ist unveränderlich. Sie erwiesen sich als dauerhaft ohne Beeinflussung durch die wechselvollen Zeiten, durch die das Werk ging.

Und wie wird es in der Zukunft weitergehen? Der Glaube muß in einem unerschütterlichen Vertrauen auf Gott beruhen; denn es ist Sein Arm, der sorgt. Nur er ist ausreichend. Der Herr Jesus lehrte Seine Jünger: Sorget und ängstigt euch nicht wegen eurer Nahrung oder eurer Kleidung; denn euer himmlischer Vater, der die Vögel ernährt und das Gras auf dem Feld bekleidet, weiß, was ihr nötig habt; und Er faßte dann Seine Mahnung zusammen in die Worte: „Darum sorget nicht für den anderen Morgen, denn der morgende Tag wird für das Seine sorgen. Es ist genug, daß ein jeglicher Tag seine eigene Plage habe."

Es gibt Dinge in dieser Welt, die den Menschen so dauerhaft erscheinen und nach denen sie fortwährend streben; Gottes Kinder jedoch werden gelehrt, nach den wahren Reichtümern zu trachten, die nicht der Vergänglichkeit unterworfen sind.

Jeder Tag verspricht neues Erleben — ein Leben im Glauben an Gott. Und in dieser Schule des Glaubens erfahren wir Gottes unwandelbare Treue.

Frank Holmes:
Robert Cleaver Chapman
Ein Mann Gottes

CLV, gebunden
148 Seiten, DM 13.80

Aufgewachsen in einer überaus wohlhabenden Familie, ergriff R. C. Chapman den Beruf eines Anwalts. Direkt nach seiner Bekehrung weihte er sein Leben dem Dienst für den Herrn in persönlicher Evangelisation.

Im Alter von 30 Jahren gab er seinen Beruf auf, schenkte all seinen Besitz weg und begann, seinem Heiland in Barnstaple/Devon zu dienen. In seiner Arbeit unter der Dorfbevölkerung wurde er schnell bekannt als der „Mann Gottes".

Fast siebzig Jahre lang arbeitete er für den Herrn in Barnstaple und Devon. Reisen führten ihn bis nach Spanien, wo sein Wirken ebenfalls Spuren bleibenden Segens hinterließ.

Das Leben R. C. Chapmans ist für uns alle eine deutliche Lektion in bezug auf persönliche Hingabe an unseren Herrn Jesus Christus.

Max S. Weremchuk:
John Nelson Darby
und die Anfänge einer Bewegung

CLV, gebunden
240 Seiten, DM 18.80

J. N. Darby (1800-1882) entstammte einer Familie, deren Vorfahren Ritter waren. Sein Onkel war ein berühmter Admiral, sein Vater ein erfolgreicher Kaufmann. Er selbst war zuerst Jurist, dann Geistlicher der Anglikanischen Kirche und später anerkannter Führer einer Bewegung, die starken Einfluß auf große Teile der Christenheit ausübte und deren Auswirkungen bis heute vorhanden sind, nicht nur in den Kreisen der sogenannten „Brüder", sondern auch bei vielen Evangelikalen und Fundamentalisten.

Dieses Buch versucht eine genaue Darstellung seines frühen Lebens zu geben, es behandelt die Zeit, in welcher er – wie Ton in der Hand des Meisters – zu dem geformt wurde, der später entscheidenden Einfluß ausüben und in vieler Beziehung den Gläubigen vorangehen konnte. Gleichzeitig bemüht es sich um eine ausgewogene Beleuchtung seiner Persönlichkeit und seines Charakters.

Patricia St. John:
Harold St. John
Reisender in Sachen Gottes

CLV, gebunden
224 Seiten, DM 18.80

Liebevoll mit der Feder seiner Tochter Patricia St. John (bekannt als Autorin zahlreicher Kinder- und Jugendbücher) gezeichnet, ersteht vor uns das Porträt eines beeindruckenden Mannes Gottes: Harold St. John.

Die tiefe Liebe zum Wort Gottes mit der Begeisterung dessen, der darin jederzeit „große Beute machte", kennzeichneten seinen Dienst in besonderer Weise: Vierzig Jahre reiste er mit dem Anliegen durch die Welt, als „liebevoller Lehrer und sanfter Hirte" das Volk Gottes weiterzubringen.

Ein Querschnitt aus Texten im Harold St. John-Originalton zu Themen der Gemeinde Gottes macht aus dem Buch mehr als eine Biographie – einen Weckruf zu konsequenter Nachfolge.